TRABALHADORES, UNI-VOS!
antologia política da I Internacional

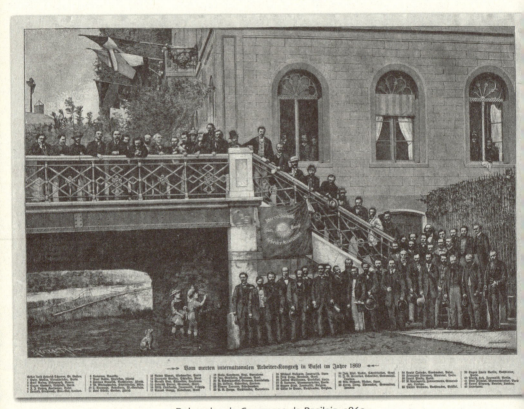

Delegados do Congresso da Basileia, 1869.

Marcello Musto (org.)

TRABALHADORES, UNI-VOS!
antologia política da I Internacional

Tradução
Rubens Enderle

Copyright desta edição © Boitempo Editorial, 2014
Copyright © Marcello Musto, 2014

Boitempo Editorial	Fundação Perseu Abramo
Coordenação editorial *Ivana Jinkings*	Presidente *Marcio Pochmann*
Edição *Bibiana Leme e Isabella Marcatti*	Vice-presidenta *Iole Ilíada*
Assistência editorial *Thaisa Burani*	Diretoras/Diretores *Fátima Cleide, Luciana Mandelli,*
Produção *Livia Campos*	*Kjeld Jakobsen e Joaquim Soriano*
	Editora Fundação Perseu Abramo
Tradução *Rubens Enderle*	Coordenação editorial *Rogério Chaves*
Preparação *Luciana Lima*	Assistente editorial *Raquel Maria da Costa*
Capa *David Amiel* Sobre ilustração de autor desconhecido publicada na *Voix du Peuple* em 1906.	
Diagramação *Antonio Kehl*	

BOITEMPO EDITORIAL	EDITORA FUNDAÇÃO PERSEU ABRAMO
Jinkings Editores Associados Ltda.	Fundação instituída pelo Diretório Nacional do
Rua Pereira Leite, 373	Partido dos Trabalhadores em maio de 1996.
05442-000 São Paulo SP Brasil	Rua Francisco Cruz, 234
Tel./fax: (11) 3875-7250 / 3872-6869	04117-091 São Paulo SP Brasil
editor@boitempoeditorial.com.br	Tel.: (11) 5571-4299
www.boitempoeditorial.com.br	Fax: (11) 5571-0910
www.boitempoeditorial.wordpress.com	editora@fpabramo.org.br
www.facebook.com/boitempo	www.efpa.com.br
www.twitter.com/editoraboitempo	www.facebook.com/fundacao.perseuabramo
www.youtube.com/imprensaboitempo	twitter.com/fpabramo

CIP-BRASIL. CATALOGAÇÃO NA PUBLICAÇÃO
SINDICATO NACIONAL DOS EDITORES DE LIVROS, RJ

A868

Trabalhadores, uni-vos! : antologia política da I Internacional / organização
Marcello Musto ; tradução Rubens Enderle. - 1. ed. - São Paulo :
Boitempo, 2014.
il.

Inclui bibliografia e índice
ISBN 978-85-7559-406-3 (Boitempo)
ISBN 978-85-7643-236-4 (EFPA)

1. Marx, Karl, 1818-1883. 2. Internacional. 3. Socialismo. I. Musto, Marcello.

14-15442

CDD: 335.4
CDU: 330.85

É vedada a reprodução de qualquer
parte deste livro sem a expressa autorização da editora.

Este livro atende às normas do acordo ortográfico em vigor desde janeiro de 2009.

1ª edição: outubro de 2014

Para minha mãe, Lucia,
que, quando eu era criança, num Primeiro de Maio,
me fez descobrir os operários e suas bandeiras vermelhas.

Sumário

Prólogo 13

Introdução 19
    Apêndice 86

A Associação Internacional dos Trabalhadores: mensagens, resoluções,
intervenções, documentos 89

    A mensagem inaugural 91
    1   Mensagem inaugural da Associação Internacional dos Trabalhadores,
        Karl Marx 93

    O programa político 101
    2   [Resoluções do Congresso de Genebra (1866)], *Karl Marx* 103
    3   [Resoluções do Congresso de Bruxelas (1868)], *Vários autores* ... 109

    Trabalho 113
    4   [Investigação sobre a situação das classes trabalhadoras], *Karl Marx* 115
    5   [Sobre a maquinaria e seus efeitos], *François Dupleix, Ferdinand Quinet,
        Jean Marly, Adrien Schettel e Jean Henri de Beaumont* 118
    6   [Sobre a emancipação e a independência feminina], *P. Eslens,
        Eugène Hins e Paul Robin* 120
    7   [A influência da maquinaria nas mãos dos capitalistas], *Karl Marx* 122
    8   [Os efeitos da maquinaria sobre o salário e a situação dos
        trabalhadores], *Eugène Steens* 124
    9   [O efeito da maquinaria sobre a situação dos trabalhadores],
        Pierre Fluse 129

10 [Pela redução das horas de trabalho], *Eugène Tartaret*.............................132

11 [Sobre a igualdade das mulheres trabalhadoras e a inclusão de opiniões políticas diferentes], *V. Tinayre*...135

Sindicatos e greves..137

12 [A necessidade e os limites da luta sindical], *Karl Marx*............................139

13 [Contra a violação da greve], *Karl Marx*...142

14 [Interferência em lutas sindicais], *Vários autores*...144

15 [Greves, sindicatos e a filiação de sindicatos à Internacional], *César de Paepe*...146

16 O massacre belga, *Karl Marx*...150

17 [Resolução sobre os fundos de resistência], *Jean-Louis Pindy*..................152

18 [Sociedades de resistência como a organização do futuro], *Eugène Hins*...155

19 [Sobre as sociedades de resistência], *Robert Applegarth*............................156

20 [Sobre os fundos de resistência], *Adhémar Schwitzguébel*.........................158

21 [Promovendo a solidariedade aos grevistas], *Alfred Herman*....................161

22 [Organização sindical internacional], *Johann Philipp Becker*.....................163

Movimento e crédito cooperativo...165

23 [O crédito e a emancipação da classe trabalhadora], *César de Paepe*.......167

24 [Sobre o movimento cooperativo], *Ludwig Büchner, César de Paepe, André Murat, Louis Müller e R. L. Garbe*...168

25 [Quarto Estado e produção moderna], *Johann Georg Eccarius e Henri-Louis Tolain*...172

26 [A questão do crédito cooperativo entre os trabalhadores], *Vários autores*...174

27 [Cooperativa e emancipação dos trabalhadores], *Aimé Grinand*...............175

28 [Associações cooperativas como modelo da sociedade futura], *Eugène Hins*..177

Sobre a herança..179

29 [Sobre a herança], *Karl Marx*...181

30 [Sobre a abolição da herança], *Mikhail Bakunin*...183

31 [Sobre o direito de herança], *Karl Marx*..185

A propriedade coletiva e o Estado..189

32 [Definição e papel do Estado], *Jean Vasseur*...191

33 [Sobre a coletivização da terra], *César de Paepe*..192

34 [Sobre a propriedade fundiária], *Karl Marx*..197

35 [Sobre a questão da propriedade fundiária], *Mikhail Bakunin*...................198

36 [Sobre a reorganização da propriedade fundiária], *César de Paepe* 200

37 [Sobre a capacidade dos trabalhadores de administrar a sociedade], *Emile Aubry* 202

38 [Crítica da política de Bakunin], *Karl Marx, Friedrich Engels e Paul Lafargue* 204

39 [Sobre a organização dos serviços públicos na sociedade futura], *César de Paepe* 209

40 [Sobre a abolição do Estado], *James Guillaume* 214

41 [Sobre o Estado popular (*Volksstaat*)], *César de Paepe* 216

42 [Sobre a propriedade coletiva], *Vários autores* 221

Educação 223

43 [Sobre a educação livre], *Os encadernadores de Paris* 225

44 [Sobre a educação na sociedade moderna], *Karl Marx* 229

45 [Sobre a educação estatal], *César de Paepe* 231

A Comuna de Paris 233

46 [Sobre a Comuna de Paris], *Karl Marx* 235

Internacionalismo e oposição à guerra 249

47 [Solidariedade internacional], *Vários autores* 251

48 [Sobre a necessidade de uma organização internacional], *Eugène Dupont, Johann Georg Eccarius, Peter Fox, Hermann Jung e Karl Marx* 252

49 [Sobre as verdadeiras causas da guerra], *César de Paepe* 253

50 [Greve contra a guerra], *César de Paepe* 254

51 [Contra a guerra], *Henri-Louis Tolain* 256

52 [As causas reais da guerra], *Hafner* 258

53 [Inglaterra, metrópole do capital], *Karl Marx* 260

54 [Primeira mensagem do Conselho Geral sobre a Guerra Franco-Prussiana], *Karl Marx* 261

55 [Segunda mensagem do Conselho Geral sobre a Guerra Franco-Prussiana], *Karl Marx* 265

56 [A novidade da Internacional], *Karl Marx* 267

57 [Sobre a importância da Internacional], *Karl Marx* 269

A questão irlandesa 271

58 [Sobre a questão feniana], *Eugène Dupont* 273

59 [A Irlanda e a classe trabalhadora inglesa], *Karl Marx* 275

60 [As relações entre as seções irlandesas e o Conselho Federal Britânico], *Friedrich Engels* 277

Sobre os Estados Unidos 279

61 A Abraham Lincoln, presidente dos Estados Unidos da América, *Karl Marx*..281

62 Mensagem da Associação Internacional dos Trabalhadores ao presidente Johnson, *Karl Marx*..283

63 Mensagem à União Nacional do Trabalho dos Estados Unidos, *Karl Marx* ... 285

64 [Eliminar o nacionalismo das mentes dos trabalhadores], *Johann Georg Eccarius* 287

Organização política.. 289

65 Normas gerais da Associação Internacional dos Trabalhadores, *Karl Marx e Friedrich Engels*..291

66 Aos trabalhadores da Grã-Bretanha e da Irlanda, *Johann Georg Eccarius, Karl Kaub, George Odger, George Wheeler e William Worley*.................. 295

67 [Sobre a privação das liberdades políticas], *Charles Perron, Pioley, Reymond, Vézinaud e Sameul Treboux* 297

68 [Contra as sociedades secretas], *Karl Marx*..................................... 299

69 [Sobre a importância da luta política], *Friedrich Engels* 300

70 [Sobre a política da classe trabalhadora], *Édouard Vaillant*..................... 302

71 [Sobre a ação política da classe trabalhadora], *Karl Marx* 304

72 [Sobre a questão do abstencionismo], *Karl Marx* 306

73 [Sobre a ação política da classe trabalhadora], *Friedrich Engels* 307

74 [Sobre a ação política da classe trabalhadora e outros assuntos], *Karl Marx e Friedrich Engels* 309

75 [Contra o sectarismo], *Karl Marx e Friedrich Engels*.............................312

76 [A política anarquista], *James Guillaume*..315

77 [Sobre a importância de uma organização central da classe trabalhadora], *Seção parisiense*...316

78 [A destruição do poder político], *Mikhail Bakunin e James Guillaume* 318

79 [A luta contra a sociedade burguesa], *Friedrich Adolph Sorge* 321

80 [Passando o bastão], *Friedrich Adolph Sorge e Carl Speyer* 323

O hino da Internacional 325

Bibliografia..327

Índice onomástico... 331

Sobre o organizador..335

"Ou a classe trabalhadora é revolucionária, ou ela não é nada."
Karl Marx a Johann Baptist von Schweitzer, 13 de fevereiro de 1865

"A emancipação das classes trabalhadoras tem de ser conquistada
pelas próprias classes trabalhadoras."
Karl Marx, *Normas gerais da Associação Internacional dos Trabalhadores*

"Proletários de todos os países, uni-vos!"
Karl Marx, *Mensagem Inaugural da Associação Internacional dos Trabalhadores*

Prólogo

O legado da Associação Internacional dos trabalhadores pode ser dividido em duas categorias: 1) as minutas e os documentos do Conselho Geral em Londres e 2) as atas dos congressos das organizações e das intervenções feitas em suas diversas reuniões. De todo esse material, jamais traduzido inteiramente em nenhuma língua, cerca de 7 mil páginas foram publicadas nas várias edições originais.

Em inglês, a primeira dessas coleções de textos apareceu em Moscou, editada pelo Instituto de Marxismo-Leninismo na União Soviética e impresso pela Progress Publishers em cinco volumes, intitulados *The General Council of the First International* [O Conselho Geral da Primeira Internacional], para marcar o centésimo aniversário da fundação da Internacional. O primeiro volume (em 1963, com tiragem de 8.500 cópias) compreende os textos do período 1864-1866; o segundo (em 1964, com 8.700 cópias), textos dos anos 1866-1868; o terceiro (em 1966, com 8 mil cópias), textos de 1868-1870; o quarto (em 1967, com 3.500 cópias), textos de 1870-1871; e o quinto (em 1968, com 4 mil cópias), textos de 1871-1872. Eles foram publicados após a edição russa (1961-1965), da qual reproduzem notas explicativas e índices, e foram reimpressos entre 1973-1974, em edições com cerca de 3 mil cópias cada.

Esses livros, cada um com aproximadamente quinhentas páginas, não são de fácil leitura e destinam-se principalmente ao uso de acadêmicos e especialistas. Mais popular e com uma difusão mais ampla é o volume dos escritos de Marx intitulado *The First International and After* [A Primeira Internacional e depois], primeiramente publicado em Londres pela Penguin/New Left Review em 1974 e atualmente disponível pela editora Verso. No entanto, por ser uma antologia de textos de um único autor, o livro tende a reforçar a impressão de que uma história coletiva altamente complexa poderia ser capturada nos textos escritos unicamente por Marx.

Quanto aos documentos dos congressos da Internacional, eles jamais foram publicados em inglês. Foram traduzidos para o francês, na Suíça, em duas publicações do Institut Universitaire de Hautes Études Internationales, sob a direção de Jacques Freymond. A primeira, *La Première Internationale* [A Primeira Internacional] (Genebra, Droz, 1962), apareceu em dois volumes (1866-1868 e 1869-1872), editada por Henri Burgelin, Knut Lanfeldt e Miklós Molnár. A segunda, com o mesmo título, porém editada por Bert Andréas e Miklós Molnár, foi também dividida em dois volumes: *Les conflits au sein de l'Internationale* [Os conflitos no seio da Internacional], 1872-1873, e *Les congrès et les conférences de l'Internationale* [Os congressos e as conferências da Internacional], 1873-1877 (Genebra, Institut Universitaire de Hautes Études Internationales, 1971). Ambas as obras, fundamentais, eram naturalmente muito volumosas (1.000 páginas para a coleção de 1962 e mais de 1.500 páginas para a de 1971), razão pela qual sua recepção – tal como ocorreu com a edição de Moscou, e em grau ainda maior, dado o pouco conhecimento do francês nos países de língua inglesa – ficou limitada principalmente aos especialistas no assunto. Além disso, como a ortodoxia soviética operava com um falso esquema de perfeita congruência entre a vida da Associação e a biografia de Marx, não prestava nenhuma atenção especial em congressos dos quais ele não havia participado pessoalmente – Genebra (1866), Lausanne (1867), Bruxelas (1868), Basileia (1869) – e recusava-se a considerar como parte da história da organização qualquer congresso realizado após 1872 (o ano em que Marx dela se retirou).

O único congresso da Internacional traduzido para o inglês foi o realizado em Haia. Suas atas foram publicadas em 1958 pela Universidade de Wisconsin, num volume editado por Hans Gerth com o título *The First International: Minutes of the Hague Congress of 1872* [A Primeira Internacional: atas do Congresso de Haia de 1872]. Cerca de trinta anos mais tarde, o Instituto de Marxismo-Leninismo publicou em Moscou, pela Progress Publishers, uma edição mais completa desse volume, com o título: *The Hague Congress of the First International* [O Congresso de Haia da Primeira Internacional]. O primeiro volume, *Minutes and Documents* [Atas e documentos], apareceu em 1976; o segundo, *Reports and Letters* [Relatórios e cartas], em 1978. Finalmente, um conjunto de materiais adicionais, cobrindo a atividade do novo Conselho Geral em Nova York, foi incluído nos *Annali dell'Insituto Giangiacomo Feltrinelli* [Anais do Instituto Giangiacomo Feltrinelli] (quarto volume de 1961, impresso no ano seguinte), sob a coordenação editorial de Samuel Bernstein e com o título *Papers of the General Council of the International Workingmen's Association. New York (1872-1876)* [Documentos do Conselho Geral da Associação Internacional dos Trabalhadores. Nova York (1872-1876)]. Esses livros ajudaram a preencher várias lacunas, mas voltavam-se principalmente aos estudiosos do marxismo e militantes políticos de esquerda, que, àquela época, eram numerosos e debatiam com competência essas questões.

A presente antologia é publicada num contexto muito diferente. Enquanto as publicações comemorativas do centenário da Internacional apareceram no período da maior luta contra o sistema capitalista, o 150º aniversário de sua fundação ocorre em meio a uma profunda crise. O mundo do trabalho sofreu uma grave derrota. O barbarismo, contra o qual ele lutou e obteve importantes vitórias, voltou a tornar-se a realidade de nossa época. Além disso, afundou numa profunda subordinação ideológica ao sistema dominante. A tarefa atual, portanto, é reconstruí-lo sobre suas ruínas, e uma familiaridade direta com as teorizações originais do movimento dos trabalhadores pode ajudar significativamente a reverter a tendência. Tal é a primeira motivação para este livro: oferecer a uma geração nova e inexperiente, na forma clara e acessível de uma antologia, os começos do longo caminho trilhado por aqueles que buscaram "assaltar os céus", e não obter meros paliativos à realidade existente. Pois, assim, o legado da Internacional poderá renascer na crítica do presente.

A escolha dos textos neste volume tem uma finalidade precisa: mostrar a configuração econômica e política da sociedade futura que os membros da Internacional buscavam alcançar (ver especialmente as seções "O programa político", "Movimento e crédito cooperativo", "Sobre a herança", "A propriedade coletiva e o Estado" e "A Comuna de Paris"). Parecia essencial, portanto, contemplar todos os escritos que delineavam a alternativa ao sistema capitalista, incluindo as medidas reformistas a serem obtidas *hic et nunc* (ver especialmente "A mensagem inaugural", "Trabalho", "Sindicatos e greves" e "Educação"). Outros elementos importantes neste volume são os textos que analisam grandes questões da política internacional (em "Internacionalismo e oposição à guerra", "A questão irlandesa" e "Sobre os Estados Unidos"), assim como a discussão fundamental – e perene – sobre as formas políticas (em "Organização política"). Sem negar a contribuição indispensável de Marx – autor ou coautor de 29 dos 80 fragmentos –, a elaboração de todos esses temas foi um processo coletivo, como podemos ver com base nos escritos de mais de trinta internacionalistas, muitos deles trabalhadores comuns.

Trabalhadores, uni-vos!

A ênfase em debates sobre a configuração da sociedade socialista fez que parecesse apropriado omitir documentos concernentes às origens e desenvolvimento das diversas federações – cujo interesse é fundamentalmente histórico – e, tanto quanto possível, aqueles que dizem respeito ao conflito entre comunistas e anarquistas, o que foi o objeto de muitos e exaustivos estudos.

Devemos também ressaltar que a seleção cobre apenas os textos "oficiais" da Internacional (sendo a única exceção o fragmento 56, na medida em que reproduz o que pode ser considerado como o discurso de encerramento na Conferência de Londres de 1871). Por essa razão, a antologia omite artigos jornalísticos, extratos de obras publicadas, cartas e memórias dos participantes nos últimos anos de vida da Internacional. Muitos textos desse tipo são bastante acessíveis e poderiam distrair a atenção do leitor dos debates que realmente ocorreram nas sessões do Conselho Geral e dos diversos congressos da Internacional. A preferência editorial consciente, baseada nas edições disponíveis dos textos da Internacional, foi destacar pontos salientes do debate político-teórico. O volume reproduz pela primeira vez em português – 69 dos 80 fragmentos ainda não haviam sido publicados nessa língua – textos até então inacessíveis.

Os textos escolhidos estão organizados cronologicamente em temas. Cada fragmento é acompanhado de uma breve nota introdutória que identifica: sua data de composição e/ou publicação (ou apresentação, no caso de discursos); seu contexto; informações fundamentais sobre seu autor e detalhes bibliográficos sobre sua primeira publicação e/ou a localização do texto integral nas edições dos documentos da Internacional. Algumas abreviações foram usadas para evitar a extensão demasiada das notas:

GC – The General Council of the First International

PI – La Première Internationale

HAGUE – The Hague Congress of the First International

Em cada caso, a abreviação é seguida da indicação do volume e da página de onde o fragmento foi extraído. As siglas AIT e CG referem-se respectivamente à Associação Internacional dos Trabalhadores e seu Conselho Geral. Finalmente, L1867 substitui *Procès-verbaux du congrès de l'Association Internationale des Travailleurs réuni à Lausanne du 2 au 8 septembre 1867* [Atas do congresso da Associação Internacional dos Trabalhadores, reunidos em Lausanne de 2 a 8 de setembro de 1867] (La Chaux de Fonds, Voix de l'Avenir, 1867); B1868 refere-se ao *Troisième congrès de l'Association Internationale des Travailleurs. Compte rendu officiel* [Terceiro congresso da Associação Internacional dos Trabalhadores. Atas oficiais] (suplemento do jornal *Le Peuple Belge*, 6 a 30 de setembro de 1868); B1869 substitui *Association Internationale des Travailleurs: Compte rendu du IVᵉ Congrès international, tenu à Bâle, en septembre 1869* [Associação Internacional do Trabalhadores: Atas do IV Congresso Internacional, realizado em Bâle, em setembro de 1869] (Bruxelas, Désirée Brismée, 1869); e B1876 para *Association Internationale des Travailleurs. Compte rendu officiel du VIIIᵉ Congrès général tenu à Berne du 26 au 30 octobre 1876* [Associação Internacional do Trabalhadores: Atas do VIII Congresso Geral, realizado em Berna, de 26 a 30 de outubro de 1876] (Berna, Lang, 1876).

Em alguns textos, os títulos diferem do original e foram fornecidos pelo editor. Nesses casos, aparecem entre colchetes, acompanhados de uma menção do título oficial na nota introdutória. O símbolo "[...]" foi usado para indicar os extratos de textos que não estão reproduzidos de modo integral. Ocasionalmente, acréscimos editoriais não presentes na versão original também aparecem entre colchetes.

O volume termina com um apêndice contendo o texto do famoso hino "A Internacional", originalmente composto em francês por Eugène Pottier para celebrar a Comuna de Paris, e uma bibliografia das principais publicações sobre a Internacional. Além disso, esta edição brasileira conta com um índice onomástico para facilitar ao leitor a localização de personagens e periódicos citados ao longo dos textos.

Marcello Musto,
Toronto, 21 de março de 2014.

Reunião da fundação da Associação Internacional dos Trabalhadores.
St. Martin's Hall, Londres, 28 de setembro de 1864.

Introdução
Marcello Musto

I. O início do caminho

No dia 28 de setembro de 1864, o salão do St. Martin's Hall, edifício situado no coração de Londres, estava lotado. Ali encontravam-se cerca de 2 mil trabalhadoras e trabalhadores para assistir ao comício de alguns dirigentes sindicais ingleses e de um pequeno grupo de operários vindos do continente. No manifesto de convocação da assembleia, fora anunciada a presença de uma "delegação eleita pelos operários de Paris" que "apresentaria sua resposta ao discurso dos companheiros ingleses e um plano para um melhor entendimento entre os povos"[1]. De fato, em julho de 1863 algumas organizações operárias francesas e inglesas, reunidas em Londres para uma manifestação de solidariedade ao povo polonês – insurreto contra a ocupação de seu país pelo Império russo –, haviam proclamado os objetivos que julgavam de fundamental importância para o movimento operário. No texto preparatório do encontro, escrito pelo célebre dirigente sindical George Odger (1813-1877) e publicado no biebdomadário inglês *The Bee-Hive* com o título "Address of English to French Workmen" [Mensagem dos trabalhadores ingleses aos trabalhadores franceses], declaravam:

> A fraternidade entre os povos é altamente necessária para a causa do trabalho, pois constatamos que sempre que tentamos melhorar nossa condição social por meio da redução das horas de trabalho, ou pelo aumento dos salários, nossos

---

[1] O manifesto pode ser encontrado em David Rjazanov, "Zur Geschichte der Ersten Internationale", em *Marx-Engels Archiv*, v. I (Frankfurt, Verlagsgesellschaft, 1925), p. 171.

empregadores ameaçam trazer franceses, alemães, belgas e outros para realizarem nosso trabalho por salários mais baixos. E lamentamos dizer que isso tem ocorrido, embora não em razão de um desejo de nos prejudicar da parte de nossos irmãos do continente, mas pela falta de uma comunicação regular e sistemática entre as classes trabalhadoras de todos os países. Nosso objetivo é elevar os salários dos operários pior remunerados, aproximando-os o máximo possível daqueles dos melhor remunerados, e não permitir que nossos empregadores nos joguem uns contra os outros e nos empurrem, assim, para a condição mais baixa possível, adequada a sua busca avarenta pelo lucro.[2]

Os organizadores da assembleia não imaginavam – nem teriam podido prever – o que essa iniciativa geraria dali a pouco. O que ambicionavam era a construção de um fórum internacional de discussão, no qual pudessem examinar os principais problemas relacionados aos trabalhadores. Mas não consideravam a hipótese de fundar uma verdadeira organização, um instrumento de coordenação da iniciativa sindical e política da classe operária. Do mesmo modo, sua ideologia fora inicialmente marcada por lemas gerais de caráter ético-humanitário, tais como a fraternidade entre os povos e a paz mundial, muito mais do que pelo conflito de classes e por objetivos políticos concretos. Em razão desses limites, a assembleia do St. Martin's Hall poderia ter sido mais uma das muitas iniciativas de caráter vagamente democrático já realizadas naqueles anos, mas que não deram qualquer resultado. Em vez disso, por meio dela constituiu-se o protótipo de todas as futuras organizações do movimento operário, um modelo que tanto reformistas quanto revolucionários tomariam, a partir de então, como ponto de referência: a Associação Internacional dos Trabalhadores[3].

Em pouco tempo, ela suscitou paixões em toda a Europa, difundiu o ideal da solidariedade de classe e motivou a consciência de uma grande massa de mulheres e homens, que escolheram a luta com a meta mais radical, a de mudar o mundo. O editorial de um enviado do *The Times* ao terceiro congresso da organização, realizado em Bruxelas em 1868, reproduz plenamente a ambição do projeto da Internacional:

---

[2] Ibidem, p. 172.

[3] Em 16 de julho de 1872, numa das últimas semanas de vida da Internacional, durante a discussão sobre a revisão dos estatutos, alguns membros do Conselho Geral colocaram em discussão o nome da organização (International Working Men's Association), interrogando-se sobre a oportunidade de substituir o termo *men* (homens) por *persons* (pessoas). Sobre essa questão, interviu Friedrich Engels, dizendo ser "algo geralmente aceito que *working men* [trabalhadores] era um termo genérico que incluía ambos os sexos" e que a Associação sempre fora aberta a trabalhadores e trabalhadoras. Cf. GC, V, p. 256.

O que está contemplado [em seu projeto] é não uma simples melhoria, mas nada menos que uma regeneração, e não apenas de uma nação, mas da humanidade. Esse é certamente o objetivo mais amplo já contemplado por qualquer instituição, com exceção, talvez, da Igreja Cristã. Para ser breve, esse é o programa da Associação Internacional dos Trabalhadores.[4]

Graças à Internacional, o movimento operário pôde compreender mais claramente os mecanismos de funcionamento do modo de produção capitalista, adquirir maior consciência da própria força e desenvolver novas e mais avançadas formas de luta. Seu eco ultrapassou os confins da Europa, gerando a esperança de que outro mundo era possível até para os artesãos de Buenos Aires, os membros das primeiras associações operárias de Calcutá e os grupos de trabalhadores na Austrália e na Nova Zelândia.

Nas classes dominantes, ao contrário, a notícia da fundação da Internacional provocou horror. O pensamento de que também os operários viessem a exigir um papel ativo na história gerou indignação, e foram numerosos os governos que invocaram a eliminação da organização, perseguindo-a com todos os meios de que dispunham.

II. O homem certo no lugar certo

As organizações operárias que fundaram a Internacional eram muito distintas entre si. O centro motor foi o sindicalismo inglês. Seus dirigentes, quase todos reformistas, interessavam-se sobretudo por questões de caráter econômico. Lutavam pela melhoria das condições dos trabalhadores, sem, contudo, colocar o capitalismo em discussão. Assim, conceberam a Internacional como um instrumento favorável a seu objetivo, impedindo a importação da mão de obra estrangeira durante as greves.

Outro ramo significativo da organização, por muito tempo dominante na França e forte também na Bélgica e na Suíça francesa, foi o dos mutualistas. Seguidores das teorias de Pierre-Joseph Proudhon (1809-1865), opunham-se a qualquer tipo de envolvimento político dos trabalhadores, eram contrários à greve como instrumento de luta e exprimiam posições conservadoras em relação à emancipação feminina. Defensores de um sistema cooperativo sobre uma base federalista,

---

[4] Citado em G. M. Stekloff, *History of the First International* (1928) (Nova York, Russell & Russell, 1968), p. [ii].

sustentavam ser possível modificar o capitalismo mediante acesso igualitário ao crédito. Por essas razões, constituíram a ala direita da Internacional.

Ao lado desses dois componentes, numericamente majoritários, o terceiro grupo, por ordem de importância, foi o dos comunistas, reunidos em torno da figura de Karl Marx (1818-1883) e ativos – com pequenos grupos, dotados de uma esfera de influência muito circunscrita – em algumas cidades alemãs e suíças, assim como em Londres. Anticapitalistas, os comunistas se opunham ao sistema de produção existente, reivindicando a necessidade da ação política para sua derrubada.

Nas fileiras da Internacional, à época de sua fundação, também havia componentes sem qualquer relação com a tradição socialista e inspirados por concepções vagamente democráticas, como alguns grupos de exilados dos países do Leste europeu. Entre esses, podem ser citados os seguidores de Giuseppe Mazzini (1805-1872), expoente de um pensamento interclassista, orientado principalmente às reivindicações nacionais e que concebia a Internacional como uma associação útil para a difusão de apelos de libertação dos povos oprimidos da Europa[5].

A completar o quadro da organização, tornando ainda mais complexo o equilíbrio de forças, havia vários grupos de trabalhadores franceses, belgas e suíços, que aderiram à Internacional trazendo consigo as teorias mais diversas e confusas, entre as quais algumas inspiradas no utopismo. Por fim, jamais associada à Internacional, embora sempre girando em sua órbita, estava também a Associação Geral dos Trabalhadores Alemães, partido dirigido pelos seguidores de Ferdinand Lassalle (1825-1864), que ostentava uma nítida posição antissindical e concebia a ação política exclusivamente nos estreitos limites nacionais.

Foram esses os heterogêneos grupos fundadores da Internacional, e foi esse o variegado e complexo entrelaçamento de culturas e experiências políticas e sindicais que caracterizou seu nascimento. Construir uma base geral e saber efetuar a síntese política de uma organização tão ampla, não obstante sua forma federativa, apresentou-se, desde o início, como tarefa muito árdua. Além disso, todas essas diferentes tendências, mesmo depois de terem aderido a um programa comum,

---

[5] Entre os primeiros membros da organização encontravam-se também adeptos de algumas sociedades secretas, como a loja maçônica da Filadélfia. Cf. Boris Nicolaevsky, *Secret Societies and the First International*, em Milorad Drachkovitch (org.), *The Revolutionary Internationals, 1864-1943* (Stanford, Stanford University Press, 1966), p. 36-56, e Julian P. W. Archer, *The First International in France, 1864-1872* (Lanham, MD, University Press of America, 1997), p. 33-5.

continuaram a exercitar notável influência, frequentemente centrífuga, nas seções locais em que eram majoritárias.

A tarefa política de fazer conviver todos esses ânimos na mesma organização – e, além disso, com um programa tão distante dos princípios de cada um deles –, foi indiscutivelmente obra de Marx. Seus dotes políticos lhe permitiram conciliar aquilo que parecia inconciliável e asseguraram um futuro à Internacional, que, sem o seu protagonismo, teria seguramente caído no mesmo rápido esquecimento de todas as outras inúmeras associações operárias que a precederam[6]. Foi Marx quem deu uma finalidade clara à Internacional, quem realizou um programa político não excludente, embora firmemente classista, como garantia de uma organização que ambicionava ser de massas e não sectária. Marx foi a alma política de seu Conselho Geral, aquele que redigiu todas as suas resoluções principais e compilou todos os relatórios preparatórios para os congressos (com exceção daquele de Lausanne, em 1867, que coincidiu com seu trabalho de revisão das provas de impressão de O capital*). Ele foi "o homem certo no lugar certo", como escreveu o dirigente operário alemão Johann Georg Eccarius (1818-1889)[7].

Todavia, diversamente do que afirmam muitas reconstruções fantasiosas, que o representam como o fundador da Internacional, Marx não estava entre os organizadores da assembleia realizada no St. Martin's Hall. Assistiu a ela, ao contrário, como "personagem mudo"[8], como relatou em carta endereçada ao amigo Friedrich Engels (1820-1895). Soube, porém, reconhecer imediatamente a potencialidade do evento e pôs-se a trabalhar para o êxito da associação. Graças ao prestígio que, embora circunscrito a certos âmbitos, acompanhava seu nome, foi nomeado entre os 34 membros do Comitê Diretor Provisório[9] da Associação, no interior do qual, tendo conquistado em pouco tempo a confiança de seus membros, a ele foi dada a incumbência de redigir a *Mensagem inaugural* e os *Estatutos*

---

[6] Cf. Henry Collins, Chimen Abramsky, *Karl Marx and the British Labour Movement* (Londres, MacMillan, 1965), p. 34.

* Livro I, São Paulo, Boitempo, 2013. (N. E.)

[7] "Johann Georg Eccarius to Karl Marx", 12 de outubro de 1864, em *Marx-Engels-Gesamtausgabe* (Berlim, Akademie, 2002), v. III/13, p. 11.

[8] "Karl Marx to Friedrich Engels", 4 de novembro de 1864, em Karl Marx e Friedrich Engels, *Collected Works* (doravante MECW), v. 42 (Moscou, Progress, 1987), p. 16.

[9] Na assembleia de fundação da Internacional instituiu-se um Comitê Diretor Provisório com a tarefa de organizar a Associação. Em 1865, ele foi substituído pelo Conselho Central, que posteriormente assumiria o nome de Conselho Geral.

provisórios da Internacional. Na redação desses documentos fundamentais, assim como naquela de muitos outros sucessivos, Marx valorizou as melhores ideias dos vários componentes da organização, ao mesmo tempo que eliminou suas inclinações corporativas e acentos sectários. Além disso, conciliou firmemente a luta econômica com a luta política e tornou irreversível a escolha de pensar e agir em escala internacional[10].

Foi graças à perspicácia de Marx que a Internacional tornou-se um órgão de síntese política das tendências presentes nos diversos contextos nacionais. Ela foi capaz de unificá-las num projeto de luta comum, garantindo autonomia às seções locais, mas não total independência em relação ao centro dirigente[11]. As dificuldades para manter unida a organização foram extenuantes para Marx[12], sobretudo quando se considera que sua concepção anticapitalista não era a posição política dominante no interior da organização. Todavia, com o passar do tempo, muitas vezes por meio de confrontos e rupturas, e graças à incessante persistência de sua atividade, o pensamento de Marx tornou-se a doutrina hegemônica[13].

Apesar desse duro caminho, sua elaboração trouxe não poucos benefícios à luta política daqueles anos. O novo perfil das mobilizações operárias, a experiência revolucionária da Comuna de Paris, o desafio (para ele inédito) de manter unida uma organização política tão grande e complexa, a polêmica com as outras tendências do movimento operário, surgidas das várias questões que se apresentaram ao longo da vida da Associação, tudo isso impulsionou Marx para além dos limites da economia política, à qual ele havia se dedicado inteiramente após a derrota da Revolução de 1848 e do consequente refluxo das forças mais progressistas. Além disso, ele foi estimulado a desenvolver suas ideias e, às vezes, a revisá-las, a fim de questionar velhas certezas, colocar novas questões e, principalmente, elaborar de forma mais concreta sua crítica do capitalismo em termos de definições da sociedade comunista. A representação do papel de Marx na Internacional difundida pela ortodoxia soviética, isto é, aquela de um revolucionário que teria

---

[10] Cf. Gian Mario Bravo, *Marx e la Prima Internazionale* (Bari, Laterza, 1979), p. 18-9.

[11] Ibidem, p. 25.

[12] Cf. "Karl Marx to Friedrich Bolte", 23 de novembro de 1871, em MECW, v. 44, p. 252, em que ele esclarece: "a história da Internacional foi uma luta contínua do Conselho Geral contra as seitas e experimentos amadorísticos que tentavam se afirmar no interior da organização contra o movimento genuíno da classe trabalhadora. Essa luta foi conduzida nos congressos, mas muito mais nas tratativas privadas do Conselho Geral com as seções individuais".

[13] Cf. Gian Mario Bravo, *Marx e la Prima Internazionale*, cit., p. 165.

transposto mecanicamente ao terreno histórico uma elaboração política já consumada e precedentemente elaborada em teoria, no isolamento de um quarto de estudos, é totalmente distante da realidade[14].

III. Estrutura da organização

Tanto no curso de sua existência como nas décadas sucessivas, a Internacional foi representada como uma organização vasta e financeiramente poderosa. O número de seus membros foi sempre superestimado, seja por um insuficiente conhecimento da realidade, seja pelos exageros de alguns de seus dirigentes, seja para justificar a brutal repressão nos confrontos da Internacional. O promotor público que, em junho de 1870, processou alguns dos dirigentes franceses da Internacional, declarou que a organização possuía mais de 800 mil membros na Europa[15]. Um ano mais tarde, após a derrota da Comuna de Paris, o jornal *The Times* afirmou que esse número era de 2,5 milhões. Ao passo que seu principal estudioso à época, no campo conservador, Oscar Testut (1840-?), chegou mesmo a imaginar uma multidão de 5 milhões de membros[16].

Na verdade, o número de seus membros foi muito inferior. Uma estimativa, ainda que apenas aproximada, da consistência efetiva da Internacional foi sempre uma questão complexa[17], tanto para seus dirigentes como para os estudiosos. Com base nas pesquisas realizadas, é possível lançar a hipótese de que, durante seu período de maior afirmação (ou seja, no biênio 1871-1872), o número máximo de adesões, numa base anual, superou 150 mil. Mais detalhadamente: 50 mil na Inglaterra, mais de 30 mil na França e o mesmo número na Bélgica, 6 mil na Suíça, cerca de 30 mil na Espanha, cerca de 25 mil na Itália e mais de 10 mil na Alemanha (cuja imensa maioria, porém, só pode ser considerada membro por ser militante do Partido Social-Democrata dos Trabalhadores

---

[14] Cf. Maximilien Rubel, *Marx critique du marxisme* (Paris, Payot, 1974), p. 41: "apenas a necessidade de mitologia – ou de mistificação – pôde induzir a ver nessa carta o fruto do 'marxismo', ou, dito de outro modo, de uma doutrina já dada, imposta de fora por um cérebro onisciente a uma massa inerte e amorfa de homens à procura de uma panaceia social".

[15] Cf. Oscar Testut, *L'Association internationale des travailleurs* (Lyon, Aimé Vingtrinier, 1870), p. 310.

[16] Cf. *The Times*, 5 jun. 1871, e Oscar Testut, *Le Livre blue de l'Internationale* (Paris, Lachaud, 1871).

[17] Durante a sessão do Conselho Geral de 20 de dezembro de 1870, Marx declarou: "a respeito da lista dos membros, não seria oportuno tornar pública sua força real, considerando que o público externo sempre pensou que os membros ativos são muito mais numerosos do que realmente são". Cf. GC, IV, p. 96.

da Alemanha [Sozialdemokratische Arbeiterpartei Deutschland]), mais alguns milhares dispersos por outros países europeus e 4 mil nos Estados Unidos.

Dada a época e, portanto, a ausência quase absoluta – com exceção dos sindicatos ingleses e da Associação Geral dos Trabalhadores Alemães – de organizações efetivas da classe trabalhadora, essas cifras devem ser avaliadas como extremamente relevantes. É preciso também ter presente que, durante sua existência, a Internacional só era reconhecida como organização legal na Inglaterra, na Suíça, na Bélgica e nos Estados Unidos[18]. Em outros países onde teve uma presença consistente – é o caso de França, Espanha e Itália –, ela permaneceu ilegal por diversos anos, e seus militantes sofreram perseguições. Aderir à Internacional era considerado ilegal nos 39 Estados da Confederação Germânica, e no Império Austro-Húngaro seus pouquíssimos membros foram forçados a agir na clandestinidade. Não obstante, sua capacidade agregadora foi notável. Depois de apenas dois anos de vida, havia conseguido federar centenas de sociedades operárias. A partir do fim de 1868, graças à propaganda promovida pelos seguidores de Mikhail Bakunin (1814-1876), a ela se agregaram sociedades na Espanha e, depois da Comuna de Paris, surgiram seções na Itália, Holanda, Dinamarca e Portugal. O desenvolvimento da Internacional foi, sem dúvida, irregular; por múltiplas e diversas razões, enquanto crescia em alguns países, em outros mantinha-se estável ou regredia sob os golpes da repressão. Todavia, entre aqueles que aderiram à Internacional, mesmo que por um breve período, sobreviveu um forte sentido de pertencimento comum. Com efeito, também quando o ciclo das lutas das quais os trabalhadores haviam participado se encerrou e a adversidade e os rigores de suas vidas os forçaram a distanciar-se da organização, eles conservaram intocados os laços de solidariedade de classe e responderam da melhor forma que podiam ao chamado de um comício, às palavras de um manifesto, ao tremular da bandeira vermelha da luta, em nome e em memória da Internacional, a organização que os havia apoiado no momento de necessidade[19].

Em relação à totalidade dos trabalhadores da época, os membros da Internacional foram, porém, uma parcela reduzida da classe operária. Em Paris, por exemplo, o número de membros jamais ultrapassou 10 mil, e em grandes cidades como Roma, Viena e Berlim seu número foi ainda mais exíguo. A qualificação dos operários que aderiram à Internacional constitui outra prova evidente de seus limites:

---

[18] Para maiores informações, ver, no apêndice a esta Introdução, a tabela dos membros da Internacional.

[19] Cf. Julius Braunthal, *History of the International* (1961) (Nova York, Nelson, 1966), p. 116.

ela deveria ser a organização dos operários assalariados, mas apenas um número muito exíguo destes tornou-se membro. O principal influxo veio do setor da construção, na Inglaterra, da indústria têxtil, na Bélgica, e de vários tipos de artesãos, na França e Suíça.

Na Inglaterra, com a única exceção dos operários siderúrgicos, a força da Internacional entre os proletários da indústria foi sempre limitadíssima[20]. Estes jamais se tornaram a maioria da Associação, mesmo após a expansão da organização nos países da Europa meridional. Outro grande limite da Internacional foi o de não ter conseguido abarcar o mundo do trabalho não qualificado[21]. Esforços nessa direção foram realizados desde a preparação para o primeiro congresso da organização, como demonstra a clara exortação às organizações dos trabalhadores contida no documento "Instructions for the Delegates of the Provisional General Council. The Different Questions" [Instruções para os delegados do Conselho Geral provisório. As questões singulares]:

> Para além de seus propósitos originais, eles [os sindicatos] devem agora aprender a agir deliberadamente como centros organizadores da classe operária no interesse mais amplo de sua *emancipação total*. Devem auxiliar todo movimento social e político que aponte nessa direção. Considerando a si mesmos e agindo como os paladinos e representantes da classe operária inteira, não podem deixar de alistar em suas fileiras os párias da sociedade [*the non-society men*]. Devem defender cuidadosamente os interesses das atividades de pior remuneração, tais como os trabalhadores agrícolas, tornados impotentes por circunstâncias excepcionais. Devem convencer o mundo inteiro de que seus esforços, longe de serem estreitos e egoístas, visam à emancipação dos milhões de oprimidos.[22]

Também na Inglaterra, no entanto, com exceção dos escavadores, os trabalhadores não especializados não se filiaram à Internacional. Nesse país, o maior número de adesões veio do setor têxtil, dos alfaiates, dos sapateiros e dos carpinteiros, ou seja, dos trabalhadores que, à época, eram os mais organizados e dotados de maior consciência de classe. Por fim, a Internacional permaneceu sempre uma organização formada exclusivamente por trabalhadores ocupados, e os desempregados

---

[20] Cf. Henry Collins e Chimen Abramsky, *Karl Marx and the British Labour Movement*, cit., p. 70; e Jacques D'Hondt, "Rapport de synthèse", em *Colloque international sur la Première Internationale. La Première Internationale: l'institute, l'implantation, le rayonnement* (Paris, Éditions du Centre National de la Recherche Scientifique, 1968), p. 475.

[21] Cf. Henry Collins e Chimen Abramsky, *Karl Marx and the British Labour Movement*, cit., p. 289.

[22] Cf. infra, p. 107.

28 | Trabalhadores, uni-vos!

jamais fizeram parte dela. Análoga foi a proveniência de seus dirigentes, que, salvo algumas exceções, eram principalmente artesãos e intelectuais.

Dispor de dados corretos sobre os meios financeiros da Internacional é igualmente difícil. A despeito das fantasiosas descrições sobre a pretensa abundância de seus recursos[23], a organização teve uma situação financeira cronicamente instável. A taxa de inscrição individual era de um xelim, enquanto cada um dos sindicatos devia contribuir, como sujeito coletivo, com três *pence* por membro. Em muitos países, no entanto, os filiados individuais foram sempre poucos e, na Inglaterra, as contribuições devidas pelos sindicados foram, constantemente, tão incertas e limitadas que o Conselho Geral acabou por liberar estes últimos para contribuir com o que podiam. As somas recolhidas jamais superaram poucas dezenas de libras esterlinas anuais[24], que mal bastavam para pagar o salário de quatro xelins por semana do secretário-geral e o aluguel da sede, por cuja inadimplência a Internacional era frequentemente ameaçada de despejo.

Num dos mais importantes documentos da vida da organização, Marx resumiu assim suas funções: "A Associação Internacional dos Trabalhadores tem como tarefa combinar e generalizar os *movimentos espontâneos* das classes trabalhadoras, mas não ditar ou impor um sistema doutrinário, seja ele qual for"[25]. Não obstante a notável autonomia concedida às federações e seções locais singulares, a Internacional conservou sempre um lugar de direção política. Seu Conselho Geral constituía, de fato, o órgão em que se efetuava a síntese entre as várias tendências

---

[23] Em seu diário, *Tägebuchblätter aus dem Jahre 1867 bis 1869* (Leipzig, Von Hirzel, 1901), v. VIII, p. 406, o general Friedrich von Bernhardi relatou, "com base em fontes confiáveis", que um fundo de mais de £5 milhões fora depositado em Londres para ser utilizado pela Internacional. Cf. Julius Braunthal, *History of the International*, cit., p. 107.

[24] Cf. Julius Braunthal, *History of the International*, cit., p. 108, que afirma que, entre os papéis do Conselho Geral, não foi encontrado nenhum documento relativo às entradas anuais da Internacional. Porém, num relatório do tesoureiro Cowell Stepney foram indicados os valores das subscrições dos militantes individuais – ou seja, não daqueles filiados por meio de organizações coletivas – recebidos pelo Conselho Geral durante os primeiros seis anos de vida da organização. As cifras são as seguintes: 1865 – £ 23; 1866 – £ 9 e 13 xelins; 1867 – £ 5 e 17 xelins; 1868 – £ 14 e 14 xelins; 1869 – £ 30 e 12 xelins; 1870 – £ 14 e 14 xelins. O último relatório financeiro, relativo aos anos 1870-1872 e apresentado por Engels em setembro de 1872 no Congresso de Haia, mostrava uma dívida de mais de £ 25, contraída pelos membros do Conselho Geral. Cópias de algumas folhas de balanço da Internacional também foram publicadas em Henry Collins e Chimen Abramsky, *Karl Marx and the British Labour Movement*, cit., p. 80-1.

[25] Cf. infra, p. 105. Ver "Karl Marx to Paul Lafargue", 18 de abril de 1870, em MECW, v. 43, p. 491: "o Conselho Geral não era o papa, de modo que permitíamos a cada seção ter suas próprias ideias sobre o movimento real, sempre pressupondo que não fosse aprovado nada diretamente oposto a nossos estatutos".

políticas e do qual emanavam as linhas diretivas da organização. De outubro de 1864 a agosto de 1872, o Conselho Geral se reuniu, com grande regularidade, por 385 vezes. No curso de tantas noites de terça-feira, durante as quais, numa sala repleta de fumaça de charutos e cachimbos, realizaram-se as reuniões do Conselho Geral, seus membros debateram inúmeras problemáticas, entre as quais: as condições de trabalho dos operários, os efeitos da introdução da maquinaria, as greves que deviam ser apoiadas, o papel e a importância dos sindicatos, a questão irlandesa, diversos problemas de política externa e, naturalmente, a questão de como construir a sociedade do futuro. O Conselho Geral foi também o organismo que se ocupou da elaboração dos documentos da Internacional. Circulares, cartas e resoluções foram os meios correntemente empregados, enquanto manifestos, mensagens e apelos foram os documentos excepcionais, utilizados em circunstâncias particulares[26].

IV. A formação da Internacional

A falta de sincronia entre os principais eventos organizacionais e políticos da Internacional dificulta a reconstrução cronológica de sua história. Do ponto de vista organizacional, as fases mais importantes atravessadas pela Associação foram: I) seu nascimento (1864-1866), ou seja, a fase desde sua fundação até o primeiro congresso (Genebra, 1866); II) sua expansão (1866-1870); III) o impulso revolucionário e a repressão que se seguiu à Comuna de Paris (1871-1872); e IV) a cisão e a crise (1872-1877). Já do ponto de vista do confronto político, as principais fases da Internacional foram: I) o debate inicial entre os vários componentes e a construção de seus fundamentos teóricos (1864-1865); II) o conflito pela hegemonia entre coletivistas e mutualistas (1866-1869); e III) o confronto entre centralistas e autonomistas (1870-1877). Nos parágrafos que seguem, percorreremos tanto os eventos organizacionais como os políticos.

A Inglaterra foi o primeiro país em que foram apresentados pedidos de adesão à Internacional. Em fevereiro de 1865, a ela se filiaram 4 mil membros da Sociedade Sindical dos Pedreiros (Operative Society of Bricklayers). Pouco depois, seguiram-se grupos de trabalhadores da construção civil e sapateiros. No curso de seu primeiro ano de vida, o Conselho Geral realizou uma intensa atividade de divulgação dos princípios da Associação. Isso ajudou a ampliar seu horizonte para além

---

[26] Cf. Georges Haupt, *L'Internazionale socialista dalla Comune a Lenin* (Turim, Einaudi, 1978), p. 78.

de questões puramente econômicas, como demonstra a presença da Internacional entre as organizações que participaram da Reform League, o movimento pela reforma eleitoral surgido em fevereiro de 1865.

Na França, a Internacional começou a tomar forma em janeiro de 1865, data em que foi fundada, em Paris, sua primeira seção. Outros centros principais surgiram um pouco mais tarde, em Lyon e Caen. Sua força foi, porém, muito limitada. Na capital francesa, sua base não conseguiu se expandir e, durante esse período inicial, muitas outras organizações operárias tiveram uma consistência numérica superior. A influência ideológica exercida pela Associação foi débil, e as relações de força, limitadas; juntamente com a escassa determinação política, impediram a fundação de uma federação nacional. Apesar desses limites, os franceses, em grande parte seguidores das teorias mutualistas de Proudhon, consolidaram-se como o segundo grupo mais consistente da Internacional durante a primeira conferência da organização, realizada entre 25 e 29 de setembro daquele ano em Londres. Esta contou com a presença de trinta delegados provenientes da Inglaterra, da França, da Suíça e da Bélgica, além de alguns outros representantes da Alemanha, da Polônia e da Itália. Cada um deles apresentou informes, sobretudo de caráter organizacional, sobre os primeiros movimentos da Internacional em seus países. Para essa sede foi convocado, para o ano seguinte, o primeiro Congresso Geral.

No período entre essas duas reuniões, a Internacional continuou a expandir-se na Europa. Ela começou a construir seus primeiros núcleos importantes na Bélgica e na Suíça francesa. As chamadas leis prussianas de associação (*Kombinationsgesetze*), que impediam os grupos políticos alemães de estabelecer relações estruturais com organizações de outros países, não permitiram que fossem abertas seções da Internacional naquela que, à época, era a Confederação Alemã. A Associação Geral dos Trabalhadores Alemães (Allgemeine Deutsche Arbeiterverein) – primeiro partido operário da história, fundado em 1863, com cerca de 5 mil membros, e liderado pelo discípulo de Lassalle, Johann Baptist von Schweitzer (1833-1875) – seguiu uma linha de ambíguo diálogo com Otto von Bismarck (1815-1898) e se desinteressou da Internacional nos primeiros anos de sua existência. Essa mesma postura foi compartilhada por Wilhelm Liebknecht (1826-1900), apesar de sua grande proximidade política com Marx. Johann Philipp Becker (1809-1886), um dos principais líderes da Internacional na Suíça, tentou contornar essas dificuldades por meio do Grupo de Seções de Língua Alemã, baseado em Genebra e, por um bom tempo, foi o único organizador dos primeiros núcleos internacionalistas na Confederação Alemã.

Introdução | 31

A obtenção desses resultados foi altamente favorecida pela difusão de jornais que ou simpatizavam com as ideias da Internacional ou eram verdadeiros órgãos do Conselho Geral. Ambas as categorias contribuíram para o desenvolvimento da consciência de classe e para a rápida circulação de notícias relativas às atividades da Internacional. Dentre os periódicos surgidos nos primeiros anos de sua existência, menção especial deve ser feita ao biebdomadário *The Bee-Hive* e ao *The Miner and Workman's Advocate* (que mais tarde se chamaria *The Workman's Advocate* e, por fim, *The Commonwealth*), ambos publicados em Londres; ao hebdomadário de língua francesa *Le Courrier International*, também publicado em Londres; ao *La Tribune du Peuple*, órgão oficial da Internacional na Bélgica a partir de agosto de 1865; ao *Journal de l'Association Internationale des Travailleurs*, órgão da seção na Suíça francesa; ao *Le Courrier Français*, um hebdomadário proudhoniano publicado em Paris; e ao *Der Vorbote*, em Genebra, dirigido pelo alemão Becker[27].

A atividade do Conselho Geral em Londres foi decisiva para o reforço da Internacional. Na primavera de 1866, com seu apoio aos grevistas dos Alfaiates Unificados de Londres (London Amalgamated Tailors), a organização contribuiu, pela primeira vez ativamente, para uma luta operária. Em seguida à vitória desses trabalhadores, cinco pequenas sociedades de alfaiates, com cerca de quinhentos trabalhadores cada, decidiram filiar-se à Internacional. O resultado positivo de outras disputas atraiu diversos sindicatos menores, tanto que, quando de seu primeiro congresso, as organizações sindicais filiadas eram já dezessete, para um total de mais de 25 mil membros. A Internacional foi a primeira associação a ser bem-sucedida na difícil tarefa de alistar organizações sindicais em suas fileiras[28].

Entre 3 e 8 de setembro de 1866, a cidade de Genebra sediou o primeiro congresso da Internacional. Fizeram-se presentes sessenta delegados, provenientes da Inglaterra, da França, da Alemanha e da Suíça. Naquele momento, a Associação pôde fazer um balanço muito favorável, tendo acolhido sob sua bandeira, apenas dois anos depois de sua fundação, mais de uma centena de sindicatos e organizações políticas. Os participantes do congresso se dividiram substancialmente em dois blocos. O primeiro, composto pelos delegados ingleses, pelos poucos alemães

---

[27] Para uma apreciação mais completa dos periódicos da Internacional – ou daqueles que eram seus simpatizantes –, cf. Giuseppe Del Bo (org.), *Répertorie international des sources pour l'étude des mouvement sociaux aux XIXᵉ et XXᵉ siècles. La Première Internationale, v. I: Periodiqués 1864-1877* (Paris, Armand Colin, 1958).

[28] Henry Collins e Chimen Abramsky, *Karl Marx and the British Labour Movement*, cit., p. 65.

presentes e pela maioria dos suíços, seguiu as diretivas do Comitê Central redigidas por Marx, ausente em Genebra. O segundo, do qual faziam parte franceses e uma parte dos suíços de língua francesa, era constituído de mutualistas. Àquela época, a Internacional era uma organização em que prevaleciam as posições moderadas. Os mutualistas, liderados pelo parisiense Henri-Louis Tolain (1828-1897), prefiguravam uma sociedade em que o trabalhador seria, ao mesmo tempo, produtor, capitalista e consumidor. Eles viam na concessão de crédito gratuito uma medida determinante para transformar a sociedade; opunham-se ao trabalho feminino, condenado do ponto de vista moral e social, e rejeitavam qualquer interferência do Estado em matéria de relações de trabalho (inclusive a redução legal da jornada de trabalho para oito horas), porquanto estavam convencidos de que isso ameaçaria as relações privadas entre os trabalhadores e os patrões e reforçaria o sistema vigente.

Baseando-se nas resoluções preparadas por Marx, os dirigentes do Comitê Central presentes no congresso conseguiram suplantar o grupo dos mutualistas, numericamente fortes, e obtiveram resultados favoráveis à intervenção do Estado. Sobre esta última questão, na sessão das "Instructions for Delegates of the Provisional General Council. The different questions", Marx havia declarado que:

> Isso só pode ser realizado convertendo-se a *razão social* em *força social*, o que, sob dadas circunstâncias, realiza-se unicamente quando forçado pelo poder estatal. Ao impor essas leis, a classe trabalhadora não fortalece o poder governamental. Ao contrário, ela transforma esse poder, que hoje é usado contra ela, em seu próprio benefício. Ela realiza por um ato geral aquilo que uma multidão de indivíduos isolados não conseguiria realizar.[29]

Essas reivindicações reformistas, portanto, longe de tornarem mais forte a sociedade burguesa, como acreditavam erroneamente Proudhon e seus seguidores, representavam um ponto de partida indispensável para a emancipação da classe trabalhadora.

Nas instruções preparadas por Marx para o Congresso de Genebra, por fim, é reconhecida a função fundamental do sindicato, contra a qual se haviam manifestado não só os mutualistas, mas também alguns seguidores de Robert Owen (1771-1858), na Inglaterra, e, fora da Internacional, os lassalianos alemães[30]:

---

[29] Cf. infra, p. 104-5.

[30] Ferdinand Lassalle era um defensor da "lei de bronze dos salários" e considerava os esforços para aumentar o salário como fúteis, como um desvio em relação à tarefa principal dos trabalhadores: a conquista do poder político no Estado.

Essa atividade dos sindicatos é não só legítima, mas também necessária. Ela não pode ser dispensada enquanto durar o atual sistema de produção. Pelo contrário, tem de ser generalizada pela formação e a articulação de sindicatos em todos os países. Por outro lado, sem que eles mesmos percebessem, os sindicatos formaram *centros de organização* da classe trabalhadora, tal como as municipalidades e comunas medievais o fizeram para a classe média. Se os sindicatos são necessários para as guerras de guerrilha entre o capital e o trabalho, eles são ainda mais importantes como *agências organizadas para a superação do próprio sistema do trabalho assalariado e do domínio do capital.*

No mesmo documento, Marx não poupou de sua crítica os sindicatos existentes. Pois,

> concentrados com demasiada exclusividade nas lutas locais e imediatas contra o capital, os sindicatos ainda não entenderam plenamente seu poder de ação contra o próprio sistema de escravidão assalariada. Por essa razão, mantiveram-se demasiadamente distantes dos movimentos sociais e políticos gerais.[31]

A mesma coisa ele afirmara numa mensagem ao Conselho Geral em 20 e 27 de julho, que seria postumamente publicada como artigo, sob o título "Value, Price and Profit"*:

> as classes trabalhadoras não devem exagerar para si mesmas o resultado final dessas lutas diárias. Não devem esquecer de que estão lutando contra os efeitos, mas não contra as causas desses efeitos; que estão retardando o movimento descendente, mas não alterando sua direção; que estão aplicando paliativos, não curando a doença. Não devem, portanto, deixar-se absorver exclusivamente por essas inevitáveis lutas de guerrilhas, provocadas continuamente pelos abusos incessantes do capital ou pelas flutuações do mercado. Elas devem entender que o sistema atual, mesmo com todas as misérias que lhes impõe, engendra simultaneamente as *condições materiais* e as *formas sociais* necessárias para uma reconstrução econômica da sociedade. Em vez do lema *conservador*: "Um salário justo por uma jornada de trabalho justa!", devem inscrever em sua bandeira a divisa revolucionária: "Abolição do sistema de trabalho assalariado!".[32]

---

[31] Cf. infra, p. 106.

* "Valor, preço e lucro". Em português, mais conhecido como "Salário, preço e lucro". (N. T.)

[32] Cf. infra, p. 141. Por outro lado, a necessidade de distinguir entre organização política e organização sindical sempre foi clara para Marx. Em setembro de 1869, numa entrevista ao sindicalista alemão Johann Hamann, publicada no jornal *Der Volksstaat*, n. 17, 27 nov. 1869, Marx declarou que "os sindicatos não deviam jamais filiar-se a uma associação política ou dela tornar-se dependentes. Se isso ocorre, significa sua própria morte. Os sindicatos são escolas para o socialismo". Johann Heinrich Wilhelm Hamann, "Bericht über Unterredung von Metallgewerkschaften mit Karl Marx in Hannover am 30. September 1869", em *Marx-Engels-Gesamtausbage* (Berlim, Akademie Verlag, 2009), v. I/21, p. 906.

V. Greves e expansão

A partir do fim de 1866, as greves se intensificaram em muitos países europeus. Organizadas por grandes massas de trabalhadores, elas contribuíram para a tomada de consciência das condições em que essas massas eram forçadas a viver e foram o coração pulsante de um novo e importante período de lutas.

Apesar da tese defendida por alguns governos da época, que atribuía a responsabilidade das greves à propaganda da Internacional, a maior parte dos operários que delas participavam nem sequer sabia de sua existência. Os protestos foram motivados pelas dramáticas condições de trabalho e de vida a que estavam submetidos. Essas mobilizações representaram o primeiro momento de confluência e de coordenação com a Internacional, que os apoiou com proclamações e apelos de solidariedade, organizou a coleta de dinheiro em favor dos grevistas e promoveu encontros para bloquear as tentativas dos patrões de enfraquecer a resistência dos trabalhadores.

Foi justamente graças ao papel concreto desempenhado nessa fase pela Internacional que os trabalhadores começaram a reconhecê-la como lugar de defesa de seus interesses comuns e a solicitar sua filiação[33]. A primeira grande luta vencida com seu apoio foi aquela dos bronzistas de Paris, cuja greve durou de fevereiro a março de 1867. Resultado vitorioso também obtiveram as greves dos trabalhadores de ferro de Marchienne, em fevereiro de 1867; dos operários da bacia mineral de Provence, de abril de 1867 a fevereiro de 1868; dos mineiros de carvão de Charleroi e dos pedreiros de Genebra, ambas na primavera de 1868. Em cada um desses acontecimentos, o cenário foi idêntico: uma coleta de dinheiro em apoio aos grevistas da parte dos trabalhadores de outros países, que também se comprometiam a não aceitar qualquer trabalho como substitutos dos grevistas, sob pena de se degradarem à condição de mercenários. Foram esses os fatores que forçaram os patrões a buscar um compromisso e a aceitar muitas das reivindicações dos operários. Logo após o sucesso dessas lutas, centenas de novos trabalhadores aderiram à Internacional nas cidades onde haviam ocorrido as greves. Como afirmou o membro do Conselho Geral Eugène Dupont (1831-1881): "não é a Associação Internacional dos Trabalhadores que conduz [os operários] à greve, mas [é] a greve que conduz os operários aos braços da Associação Internacional dos Trabalhadores"[34].

---

[33] Cf. Jacques Freymond, "Introduction", em PI, I, p. xi.

[34] Vários autores, "Report of the [French] General Council", 1º set. 1869, em PI, II, p. 24.

Assim, apesar das dificuldades derivadas da heterogeneidade dos países, línguas e culturas políticas, a Internacional conseguiu reunir e coordenar muitas organizações e lutas nascidas espontaneamente. Seu maior mérito foi o de ter sabido indicar a absoluta necessidade da solidariedade de classe e da cooperação internacional, superando irreversivelmente o caráter parcial dos objetivos e das estratégias do movimento operário.

A partir de 1867, reforçada pelo sucesso na obtenção desses resultados, pelo aumento no número de militantes e por uma eficiente estrutura organizacional, a Internacional avançou em todo o continente. Esse ano foi marcado por seu notável progresso, sobretudo na França. A greve dos bronzistas parisienses teve um efeito avassalador, semelhante àquele obtido na Inglaterra pelos alfaiates de Londres. Em Paris, o número de associados chegou a mil e em Lyon e Viena, superou os quinhentos. Além disso, foram inauguradas sete novas seções, uma das quais na outra margem do Mediterrâneo, na Argélia, mas que contava apenas com operários franceses. As adesões se multiplicaram também na Bélgica, em resultado das greves, e na Suíça, onde ligas operárias, cooperativas e sociedades políticas aderiram com entusiasmo à Internacional. Neste último país, a organização possuía 25 seções apenas na cidade de Genebra, inclusive uma de língua alemã, que também servia de base para a propaganda dos operários da Confederação Alemã.

Mas a Inglaterra continuou a ser o país onde a Internacional conquistara maior presença. No decurso de 1867, a filiação de outra dezena de organizações elevou o número de seus membros para 50 mil – cifra impressionante, considerando-se que foi alcançada em apenas dois anos e que, à época, o total de trabalhadores ingleses sindicalizados era cerca de 800 mil[35]. Essa cifra corresponde ao mais elevado número de inscritos já atingido pela Internacional – em termos absolutos, ainda que não em proporção à totalidade da população – num único país. Todavia, se na Inglaterra o período de 1864-1867 caracterizara-se pela obtenção de grandes progressos, os anos sucessivos foram marcados por certa estagnação. A essa inversão de tendência contribuíram diversos fatores. Antes de mais nada, como dissemos, a Internacional não conseguiu atrair dois segmentos fundamentais do mundo do trabalho: os operários da indústria e os trabalhadores não especializados. Entre estes últimos, a única exceção foi representada pelos Escavadores

---

[35] Ver Henri Collins, "The International and the British Labour Movement: Origin of the International in England", em *Colloque international sur la Première Internationale*, cit., p. 34.

Unidos (United Excavators), que aderiram à organização logo após a greve de agosto de 1866. Exígua foi também a presença da Internacional entre os operários das grandes fábricas do norte e das *midlands* da Inglaterra (com raras exceções, como a dos Trabalhadores da Fundição [Malleable Ironworkers]). Sua voz não conseguiu atingir os trabalhadores do carvão, nem os do algodão, tampouco os operários da indústria mecânica, que, graças a suas competências técnicas, jamais se sentiram ameaçados pela concorrência estrangeira. Aqueles que aderiram em maior medida à Internacional foram os trabalhadores da construção. A Sociedade Unificada dos Carpinteiros e dos Marceneiros (Amalgamated Society of Carpenters and Joiners), representada no Conselho Geral por seu secretário, Robert Applegarth (1834-1924), equivalia, com seus 9 mil membros, a quase um quinto dos filiados. A seguir vinham os alfaiates, sapateiros, marceneiros, encadernadores, tecelões, seleiros e charuteiros – ou seja, todas aquelas profissões que se mantiveram inalteradas pela Revolução Industrial. Em janeiro de 1867, o Conselho Sindical de Londres (London Trades Council), organização que unia todos os sindicados londrinos, decidiu cooperar com a Internacional, mas votou contra a adesão à organização. Esse episódio fez com que o Conselho Geral tomasse consciência da impossibilidade de expandir-se para além de sua esfera de influência.

A essa fase de freagem no avanço da Internacional na Inglaterra contribuiu, em grau ainda maior, o processo de institucionalização do movimento operário. O Reform Act, que resultou da batalha travada pela Reform League, estendeu o direito de voto a mais de 1 milhão de trabalhadores ingleses. A sucessiva legalização das organizações sindicais, que pôs fim ao risco de perseguições e repressões, permitiu que o Quarto Estado se tornasse presença real na sociedade. Desse momento em diante, portanto, os pragmáticos governantes do país privilegiaram o caminho das reformas do sistema burguês. Os trabalhadores ingleses, diferentemente dos franceses, começaram a se sentir parte integrante da sociedade e colocaram as esperanças de um futuro melhor não mais no conflito social, mas na mudança pacífica[36]. Nos outros países europeus, a situação foi completamente distinta. Na Confederação Alemã, a contratação coletiva era quase inexistente. Na Bélgica, as greves eram reprimidas pelo governo, quase como se fossem atos de guerra, enquanto na Suíça ainda eram uma anomalia mal tolerada pela ordem constituída. Na França, enfim, a greve foi declarada legal em 1864, mas as primeiras organizações sindicais ainda operavam sob severas restrições.

---

[36] Cf. Henry Collins e Chimen Abramsky, *Karl Marx and the British Labour Movement*, cit., p. 290-1.

Foi esse o cenário que precedeu ao congresso de 1867, no qual a Internacional se reuniu com nova força, resultante de uma expansão difusa e constante. Uma prova disso está no interesse demonstrado por diversos periódicos burgueses, entre eles o *The Times*, que enviaram seus correspondentes para acompanhar os trabalhos. Novamente uma cidade suíça, dessa vez Lausanne, de 2 a 8 de setembro, serviu de sede ao evento, recebendo os 64 delegados[37] provenientes de seis países (que agora incluíam um representante da Bélgica e um da Itália). Entre eles, houve uma consistente presença dos mutualistas, que impuseram à agenda do congresso temas tipicamente proudhonianos, tais como a discussão sobre o movimento cooperativo e sobre o uso alternativo do crédito. A ausência de Marx nesse congresso[38] e no Conselho Geral durante as semanas em que foram redigidos os documentos preparatórios, devida a sua dedicação à revisão das últimas provas de impressão de *O capital*, repercutiram negativamente nos participantes, cujos trabalhos permaneceram circunscritos aos relatos dos progressos obtidos pela organização nos vários países e aos debates sobre os temas preferidos pelos mutualistas.

Entre as outras questões discutidas, estava aquela relativa à guerra e ao militarismo, solicitada pela concomitante fundação da Liga pela Paz e Liberdade. No curso dos debates, o delegado de Bruxelas, César de Paepe (1841-1890), um dos militantes mais ativos e brilhantes no plano teórico da Internacional, formulou pela primeira vez a ideia – que mais tarde se tornaria a posição clássica do movimento operário – segundo a qual as guerras são inevitáveis num regime de produção capitalista:

> Se tivesse de expressar meus sentimentos ao Congresso [da Paz] de Genebra, eu diria: queremos a paz tanto quanto vocês, mas sabemos que enquanto existir o que se chama princípio de nacionalidade ou o patriotismo, haverá a guerra; enquanto houver classes distintas, haverá a guerra. A guerra não é apenas fruto da ambição de um monarca; [...] a verdadeira causa da guerra são os interesses de alguns capitalistas; a guerra é o resultado da falta de equilíbrio no mundo econômico e no mundo político.[39]

Finalmente, houve uma discussão sobre a emancipação das mulheres[40], e o congresso votou a favor de um relatório declarando que "os esforços das nações

---

[37] Embora a Internacional adotasse o princípio de um delegado para cada quinhentos filiados, a representação real dependia das condições dos delegados de participarem dos congressos.

[38] Marx não participou de nenhum congresso da Internacional, exceto daquele crucial, realizado em Haia em 1872.

[39] Cf. infra, p. 253.

[40] Cf. infra, p. 135-6.

devem visar à propriedade estatal dos meios de transporte e de circulação"[41]. Essa foi a primeira declaração coletivista aprovada num congresso da Internacional. Todavia, a oposição dos mutualistas à socialização da propriedade obteve a maioria dos votos, e uma discussão mais aprofundada sobre o tema foi adiada até o congresso seguinte.

VI. A derrota dos mutualistas

Na Internacional, desde o tempo de seu nascimento, as ideias de Proudhon haviam sido hegemônicas na França e em outras regiões de língua francesa, como a Suíça romanda, a Valônia e a cidade de Bruxelas. Seus discípulos, particularmente Tolain e Ernest Édouard Fribourg, conseguiram deixar uma marca na reunião de fundação, em 1864, na Conferência de Londres de 1865, e nos congressos de Genebra e Lausanne.

Por quatro anos, os mutualistas eram a ala mais moderada da Internacional. Os sindicatos ingleses, que constituíam a maioria da organização, não compartilhavam do anticapitalismo de Marx, mas também não tinham sobre as políticas da organização a mesma influência negativa exercida pelos seguidores de Proudhon. A partir das concepções do anarquista francês, os mutualistas defendiam que a emancipação econômica dos trabalhadores seria alcançada por meio da fundação de cooperativas de produção, financiadas por um banco popular central. Firmemente contrários à intervenção do Estado em qualquer campo, opunham-se à socialização da terra e dos meios de produção e eram contrários à prática de greves. Em 1868, por exemplo, ainda havia muitas seções da Internacional de tendência mutualista, que atribuíam um caráter negativo e antieconômico a esse método de luta. O "Relatório da seção de Liège sobre as greves" é emblemático a esse respeito: "A greve é uma luta. Portanto, ela aumenta os fermentos de ódios lançados entre o povo e a burguesia e separa cada vez mais duas classes que, em vez disso, deveriam fundir-se e se unir uma com a outra"[42]. A distância entre esse ponto de vista e as teses do Conselho Geral não poderia ser mais profunda.

Marx desempenhou, sem dúvida alguma, um papel central no curso da longa luta para reduzir a influência de Proudhon no interior da Internacional. A ideias do primeiro foram de fundamental importância para o amadurecimento teórico dos

---

[41] Cf. infra, p. 191.

[42] Cassian Maréchal, "Report of the Liège Section", PI, I, p. 268.

dirigentes da organização, e foi notável sua capacidade política de afirmá-las, vencendo todos os principais confrontos internos. Com respeito à cooperação, por exemplo, ele já havia declarado, em 1866, nas "Instruções para os delegados do Conselho Central provisório":

> Para converter a produção social num sistema amplo e harmonioso de trabalho livre e cooperativo são necessárias *mudanças sociais gerais, mudanças das condições gerais da sociedade*, que jamais podem ser realizadas a não ser pela transferência das forças organizadas da sociedade, isto é, do poder estatal, dos capitalistas e proprietários fundiários aos próprios produtores.

Recomendando aos trabalhadores, além disso, "que se empenhem na *produção cooperativa*, em vez de em *lojas cooperativas*. Estas últimas atingem apenas a superfície do atual sistema econômico, ao passo que a primeira ataca seus alicerces"[43].

Em grau ainda maior que Marx, porém, os que permaneceram distante da doutrina proudhoniana na Internacional foram os próprios operários. A proliferação das greves convenceu especialmente os mutualistas de quão equivocadas eram suas concepções, e as lutas proletárias lhes indicaram que a greve era a resposta imediata e necessária não só para melhorar as condições existentes, mas também para reforçar a consciência de classe indispensável para construir a sociedade do futuro. Foram mulheres e homens de carne e osso que interromperam a produção capitalista para reivindicar seus direitos e justiça social, alterando assim o equilíbrio de forças na Internacional e, mais importante ainda, na sociedade como um todo. Foram os bronzistas de Paris, os tecelões de Rouen e de Lyon, os mineiros de carvão de Saint-Étienne, quem, com uma força superior a qualquer discussão teórica, convenceram os líderes franceses da Internacional da necessidade de socializar o solo e a indústria. Coube, em suma, ao movimento operário demonstrar, desmentindo Proudhon, que era impossível separar a questão econômico-social da questão política[44].

O Congresso de Bruxelas, realizado entre 6 e 13 de setembro de 1868, na presença de 99 delegados provenientes da França, da Inglaterra, da Suíça, da Alemanha, da Espanha (um único delegado) e da Bélgica (com 55 representantes)[45], consolidou o redimensionamento dos mutualistas. Em seu apogeu, houve o pronuncia-

---

[43] Cf. infra, p. 105.

[44] Cf. Jacques Freymond, "Introduction", cit., p. xiv.

[45] Eugène Dupont representou uma seção de Nápoles, e o congresso teve também a participação de Auguste Blanqui (1805-1881) como observador.

mento dos delegados favoráveis à proposta, apresentada por César de Paepe, de socialização dos meios de produção. A resolução votada – entre aquelas que tiveram o maior relevo em toda a vida da Internacional – representou um decisivo passo adiante no percurso das definições das bases econômicas do socialismo, questão que agora era tratada não mais somente nos escritos dos intelectuais singulares, mas no programa de uma organização transnacional. No que tangia às mineiras e aos transportes, o congresso declarou:

> (a) Que, numa situação normal de sociedade, as pedreiras, as minas de carvão e outras minas, assim como as ferrovias, devem pertencer à comunidade representada pelo Estado, um Estado submetido ele mesmo às leis da justiça.

> (b) Que as pedreiras, minas de carvão e outras minas, além das ferrovias, sejam concedidas pelo Estado, não a companhias de capitalistas, como ocorre no presente, mas a companhias de trabalhadores vinculados por contrato, a fim de garantir à sociedade a operação racional e científica das ferrovias etc. a um preço o mais próximo possível da despesa do trabalhador. O mesmo contrato deve reservar ao Estado o direito de verificar a contabilidade das companhias, de modo a prevenir a possibilidade de qualquer reconstituição de monopólios. Um segundo contrato deve garantir o direito mútuo de cada membro das companhias em relação a seus colegas trabalhadores.

Em relação à propriedade fundiária, foi resolvido que:

> o desenvolvimento econômico da sociedade moderna criará a necessidade social de converter a terra arável em propriedade comum da sociedade, fazendo com que o Estado conceda o solo a companhias agrícolas sob condições análogas àquelas expostas em relação a minas e ferrovias.

E considerações similares foram aplicadas aos canais, estradas e telégrafos:

> Considerando que as estradas e outros meios de comunicação requerem uma direção social comum, o congresso acredita que devem permanecer como propriedade comum da sociedade.

Finalmente, considerações interessantes foram feitas com relação ao meio ambiente:

> Considerando que o abandono das florestas a indivíduos privados causa a destruição das matas necessárias à conservação das fontes e, evidentemente, das boas qualidades do solo, assim como da saúde e da vida da população, o congresso acredita que as florestas devem permanecer como propriedade da sociedade.[46]

---

[46] Cf. infra, p. 112.

Em Bruxelas, portanto, a Internacional fez seu primeiro pronunciamento explícito sobre a necessidade da socialização dos meios de produção mediante a utilização do poder público[47]. Foi uma importante vitória do Conselho Geral, e a primeira manifestação dos princípios socialistas no programa político de uma vasta organização do movimento operário.

Além disso, foi novamente discutida a questão da guerra. Uma moção apresentada por Becker – e mais tarde retomada por Marx na elaboração para publicação das resoluções do congresso – dizia:

> os trabalhadores são os únicos que têm um interesse evidente e lógico na abolição definitiva de qualquer guerra, tanto econômica como política, tanto individual como nacional, porque são eles, no fim das contas, que devem sempre pagar com seu sangue e seu trabalho o acerto de contas entre os beligerantes, não importando se estão no lado dos vencedores ou no dos vencidos.[48]

Os operários, portanto, deveriam considerar toda guerra "como uma guerra civil"[49]. Contra esta última, César de Paepe sugeriu também a utilização da greve geral[50], uma proposta que Marx desprezou como "tolice"[51], mas que, ao contrário, tendia ao desenvolvimento de uma consciência de classe capaz de ir além das batalhas meramente econômicas.

Se o Congresso de Bruxelas marcou o momento a partir do qual teve início a viragem coletivista da Internacional, o do ano seguinte, realizado entre 5 e 12 de setembro, na Basileia, consumou esse processo, erradicando o proudhonismo até mesmo de sua terra natal, a França. Dele participaram 78 delegados, provenientes não só da França, da Suíça, da Alemanha, da Inglaterra e da Bélgica, mas, numa demonstração da expansão da organização, também da Espanha, da Itália e da Áustria, além de um representante do Sindicato Nacional do Trabalho dos Estados Unidos. A presença deste último e a de Wilhelm Liebknecht, representante da segunda força política organizada da classe operária, o Partido Socialdemocrata dos Trabalhadores da Alemanha, fundado havia poucas semanas em Eisenach, contribuiu para tornar o congresso mais solene e carregá-lo de

---

[47] Isso foi possível graças à mudança nas seções belgas, que abraçaram posições coletivistas no congresso federal, realizado em julho.

[48] PI, I, p. 402-3.

[49] Ibidem, p. 403.

[50] Ver documento 50, p. 254-5.

[51] Cf. "Karl Marx to Friedrich Engels", 16 de setembro de 1868, em MECW, v. 43, p. 101.

esperanças. Os explorados viram estender-se concretamente os confins de sua associação, condição essencial para desafiarem o domínio do capital, e as transcrições dos debates, assim como as reconstruções daquelas jornadas, transmitem o entusiasmo dos trabalhadores reunidos em Lausanne.

As resoluções sobre a propriedade fundiária, aprovadas em Bruxelas no ano anterior, foram confirmadas numa nova votação, aprovada por 54 delegados, com apenas 4 contrários e 13 abstenções. O novo texto, no qual é declarado "que a sociedade tem o direito de abolir a propriedade individual do solo e de dá-lo à comunidade"[52], foi acolhido também pelos delegados franceses. Onze deles votaram a favor – entre eles, Eugène Varlin (1839-1871), que, em seguida, seria uma figura de primeiro plano da Comuna de Paris –, dez se abstiveram e quatro, entre os quais Tolain, votaram contra. Depois de Basileia, a Internacional na França deixou de ser mutualista.

O Congresso da Basileia também foi interessante por outro motivo: a participação do delegado Mikhail Bakunin. Não tendo conseguido conquistar a direção da Liga da Paz, em setembro de 1868 ele havia fundado, em Genebra, a Aliança da Democracia Socialista, uma organização que, em dezembro, apresentou um pedido de adesão à Internacional – inicialmente rejeitado pelo Conselho Geral. A Internacional não podia aceitar, em seu interior, organizações que continuassem afiliadas a uma estrutura transnacional paralela; além disso, um dos objetivos do programa da Aliança da Democracia Socialista – "a igualdade das classes[53]" – era radicalmente distinto de um dos pilares centrais da Internacional: a abolição das classes. Pouco depois, no entanto, a Aliança da Democracia Socialista modificou a parte de seu programa criticada pelo Conselho Geral e aceitou reduzir a rede de suas seções – muitas das quais, na realidade, existiam apenas na imaginação de Bakunin[54]. Assim, em 28 de julho de 1869, a seção de Genebra, composta por 104 membros, foi admitida na Internacional[55]. O célebre revolucionário russo conquistou rapidamente notável influência em várias seções suíças, espanholas e

---

[52] PI, II, p. 74.

[53] Mikhail Bakunin, "Programme of the Alliance [International Alliance of Socialist Democracy]", em Arthur Lehning (org.), *Michael Bakunin: Selected Writings* (Londres, Jonathan Cape, 1973), p. 174. A tradução fornecida nesse volume é, porém, errada e imprecisa. Em "Cisões fictícias na Internacional [Fictitious Splits in the International]", Marx e Engels citam diretamente do documento original de Bakunin ("a equalização política, econômica e social das classes"). Cf. documento 75, p. 312-4.

[54] Edward Hallett Carr, *Michael Bakunin* (1937) (Nova York, Vintage, 1961), p. 392.

[55] "O cavalo de madeira adentrou a cidadela troiana", ibidem, p. 374.

francesas (e, depois da Comuna de Paris, italianas), e já na Basileia, graças a sua personalidade carismática e a seus dons de oratória, conseguiu influir sobre o êxito do congresso, como demonstra o voto sobre o direito de herança[56], primeiro caso em que os delegados rejeitaram uma proposta do Conselho Geral.

Depois de ter finalmente derrotado os mutualistas e o espectro de Proudhon, Marx se viu, a partir daquele momento, na necessidade de enfrentar um rival ainda mais hostil, um desafiante que formou uma nova tendência no interior da organização e que visava a conquistá-la: o anarquismo coletivista.

VII. O desenvolvimento em toda a Europa e a oposição à Guerra Franco-Prussiana

O período entre o fim dos anos 1860 e o início dos anos 1870 foi rico em conflitos sociais. Nesse ínterim, muitos dos trabalhadores que tomaram parte nos protestos resolveram dirigir-se à Internacional, cuja fama difundia-se cada vez mais, solicitando a ela a intervenção em favor de sua luta. Apesar de seus recursos limitados, o Conselho Geral jamais deixou de responder às instâncias que o procuraram, manifestando-se por meio da redação de apelos de solidariedade endereçados a todas as suas seções europeias e organizando coletas de fundos. Em março de 1869, por exemplo, ele interveio em resposta aos oitocentos tecelões e tingidores da Basileia que haviam recorrido à Internacional solicitando apoio a sua greve. O Conselho Geral não pôde enviar-lhes mais do que £ 4, porém, graças a uma circular, conseguiu recolher mais £ 300 entre diversos grupos de operários em muitos países. Ainda mais significativo foi o papel desempenhado pela Internacional na luta dos operários da indústria mecânica de Newcastle pela redução da jornada de trabalho para nove horas. Nessa circunstância, de fato, foi determinante a mediação política de dois de seus emissários, James Cohen e Eccarius, que conseguiram debelar a tentativa dos patrões de substituir os grevistas ingleses por trabalhadores de outros países europeus. O sucesso dessa luta, que se tornou um caso de dimensões nacionais, representou uma advertência para os capitalistas ingleses, que, a partir de então, desistiram de recrutar trabalhadores do outro lado do Canal da Mancha[57].

Em 1869, a Internacional obteve significativa expansão em toda a Europa. A Inglaterra foi, no entanto, uma exceção. O congresso dos sindicatos ingleses, reunidos

---

[56] Cf. documento 31, p. 185-7.

[57] Cf. Julius Braunthal, *History of the International*, cit., p. 173.

em Birmingham em agosto, enviou uma recomendação a todas as suas organizações afiliadas para que aderissem à Internacional. Porém, o apelo não foi atendido, e o número de adesões permaneceu mais ou menos igual àquele atingido em 1867. Também os dirigentes sindicais ingleses, moderados e poucos propensos a questões teóricas[58], mostraram um interesse limitado nos confrontos da organização. Sem hesitar, apoiaram Marx na luta contra os mutualistas, mas faltava-lhes espírito revolucionário. Por essa razão, Marx se opôs por longo tempo ao nascimento de uma federação inglesa independente do Conselho Geral.

Em todos os países europeus em que a Internacional obteve alguma força, seus militantes deram vida a organizações independentes daquelas já existentes. De acordo com sua grandeza, estas assumiram a forma de seções locais e/ou de federações nacionais. Na Inglaterra, ao contrário, a Internacional teve uma configuração distinta. Antes de mais nada, era constituída de sindicatos, que, naturalmente, jamais desmantelaram suas estruturas. Além disso, o Conselho Geral, com sede em Londres, desempenhava a dupla função de quartel-general mundial e de centro de liderança para a Inglaterra. De qualquer modo, as filiações sindicais na Inglaterra mantiveram cerca de 50 mil trabalhadores em sua órbita de influência, de modo que, no fim da década de 1860, a Internacional encontrava-se reforçada em toda a Europa.

Devido à dura repressão imperial, o ano de 1868 na França ficou caracterizado por uma fortíssima crise da Internacional, que, com a única exceção de Rouen, vira desaparecer todas as suas seções. O ano seguinte tornou-se, ao contrário, o de seu renascimento. Após o Congresso de Basileia, Tolain deixou de representar a figura de ponta da organização, e surgiram novos dirigentes, entre eles, por exemplo, Varlin, que abandonara suas anteriores convicções mutualistas. O ano de 1870 foi o momento de expansão máxima da Internacional. As estimativas do número de filiados divergem muito daquelas difundidas de modo fantasioso por alguns estudiosos e depois consolidadas no senso comum. Ademais, não se pode esquecer que a organização jamais conseguiu se estabelecer em 38 dos 90 departamentos à época existentes na França. Todavia, os inscritos aumentaram nitidamente em relação ao passado. É possível conjeturar que em Paris seu número fosse de cerca de 10 mil membros, muitos dos quais aderiram à Internacional por meio de sociedades cooperativas, câmaras sindicais e sociedades de resistência. Na cidade de Lyon, onde em setembro de 1870, após uma sublevação, uma comuna

---

[58] Cf. Jacques Freymond, "Introduction", cit., p. xix.

havia sido proclamada e violentamente reprimida, as estimativas mais rigorosas seriam de 3 mil trabalhadores, o mesmo número de Roen, ao passo que em Marselha eram mais de 4 mil. No entanto, estima-se que o total de filiados em todo o território nacional estava entre 3 e 4 mil trabalhadores[59].

Portanto, embora uma rigorosa pesquisa historiográfica ateste que, na França, a Internacional ainda não havia se tornado uma verdadeira organização de massa, ela havia certamente se expandido e despertava um interesse difuso, como mostra o pedido de adesão encaminhado ao Conselho Geral também por parte de grupos como os Proletários Positivistas de Paris[60]. A partir de 1870, mesmo alguns discípulos de Blanqui superaram suas antigas precauções diante de uma organização inspirada pela moderação proudhoniana e, testemunhando sua popularidade crescente entre os operários, começaram a aderir a ela. Decerto, essa Internacional era muito diferente daquela fundada em 1865 por Tolain e Fribourg[61], cujas seções eram quase meramente um tipo de "grupo de estudos"[62]. Em 1870, muita água havia passado por debaixo da ponte, e as linhas diretoras da organização na França eram a promoção do conflito social e a atividade política.

Na Bélgica, o período que se seguiu ao congresso de 1868, realizado em sua capital, distinguiu-se pela ascensão do sindicalismo, o êxito vitorioso das greves e a adesão à Internacional de inúmeras sociedades operárias. O número de inscritos atingiu seu máximo no começo dos anos 1870, quando chegou a algumas dezenas de milhares, superando provavelmente também o número total obtido na França. Na Bélgica, a Internacional atingiu seu apogeu, tanto pela proporção entre população e número de filiados como pelo peso que a organização exerceu na sociedade.

---

[59] Jacques Rougerie, "Les Sections française de l'Association Internationale des Travailleurs", em *Colloque international sur la Première Internationale*, cit., p. 111, que menciona "algumas dezenas de milhares".

[60] Cf. GC, III, p. 218. Esse pedido foi negado, porquanto a Internacional não aceitava a filiação de grupos que se definiam por sua tendência política. No ano seguinte, na Conferência de Londres de 1871, essa decisão tornou-se uma resolução oficial e foi aprovada pelos delegados: "de hoje em diante, as organizações existentes da Associação Internacional dos Trabalhadores estarão obrigadas, em harmonia com a letra e o espírito dos estatutos gerais, a ser conhecidas e constituídas simples e exclusivamente como ramos, seções etc. da Associação Internacional dos Trabalhadores, juntamente com o nome de sua respectiva localidade. Será proibido aos ramos e sociedades existentes continuar a serem designadas pelos nomes de seitas, isto é, como grupos, mutualistas, positivistas, coletivistas ou comunistas etc.", em PI, II, p. 238.

[61] Cf. Jacques Rougerie, "L'A.I.T. et le mouvement ouvrier a Paris pendant les evenements de 1870-1871", *International Review of Social History*, v. XVII, n. 1, 1972, p. 11-2. Sucessivamente, ambos abandonaram a Internacional. Cf. documento 25, nota 34, p. 172.

[62] Ernest Édouard Fribourg, *L'Association internationale des travailleurs* (Paris, s/e, 1871), p. 26.

Trabalhadores, uni-vos!

Nesse período, o progresso da Internacional manifestou-se também na Suíça. Em 1870, o número total de seus militantes chegou a 6 mil (com uma população total de cerca de 700 mil trabalhadores). Na cidade de Genebra, existiam 34 seções, para um total de 2 mil filiados; enquanto na região do Jura eles eram cerca de oitocentos. Porém, não tardou até que as teorias de Bakunin dividissem a organização em dois grupos de igual grandeza. Ambos se confrontaram no Congresso da Federação Romanda, realizado em abril de 1870, propriamente para deliberar sobre a decisão de acolher no interior da federação a Aliança da Democracia Socialista[63]. A impossibilidade de conciliar a disputa entre os dois partidos determinou a realização de dois congressos paralelos, e somente após a intervenção do Conselho Geral conseguiu-se uma trégua. O grupo que se alinhava às posições de Londres, levemente minoritário no congresso, conservou o nome de Federação Romanda, enquanto aquele ligado a Bakunin assumiu o nome de Federação do Jura, embora seu pertencimento à organização tenha sido novamente reconhecido.

No primeiro grupo distinguiram-se Nikolai Utin (1845-1883), fundador da primeira seção russa da Internacional[64], na cidade de Genebra, e, uma vez mais, Becker, que, apesar de sua colaboração com Bakunin de meados de 1868 a fevereiro de 1870, conseguiu evitar – depois de mudar de opinião sobre o anarquista russo – que na Suíça a organização caísse inteiramente em suas mãos. A consolidação da Federação do Jura representou, de qualquer modo, uma etapa importante na construção de uma corrente anárquico-federalista no interior da Internacional. Sua figura de destaque foi o jovem James Guillaume (1844-1916), que desempenhou um papel fundamental no confronto com Londres.

Nessa fase, as ideias de Bakunin começaram a difundir-se em muitas cidades, sobretudo do sul da Europa. O país em que obtiveram o consenso mais rapidamente foi a Espanha. Na Península Ibérica, com efeito, a Internacional nasceu graças à iniciativa do anarquista napolitano Giuseppe Fanelli (1827-1877), que, entre outubro de 1868 e a primavera de 1869, a convite de Bakunin, viajou a Barcelona e a Madri para fundar seções da Internacional e grupos da Aliança da Democracia Socialista, na qual o italiano militava. A viagem obteve resultados positivos, mas gerou também uma enorme confusão. Fanelli, de fato, difundiu tanto os documentos da Internacional quanto os princípios da Aliança da Democracia Socialista

---

[63] Cf. Jacques Freymond (org.), *Études et documents sur la Première Internationale en Suisse* (Genebra, Droz, 1964), p. 295.

[64] Cf. Woodford McLellan, *Revolutionary Exiles* (Londres, Frank Cass, 1979), p. 83-107.

(e, ainda por cima, às mesmas pessoas), o que fez com que – caso exemplar da babel bakuniniana e do ecletismo teórico da época – os operários espanhóis fundassem a Internacional com os princípios da Aliança da Democracia Socialista. Apesar disso, sua propaganda mostrou-se útil, uma vez que favoreceu a formação de dirigentes importantes – entre os quais Anselmo Lorenzo (1841-1914) –, que haviam se aproximado dos textos de Proudhon, traduzidos em espanhol por aquele que se tornaria o futuro presidente da Espanha, Francisco Pi y Margall (1824--1901). Além disso, ainda que contaminadas e confusas, as ideias da Internacional encontraram um movimento operário recém-nascido e disposto a organizar-se e a lutar. Já no tempo do Congresso de Basileia, de fato, o delegado Rafael Farga Pellicer (1840-1890) pôde referir-se à existência de muitas dezenas de seções.

Na Confederação Alemã do Norte, as coisas tomaram um rumo totalmente diverso. Apesar de o movimento operário daquele país já contar com duas organizações políticas – a Associação Geral dos Trabalhadores Alemães, de tendência lassaliana, e o Partido Socialdemocrata dos Trabalhadores da Alemanha, de orientação marxista –, seu entusiasmo pela Internacional foi mínimo, assim como foram escassos os pedidos de adesão. Pelo temor de possíveis perseguições da parte do governo, durante os três primeiros anos de vida da Internacional os militantes alemães quase ignoraram a existência da organização. A partir de 1868, paralelamente à fama e aos sucessos que a Internacional começou a obter em outros países europeus, esse cenário se alterou, e os dois partidos alemães, em concorrência recíproca, ambicionaram representar a ala nacional. Na luta contra os lassalianos – cujo líder, Johann Baptist von Schweitzer, jamais pretendeu que sua Associação Geral aderisse à Internacional –, Liebknecht tentou usar a proximidade de sua organização com as posições de Marx, mas a adesão do Partido Socialdemocrata dos Trabalhadores da Alemanha à Internacional foi, na verdade, mais formal (ou "puramente platônica"[65], como diz Engels) do que real. Dos cerca de 10 mil membros que estavam registrados nesse partido apenas um ano após sua fundação, aqueles que se filiaram à Internacional – procedimento consentido pelas "Leis Prussianas de Associação" – foram apenas algumas centenas[66]. Mais que quaisquer aspectos legais, pesou muito, portanto,

---

[65] "Friedrich Engels a Theodor Cuno", 7-8 de maio de 1872, em MECW, v. 44, p. 371.

[66] Cf. Roger Morgan, *The German Social Democrats and the First International, 1864-1872* (Nova York, Cambridge University Press, 1965), p. 180, que cita uma afirmação de Becker na última edição do jornal *Der Vorbote*, informando que no fim de 1871 "haviam sido fundadas 58 seções [de língua alemã da Internacional], quase a metade delas na Alemanha, e o restante principalmente na Suíça, e que 10 sociedades haviam se filiado à organização, e 385 membros individuais haviam pago subscrições".

o fraco senso de internacionalismo dos alemães, o qual diminuiu ainda mais na segunda metade da década de 1870, à medida que o movimento tornou-se mais preocupado com questões internas[67].

A compensar os decepcionantes resultados alemães, houve duas novidades positivas. Em maio de 1869, algumas seções da Internacional foram fundadas em um novo país, a Holanda, onde a organização começou lentamente a se desenvolver, em Amsterdã e na Frísia. Pouco mais tarde, ela renasceu também na Itália, nação na qual só estivera presente, até então, com alguns núcleos esparsos e sem relação entre si.

Ainda mais significativa, pelo menos pelo caráter simbólico e as esperanças que despertou, foi a expansão da Internacional no outro lado do Atlântico. A partir de 1869, por iniciativa de alguns imigrantes chegados nos Estados Unidos no ano precedente, foram constituídas as primeiras seções. Todavia, a organização foi comprometida, desde seu nascimento, por duas limitações que jamais foram superadas. Apesar das repetidas exortações vindas de Londres, ela não conseguiu aplacar o caráter nacionalista dos vários grupos que a ela aderiram, tampouco atrair os operários nativos. Quando, em dezembro de 1870, as seções alemãs, francesas e tcheca fundaram o Comitê Central da AIT para a América do Norte, todos os seus membros eram nascidos no estrangeiro, um caso sem precedentes na história da organização. A prova mais clamorosa dessa anomalia foi representada pelo fato de que, nos Estados Unidos, a Internacional jamais dispôs de um órgão de imprensa em língua inglesa.

Nesse cenário de dimensão universal, ainda que marcado por evidentes contradições e pela marcha desigual de seu desenvolvimento nos diversos países, a Internacional se preparava para celebrar seu quinto congresso, em setembro de 1870. Embora, a princípio, estivesse previsto para ser sediado em Paris, a repressão exercida pelo governo francês fez com que o Conselho Geral cogitasse transferi-lo para a cidade de Mainz, onde Marx provavelmente vislumbrava a participação de um número maior de delegados alemães, mais próximos de sua posição, para contrastar com maior eficácia ao avanço de Bakunin. Todavia, a Guerra Franco--Prussiana, deflagrada a 19 de julho de 1870, forçou a suspensão do congresso.

O estouro de uma guerra no centro da Europa impôs à Internacional definir uma prioridade absoluta: ajudar o movimento operário a exprimir uma posição independente e distante da retórica nacionalista da época. Na *Primeira Mensagem do*

---

[67] Ibidem, p. x.

Conselho Geral sobre a Guerra Franco-Prussiana, Marx convidou os operários franceses a derrubarem Luís Bonaparte (1808-1873) e o império por ele instaurado dezoito anos antes. Ao mesmo tempo, porém, os trabalhadores alemães deveriam impedir que a derrota de Bonaparte se convertesse num ataque ao povo francês:

> em contraste com a velha sociedade, com suas misérias econômicas e seu delírio político, uma nova sociedade está desabrochando, uma sociedade cuja regra internacional será a *paz*, porque em cada nação governará o mesmo princípio – o trabalho! A pioneira dessa nova sociedade é a Associação Internacional dos Trabalhadores.[68]

Esse texto, impresso em Genebra com tiragem de 30 mil cópias (15 mil para a Alemanha e 15 mil para a França), foi a primeira grande declaração de política exterior da Internacional. Um dos muitos que manifestaram entusiasticamente seu apoio a esse documento foi John Stuart Mill (1806-1873): "não há uma única palavra fora do lugar e não poderia ter sido escrito de modo mais sucinto"[69].

Os líderes do Partido Social-Democrata dos Trabalhadores da Alemanha, Wilhelm Liebknecht e August Bebel (1840-1913), foram os dois únicos membros do parlamento na Confederação da Alemanha do Norte que se recusaram a votar a favor do orçamento de guerra[70], e também várias seções da Internacional na França difundiram mensagens de amizade e solidariedade aos trabalhadores alemães. Todavia, a derrota francesa marcou o nascimento de uma mais potente era de Estados nacionais e do chauvinismo ideológico que a acompanhou em toda a Europa.

VIII. A Internacional e a Comuna de Paris

Depois da queda de Bonaparte, derrotado em Sedan pelos alemães em 4 de setembro de 1870, foi proclamada na França a Terceira República. Em janeiro do ano seguinte, a tomada de Paris, que sofrera um assédio por mais de quatro meses, forçou os franceses a aceitarem as condições impostas por Bismarck. A isso se seguiu um armistício, que permitiu a realização de eleições e a sucessiva nomeação de Adolphe Thiers (1797-1877) como chefe do poder executivo, sustentada por uma vasta maioria legitimista e orleanista. Na capital, porém, à diferença do restante da França, o descontentamento popular era mais intenso que em outros

---

[68] Cf. infra, p. 264.

[69] John Stuart Mill, *The Collected Works of John Stuart Mill* (Toronto, University of Toronto Press, 1991), v. XXXII, p. 244.

[70] Os representantes da lassaliana Associação Geral dos Trabalhadores Alemães votaram a favor.

lugares, e as forças republicano-progressistas venceram por esmagadora maioria. A clara perspectiva de um governo que não realizaria nenhuma reforma social e que pretendia desarmar a cidade animou a sublevação dos parisienses. Esta se concluiu com a derrubada de Thiers e a fundação, em 18 de março, da Comuna de Paris, o mais importante evento político da história do movimento operário do século XIX.

A Bakunin, que havia conclamado os operários a transformar a guerra patrióti-ca em guerra revolucionária[71], o Conselho Geral respondeu, num primeiro momento, com o silêncio. Marx foi encarregado de redigir um texto em nome da Internacional, mas retardou sua publicação. As razões dessa espera foram complexas e difíceis. Conhecendo bem as relações reais de força em campo e as fraquezas da Comuna, Marx sabia desde o início que ela estava condenada à derrota. Ele até mesmo tentara advertir a classe operária francesa, já em setembro de 1870. Na *Segunda mensagem do Conselho Geral sobre a Guerra Franco--Prussiana*, afirmara:

> Qualquer tentativa de prejudicar o novo governo na presente crise, quando o inimigo está quase batendo às portas de Paris, seria uma loucura desesperada. Os operários franceses [...] não se devem deixar balançar pelas *souvenirs* [reminiscências] nacionais de 1792 [...]. Eles não têm de recapitular o passado, mas sim edificar o futuro. Que eles aperfeiçoem calma e decididamente as oportunidades da liberdade republicana para a obra de sua própria organização de classe. Isso lhes dará novos poderes hercúleos para a regeneração da França e para nossa tarefa comum – a emancipação do trabalho. De seus esforços e sabedoria depende o destino da República.[72]

Uma declaração plena de fervor sobre a vitória da Comuna poderia gerar falsas expectativas entre os trabalhadores de toda e Europa e, assim, contribuir para sua desmoralização e perda de confiança. Marx decidiu, portanto, retardar a entrega do documento e ausentou-se por várias semanas das reuniões do Conselho Geral. Suas amargas previsões se confirmaram rapidamente, e em 28 de maio, pouco mais de dois meses depois de proclamada, a Comuna de Paris foi reprimida de modo sangrento. Dois dias mais tarde, Marx retornou ao Conselho Geral, trazendo consigo um manuscrito intitulado *A guerra civil na França*. Lido e aprovado por unanimidade, foi publicado com o nome de todos os componentes (como era hábito nos documentos do Conselho Geral). E poucas semanas, o texto produziu

---

[71] Cf. Arthur Lehning, "Introduction", em idem (org.), *Bakunin – Archiv*, v. VI: *Michel Bakounine sur la Guerre Franco-Allemande et la Révolution Sociale en France (1870-1871)* (Leiden, Brill, 1977), p. xvi.

[72] Cf. infra, p. 266.

grande impacto, maior que qualquer outro documento do movimento operário no século XIX. Três edições inglesas em rápida sucessão foram aclamadas entre os trabalhadores e causaram escândalo nos ambientes burgueses. Em breve tempo, foi traduzido, integral ou parcialmente, para uma dezena de línguas e apareceu em jornais, revistas e opúsculos de diversos países da Europa e nos Estados Unidos. Até então, jamais um texto de uma organização operária conhecera semelhante difusão.

Apesar da defesa apaixonada e convicta de Marx, está absolutamente excluída a possibilidade de que a Internacional possa ter impulsionado os parisienses à insurreição ou tenha exercido uma influência decisiva sobre a Comuna de Paris, como afirmaram tanto os reacionários da época, ansiosos por condená-la, como os sucessivos marxistas dogmáticos, demasiadamente desejosos de enaltecê-la[73]. Embora reconhecendo o papel desempenhado pelos dirigentes da Internacional – entre eles, Leo Frankel (1844-1896), delegado para o trabalho, a indústria e o comércio da Comuna de Paris, apesar de sua nacionalidade húngara –, a liderança da Comuna de Paris esteve nas mãos da ala radical-jacobina. Nas eleições municipais de 26 de março, foram eleitos 85 representantes da Comuna[74]. Destes, 15 moderados (o assim chamado *parti de maires*, grupo composto de ex-presidentes de algumas circunscrições) e 4 radicais que renunciaram imediatamente e não participaram do Conselho da Comuna. Dos 66 restantes, 11, embora revolucionários, não tinham clara conotação política; 14 provinham do Comitê da Guarda Nacional; 15 eram radicais-republicanos e socialistas; 9, blanquistas; e 17 eram membros da Internacional[75]. Entre estes, estavam Édouard Vaillant (1840-1915), Benoît Malon (1841-1893), Auguste Serrailler (1840-1872), Jean-Louis Pindy (1840--1917), Albert Theisz (1839-1881), Charles Longuet (1839-1903) e os já mencionados Varlin e Frankel. Todavia, provenientes de diversas experiências e culturas políticas, não constituíram um grupo monolítico e, com frequência, votaram de modo diferente. Também esse fator contribuiu para a hegemonia do grupo radical-jacobino, que, em maio, com a aprovação de dois terços da assembleia (incluindo os blanquistas), constituiu um Comitê de Salvação Pública, de inspiração

---

[73] Cf. Georges Haupt, *Aspect of International Socialism 1871-1914* (Cambridge, Cambridge University Press, 1986), que advertiu contra "a remodelação da realidade da Comuna para encaixá-la numa imagem transfigurada pela ideologia", p. 41.

[74] O número de eleitos deveria ser 92; porém, em razão da eleição múltipla de alguns representantes, esse reduziu-se para 85.

[75] Cf. Jacques Rougerie, *Paris libre, 1871* (Paris, Seuil, 1971), p. 146; e Pierre Milza, *L'Année terrible* (Paris, Perrin, 2009), p. 78.

montanhesa*. Além disso, o próprio Marx declarou que "a maioria da Comuna não foi de modo algum socialista, nem poderia ter sido"[76].

A Comuna de Paris foi reprimida com violência brutal pelo exército de Versalhes. Durante a "semana sangrenta" (de 21 a 28 de maio), cerca de 10 mil *communards* foram mortos em combate ou sumariamente justiçados. Foi o massacre mais violento da história da França. Os prisioneiros capturados superaram 43 mil e, destes, 13.500 foram condenados à prisão, a trabalhos forçados ou à pena de morte, ou foram deportados (em grande parte, para a longínqua colônia de Nova Caledônia). Por fim, cerca de 7 mil presos conseguiram fugir e exilar-se na Inglaterra, na Bélgica ou na Suíça. A imprensa conservadora e liberal europeia completou a obra dos soldados de Thiers. Seus articulistas acusaram os *communards* dos piores crimes, e a vitória da "civilidade" sobre a insolente causa dos trabalhadores foi saudada com grande contentamento.

A partir desse momento, a Internacional esteve no olho do furacão, e a ela foi atribuída a responsabilidade por todo ato contra a ordem constituída, a tal ponto que Marx perguntou ironicamente por que não lhe atribuíam também a culpa pelas calamidades naturais: "depois do grande incêndio de Chicago, o telégrafo espalhou pelo mundo que se tratava de um ato da Internacional; e é realmente surpreendente que ela não tenha sido culpada também pelo furacão que devastou as Índias Ocidentais"[77].

Marx precisou dedicar dias inteiros para responder às falsificações sobre a Internacional e sobre sua pessoa publicadas nos jornais: "neste momento, tenho a honra de ser o homem mais caluniado e mais ameaçado de Londres"[78]. Enquanto isso, os governos de toda a Europa, preocupados que, depois de Paris, pudessem surgir outras sublevações, intensificaram ainda mais suas medidas repressivas. Thiers pôs rapidamente a Internacional na ilegalidade e solicitou ao primeiro--ministro inglês William Ewart Gladstone (1809-1898) a adoção do mesmo pro-

---

* Durante Revolução Francesa, chamavam-se "montanheses" (*montagnards*) os deputados da Assembleia Nacional de 1791 que ocupavam os lugares mais elevados do plenário (*la montagne*). Os montanheses eram favoráveis à república e defendiam os interesses da pequena-burguesia e dos *sans-culottes*, em oposição aos girondinos e outros grupos políticos mais moderados, que ocupavam os lugares mais baixos do plenário e, por isso, eram chamados de *peuple de marais* (povo dos pântanos) ou *peuple de la plaine* (povo da planície). (N. T.)

[76] "Karl Marx to Domela Nieuwenhuis", 22 de fevereiro de 1881, em MECW, v. 46, p. 66.

[77] Karl Marx, "Report of the General Council to the Fifth Annual Congress of the International", em GC, V, p. 461.

[78] "Karl Marx to Ludwig Kugelmann", 18 de junho de 1871, em MECW, v. 44, p. 157.

Introdução | 53

cedimento. Foi a primeira nota diplomática tendo como objeto uma organização dos trabalhadores. Pressões semelhantes foram dirigidas ao governo suíço pelo papa Pio IX (1792-1878), que considerava um erro gravíssimo continuar a "tolerar essa seita da Internacional, que pretende tratar a Europa inteira como tratou Paris. Esses senhores da Internacional devem ser temidos, porquanto trabalham em nome dos eternos inimigos de Deus e da humanidade"[79]. Às palavras do representante do Vaticano seguiu-se um acordo entre a França e a Espanha para a extradição dos *communards* refugiados além dos Pireneus, medida que se somou àquelas tomadas contra a Internacional na Bélgica e na Dinamarca. Enquanto Londres permaneceu imóvel, resistindo a violar seus princípios de asilo, representantes da Alemanha e do Império Austro-Húngaro reuniram-se em Berlim, em novembro de 1872, e emitiram uma declaração conjunta sobre a "questão social":

1) que os objetivos da Internacional estão em absoluto contraste – e em antagonismo – com os princípios da sociedade burguesa; eles devem, portanto, ser vigorosamente repelidos;

2) que a Internacional constitui um perigoso abuso da liberdade de reunião e que, seguindo sua própria prática e princípio, a ação estatal contra ela deve ter um raio de ação internacional e, assim, basear-se na solidariedade de todos os governos;

3) que mesmo que alguns governos não pretendam aprovar alguma lei especial [contra a Internacional], como o fez a França, é preciso precaver-se contra a Associação Internacional dos Trabalhadores e suas atividades danosas.[80]

Tampouco na Itália a Internacional foi poupada de condenações decisivas. Aquela de maior peso veio de Giuseppe Mazzini, que desaprovou firmemente a organização na qual durante um tempo chegara a depositar esperanças, mas cujos princípios haviam se tornado "a negação de Deus, [...] da pátria [...] e de toda propriedade individual"[81].

A crítica da Comuna também foi feita pelos setores mais moderados do movimento operário. Em seguida à publicação de *A guerra civil na França*, os dirigentes sindicais reformistas Benjamin Lucraft (1809-1897) e George Odger, também eles intimidados pela campanha de imprensa criada contra os operários parisienses,

---

[79] GC, V, p. 460.

[80] Julius Braunthal, *History of the International*, cit., p. 160-1.

[81] Giuseppe Mazzini, "L'Internazionale", em Gian Mario Bravo, *La Prima Internazionale* (Roma, Editori Riuniti, 1978), v. II, p. 499-501.

54 | Trabalhadores, uni-vos!

desligaram-se da Internacional. Todavia, nenhum sindicato desfiliou-se da organização após a declaração de apoio à Comuna, demonstrando uma vez mais que a ausência de expansão da Internacional na Inglaterra deveu-se substancialmente à apatia política de seus trabalhadores[82].

Não obstante os dramáticos eventos de Paris e o furor da repressão brutal posta em ação por todos os governos europeus, a força da Internacional aumentou após os acontecimentos da Comuna de Paris. Apesar de frequentemente cercada pelas mentiras escritas contra ela por seus adversários, a expressão "A Internacional" tornou-se, nesse período, conhecida de todos. Para os capitalistas e a classe burguesa, foi sinônimo de ameaça da ordem constituída, mas para os operários significou a esperança num mundo sem exploração e injustiças[83]. A confiança de que isso fosse realizável aumentou depois da Comuna. A insurreição parisiense deu força ao movimento operário, impulsionando-o a assumir posições mais radicais e a intensificar a militância. Paris mostrou que a revolução era possível, que o objetivo podia e devia ser a construção de uma sociedade radicalmente diferente da capitalista, mas também que, para alcançá-lo, os trabalhadores deviam criar formas de associação política estáveis e bem organizadas[84].

Essa enorme vitalidade se manifestou por toda parte. O número dos participantes das reuniões do Conselho Geral foi duplicado, e os jornais ligados à Internacional aumentaram tanto em número como em exemplares vendidos. Entre os periódicos que deram uma importante contribuição à divulgação dos princípios socialistas, os principais foram: *L'Égalité*, de Genebra, inicialmente bakuniniano, e mais tarde, após a mudança da redação ocorrida em 1870, transformado no principal órgão da Internacional na Suíça francesa; *Der Volksstaat*, de Leipzig, órgão do Partido Social-Democrata dos Trabalhadores da Alemanha; *La Emancipación*, de Madri, jornal oficial da federação espanhola; *Il Gazzettino Rosa*, de Milão, que aderiu à Internacional sob a influência dos eventos da Comuna de Paris; o *Socialisten*, primeira folha operária dinamarquesa; e, provavelmente o mais eficaz de todos, *La Réforme Sociale*, de Rouen[85].

---

[82] Cf. Henry Collins e Chimen Abramsky, *Karl Marx and the British Labour Movement*, cit., p. 222.

[83] Cf. Georges Haupt, *L'Internazionale socialista dalla Comune a Lenin*, cit., p. 28.

[84] Ibidem, p. 93-5.

[85] Cf. Georges Bourgin, Georges Duveau e Domenico De Marco, "Préface", em Giuseppe Del Bo (org.), *Répertoire international des sources pour l'étude des mouvement sociaux aux XIXe et Xxe siècles. La Première Internationale*, v. I: *Periodiqués 1864-1877*, cit., p. xv.

Por fim, e isso foi o mais importante, a Internacional prosseguiu com sua expansão em nível local. Continuou a aumentar na Bélgica e na Espanha, onde já antes da Comuna havia alcançado um nível de participação considerável, e teve sua fundação propriamente dita também na Itália. Muitos ex-mazzinianos, desiludidos com as tomadas de posição daquele que até pouco antes fora seu incontestado líder, decidiram unir-se à organização e se converteram rapidamente em seus principais dirigentes locais. Ainda mais importante foi o apoio recebido de Giuseppe Garibaldi (1807-1882). Embora tendo apenas uma vaga ideia do que fosse realmente aquela associação com sede central em Londres, "o herói dos dois mundos" decidiu apoiá-la com ímpeto, e sua carta de adesão – que contém uma frase tornada célebre: "A Internacional é o sol do futuro"[86] – foi estampada em dezenas de folhas operárias, um divisor de águas para convencer muitos indecisos a unir-se às fileiras da organização.

Além disso, a Internacional abriu novas seções em Portugal, onde foi fundada em outubro de 1871, e na Dinamarca, onde a partir desse mesmo mês conseguiu rapidamente unificar grande parte das recém-criadas organizações sindicais de Copenhague e da Jutlândia. Muito significativo foi também o surgimento de seções de trabalhadores irlandeses na Inglaterra, assim como a nomeação do dirigente operário John MacDonnell como secretário correspondente para a Irlanda junto ao Conselho Geral. Por fim, chegaram também inesperados pedidos de adesão de várias partes do mundo, incluindo de alguns operários ingleses de Calcutá, de grupos de trabalhadores de Victoria, na Austrália, de Christchurch, na Nova Zelância, e de alguns artesãos de Buenos Aires.

IX. A Conferência de Londres de 1871

Nesse cenário, que não permitia a convocação de um novo congresso e a quase dois anos de distância do último, o Conselho Geral decidiu promover uma conferência em Londres. Realizou-se de 17 a 23 de setembro com a presença de 22 delegados[87] vindos da Inglaterra (pela primeira vez, também a Irlanda se fez representar), da Bélgica, da Suíça e da Espanha, além dos exilados franceses. Apesar dos

---

[86] "Giuseppe Garibaldi a Giorgio Pallavicino", 14 de novembro de 1871, em Enrico Emilio Ximenes (org.), *Epistolario di Giuseppe Garibaldi* (Milão, Brigola, 1885), v. I, p. 350.

[87] Na realidade, os delegados presentes na conferência foram apenas 19, uma vez que Cohen não pôde dela participar e Dupont e MacDonnell só participaram das duas primeiras sessões.

esforços para torná-la a mais representativa possível, tratou-se, de fato, de uma reunião ampliada do Conselho Geral.

Desde sua convocação, Marx anunciara que "nas presentes circunstâncias a questão da organização era a mais importante", razão pela qual a conferência se concentraria "exclusivamente em questões organizacionais e políticas", deixando de lado as discussões teóricas[88]. Ele expressou essa decisão durante a primeira sessão dos trabalhos:

> O Conselho Geral convocou uma conferência para discutir com os delegados de vários países as medidas a serem tomadas contra os perigos que ameaçam a Associação em muitos países, e para avançar em direção a uma nova organização, que corresponda às necessidades da situação. Em segundo lugar, para elaborar uma resposta aos governos, que trabalham ininterruptamente para destruir a Associação com todos os meios de que dispõem. E, por fim, para resolver de uma vez por todas o conflito suíço.[89]

Reorganizar a Internacional, defendê-la da ofensiva das forças inimigas e obstaculizar a crescente influência de Bakunin: foram essas as prioridades da Conferência de Londres. Para realizar tais objetivos, Marx empenhou todas as suas energias. Foi ele, de longe, o delegado mais ativo da conferência, tomando a palavra por 102 vezes; refutou com sucesso as propostas que não correspondiam a seus planos e conseguiu persuadir os indecisos[90]. Em Londres, foi confirmada sua estatura no interior da organização. Ele era não apenas seu cérebro, aquele que elaborava a linha política, mas também um de seus militantes mais combativos e capazes.

A decisão de maior relevo tomada durante a conferência, e pela qual ela seria depois lembrada, foi a aprovação da Resolução IX, proposta por Vaillant. O líder das remanescentes forças blanquistas, que haviam aderido à Internacional depois do fim da Comuna, propôs a transformação da Associação num partido internacional centralizado e disciplinado, sob a liderança do Conselho Geral. Apesar de algumas profundas divergências – a separar Marx e as forças blanquistas estava sobretudo a tese deste grupo segundo a qual, para fazer a revolução, bastaria contar com um núcleo bem organizado de militantes –, Marx não hesitou em estabelecer uma aliança com o grupo de Vaillant. Com seu apoio, de fato, ele poderia não só confrontar com maior força o anarquismo político que se fortalecia no interior da organização, mas – o que era ainda mais importante – construir um

---

[88] Karl Marx, 15 de agosto de 1871, em GC, IV, p. 259.

[89] Idem, 17 de setembro de 1871, em PI, II, p. 152.

[90] Cf. Miklós Molnár, *Le Déclin de la Première Internationale* (Genebra, Droz, 1963), p. 127.

Introdução | 57

consenso mais amplo para as mudanças tidas como necessárias na nova fase da luta de classes. A resolução aprovada em Londres dizia:

> Em presença de uma reação desabrida, que esmaga violentamente todo esforço de emancipação da parte dos trabalhadores e pretende manter pela força bruta a distinção entre as classes e a consequente dominação política das classes proprietárias;

> que essa constituição da classe trabalhadora num partido político é indispensável para assegurar o triunfo da revolução social e seu fim último – a abolição das classes;

> que a combinação de forças que a classe trabalhadora já efetuou por meio de suas lutas econômicas deve ao mesmo tempo servir como alavanca para suas lutas contra o poder político dos senhores rurais e capitalistas.

A conclusão era clara: "na luta da classe trabalhadora, seu movimento econômico e sua ação política estão indissoluvelmente unidos"[91].

Se o Congresso de Genebra de 1866 havia confirmado a importância do sindicato, a Conferência de Londres de 1871 definiu o outro instrumento fundamental de luta do movimento operário: o partido político[92]. Sublinhe-se que, àquela época, a noção de partido político tinha um significado bem mais amplo do que aquele que se afirmaria no século XX e que a concepção de Marx era radicalmente distinta tanto da concepção blanquista, com a qual acabou por confrontar-se, quanto daquela leninista, que depois da Revolução de Outubro se consolidaria em inúmeras organizações comunistas.

Para Marx, a autoemancipação da classe operária exigia um processo longo e fatigante. Exatamente o contrário da ideia defendida no *Catecismo do revolucionário*, o manual niilista escrito em 1869 por Serguei Netchaev (1847-1882), e cujas teorias e práticas de sociedade secreta – censuradas pelos delegados de Londres[93] – eram entusiasticamente apoiadas por Bakunin.

---

[91] Cf. infra, p. 311.

[92] No início dos anos 1870, o movimento operário só estava organizado em partido político na Alemanha. Além disso, um uso muito confuso do termo prevaleceu tanto entre os seguidores de Marx como entre os de Bakunin. O termo "partido" foi empregado de modo bastante vago também por Marx. Para ele, segundo Maximilien Rubel, "o conceito de partido [...] corresponde ao conceito de classe" (*Marx critique du marxisme*, cit., p. 183). É útil sublinhar, enfim, que a disputa ocorrida no interior da Internacional entre 1871 e 1872 não se concentrou na construção do partido político (expressão pronunciada apenas duas vezes na Conferência de Londres e cinco vezes no Congresso de Haia), mas sim no "uso [...] do adjetivo político". Cf. Georges Haupt, *L'Internazionale socialista dalla Comune a Lenin*, cit., p. 84.

[93] Ver PI, II, p. 237, e Karl Marx, "Declaration of the General Council on Nechayev's Misuse of the Name of the International Working Men's Association", em MECW, v. 23, p. 23.

Apenas quatro delegados se opuseram à Resolução IX da Conferência de Londres, defendendo a necessidade de se adotar uma posição "abstencionista" de não engajamento na ação política; mas a vitória de Marx logo se mostrou efêmera. A deliberação aprovada em Londres, conclamando a criação de organizações políticas em cada país e a transferência de poderes mais amplos ao Conselho Geral, teve graves repercussões na vida da Associação, que ainda não estava pronta para suportar tal aceleração e transitar de um modelo flexível a outro, politicamente uniforme[94].

Em Londres, por fim, foi também aprovada a criação do Conselho Federal Inglês. Na visão de Marx, uma vez que as condições para a revolução no continente haviam diminuído com a derrota da Comuna de Paris, não era mais necessário exercer um controle rígido das iniciativas inglesas[95].

Após a conferência, Marx estava convicto de que as resoluções aprovadas em Londres receberiam o apoio de quase todas as principais federações e seções locais. Mas pouco tempo depois ele precisou reavaliar a situação. Os militantes da Federação do Jura convocaram para 12 de novembro seu congresso, no pequeno município de Sonvilier. A iniciativa, da qual Bakunin não pôde participar, foi importante, pois com ela nasceu oficialmente a oposição no interior da Internacional. Na *Circular a todas as federações da Associação Internacional dos Trabalhadores*, redigida ao final dos trabalhos, Guillaume e os outros participantes do congresso acusaram o Conselho Geral de ter introduzido na organização "o princípio de autoridade" e de haver alterado a estrutura originária, transformando-a "numa organização hierárquica, dirigida e governada por um comitê". Os suíços se declararam "contra toda autoridade diretora, ainda que tal autoridade fosse eleita e aprovada pelos trabalhadores", e destacaram que na Internacional devia ser conservado o "princípio da autonomia das seções", também através do redimensionamento do Conselho Geral num "simples escritório de correspondência e de estatística"[96]. Por fim, convocaram um congresso a ser realizado o mais breve possível.

Embora a posição da Federação do Jura já fosse prevista, Marx foi provavelmente surpreendido quando, em 1872, sinais de insurgência e rebelião em relação a sua

---

[94] Ver Jacques Freymond e Miklós Molnár, "The Rise and Fall of the First International", em Milorad M. Drachkovitch, *The Revolutionary Internationals, 1864-1943* (Stanford, Stanford University Press, 1966), p. 27.

[95] Ver Henry Collins e Chimen Abramsky, *Karl Marx and the British Labour Movement*, cit., p. 231. Para uma opinião diferente, cf. Miklós Molnár, *Le Déclin de la Première Internationale*, cit., p. 135.

[96] Vários autores, "Circulaire du Condrès de Sonvilier", em PI, II, p. 264-5.

linha política surgiram de várias partes. Em muitos países, as decisões tomadas em Londres foram recebidas como uma forte ingerência na autonomia política local e, portanto, como uma imposição inaceitável. A Federação Belga, que durante a conferência havia tentado construir uma mediação entre as partes, começou a assumir uma posição bastante crítica em relação a Londres. Em seguida, também os holandeses assumiram uma posição de distanciamento crítico. Ainda mais duras foram as reações na Europa meridional, onde a oposição rapidamente obteve notáveis consensos. A grande maioria dos internacionalistas ibéricos voltou-se decididamente contra o Conselho Geral e acolheu as ideias de Bakunin, também porque mais adequadas a um país em que o proletariado industrial só estava presente nos principais centros, e onde o movimento dos trabalhadores ainda era muito fraco e interessado principalmente em reivindicações de caráter econômico. Igualmente na Itália os resultados da Conferência de Londres só geraram reações negativas. Aqueles que não seguiram Mazzini – que de 1º a 6 de novembro de 1871 reuniu em Roma o bloco mais moderado dos trabalhadores italianos no Congresso Geral da Sociedade Operária Italiana – aderiram às posições de Bakunin. Os participantes da conferência de fundação da Federação Italiana da Internacional, realizada em Rimini de 4 a 6 de agosto de 1872, assumiram a posição mais radical contra o Conselho Geral: não participariam do próximo congresso da Internacional, mas estariam presentes em Neuchâtel, na Suíça, onde propuseram a realização de um "congresso geral antiautoritário"[97]. De fato, esse foi o primeiro ato da iminente cisão.

Também do outro lado do oceano, embora por razões diferentes, a organização viu explodir um sério conflito interno. No decorrer de 1871, a Internacional havia crescido em várias cidades dos Estados Unidos, alcançando um total de cerca de 2.700 militantes, divididos em 50 seções[98]. No ano seguinte, seu contingente aumentou ainda mais, ainda que o número total (provavelmente cerca de 4 mil) constituísse uma parte minúscula da população trabalhadora americana, que à época ultrapassava 2 milhões. A organização não conseguiu atrair os trabalhadores nascidos nos Estados Unidos e, assim, ultrapassar os confins da comunidade dos imigrantes. A seus limites originários se somaram os danos provocados pelos conflitos internos. Em dezembro de 1871, de fato, os internacionalistas americanos

---

[97] Vários autores, "Risoluzione, programma e regolamento della federazione italiana dell'Associazione Internazionale dei Lavoratori", em Gian Mario Bravo, *La Prima Internazionale*, cit., v. II, p. 787.

[98] No entanto, uma dúzia desses militantes não estava em contato com o Comitê Central. Cf. Samuel Bernstein, *The First International in America* (Nova York, Augustus M. Kelley, 1965), p. 65.

60 | Trabalhadores, uni-vos!

se dividiram em dois grupos, ambos com base em Nova York, onde se encontrava grande parte dos militantes. Cada um deles reivindicava ser o representante legítimo da Internacional nos Estados Unidos.

O primeiro grupo, inicialmente mais numeroso e conhecido pelo nome de Spring Street Council, propunha uma aliança com os setores mais liberais da sociedade americana, contava como apoio de Eccarius, secretário correspondente junto ao Conselho Geral, e tinha na Seção 12 sua parte mais ativa[99]. O segundo, cujo quartel-general era sediado no Tenth Ward Hotel, defendia o caráter operário da Associação e tinha como expoente mais significativo Friedrich Adolph Sorge (1828-1906). Em março de 1872, o Conselho Geral tentou uma reconciliação entre as partes e sugeriu a realização de um congresso unitário para o mês de julho. Mas a tentativa de pacificação fracassou e, em maio, a cisão foi oficial. Os conflitos causaram uma hemorragia dos filiados. O grupo do Tenth Ward Hotel realizou seu congresso entre 6 e 8 de julho de 1872. Nele foi fundada a Federação Americana, que contava com 950 filiados divididos em 22 seções (12 alemãs, 4 francesas, 1 irlandesa, 1 italiana, 1 para trabalhadores escandinavos e apenas 3 de língua inglesa). O Spring Street Council contava com a maior parte dos outros militantes residentes em Nova York. Porém, em maio de 1872, alguns de seus membros aderiram à convenção do Partido por Direitos Iguais (Equal Rights Party), que lançou a candidatura de Victoria Woodhull (1838-1927) à presidência dos Estados Unidos. A ausência de uma plataforma de classe no seu programa – que continha apenas promessas genéricas de regulação das condições laborais e criação de postos de trabalho para os desocupados – convenceu diversas seções a abandonar esse partido, que ficou com apenas 1.500 militantes. Quando, em julho, em seu congresso, foi fundada a Confederação Americana, não havia restado mais que 13 seções com menos de 500 militantes, sobretudo artesãos e intelectuais. Essas seções se uniram a outras federações que, na Europa, contestavam a linha do Conselho Geral.

As desavenças do outro lado do Atlântico danificaram também as relações entre os militantes de Londres. John Hales (1839-?), secretário do Conselho Geral entre 1871 e 1872, ocupou o posto de Eccarius como secretário correspondente dos Estados Unidos, porém deu continuidade à mesma política. As relações pessoais de ambos com Marx rapidamente se deterioraram, e também na Inglaterra começaram a surgir os primeiros conflitos internos. Ao lado dos ingleses, a apoiar o Conselho

---

[99] As seções da Internacional nos Estados Unidos eram numeradas.

Geral, havia permanecido a maioria dos suíços,' dos franceses (naquele momento, sobretudo blanquistas) e as fracas tropas alemãs, além das seções recém-criadas na Dinamarca, na Irlanda, em Portugal e, no Leste Europeu, na Hungria e na Boêmia. Muito menos do que Marx esperava obter ao término da Conferência de Londres.

A oposição ao Conselho Geral foi de diversos tipos e muitas vezes baseou-se em motivos pessoais. Formou-se, assim, uma estranha alquimia, que tornou a direção da organização ainda mais problemática. No entanto, além do fascínio exercido pelas teorias de Bakunin em alguns países e da capacidade política de Guillaume de congregar os vários opositores, o principal adversário da virada ocorrida com a resolução sobre a "ação política da classe operária" foi um ambiente ainda imaturo para receber o salto de qualidade proposto por Marx. Apesar das declarações de utilidade que a acompanharam, a virada iniciada em Londres foi percebida por muitos como forte imposição. O princípio de autonomia das várias realidades das quais se compunha a Internacional era considerado uma das pedras basilares da Associação, não só pelo grupo mais ligado a Bakunin, mas por grande parte das federações e seções locais. Esse foi o erro de avaliação cometido por Marx, erro que acelerou a crise da Internacional[100].

X. A crise da Internacional

A batalha final ocorreu no fim do outono de 1872. Depois dos terríveis eventos dos três anos anteriores – a Guerra Franco-Prussiana, a onda de repressão que se seguiu à Comuna de Paris e os inúmeros conflitos internos –, a Internacional pôde finalmente voltar a reunir-se num congresso. Nos países em que havia se firmado mais recentemente, ela se expandiu graças ao entusiasmo dos dirigentes sindicais e dos operários mais ativos, rapidamente conquistados e motivados por suas palavras de ordem. O ano de 1872 foi, de fato, aquele em que a organização conheceu o momento de maior expansão na Itália, na Dinamarca, em Portugal e na Holanda. Inversamente, porém, ela fora desmantelada na França, na Alemanha e no Império Austro-Húngaro. Enquanto isso, a maior parte de seus militantes ignorava a gravidade dos conflitos que acirravam os ânimos no grupo dirigente[101].

O V Congresso Geral da Internacional realizou-se em Haia, entre 2 e 7 de setembro. Dele participaram 65 delegados, representando 14 países. A maioria era

---

[100] Ver Jacques Freymond e Miklós Molnár, "The Rise and Fall of the First International", cit., p. 27-8.

[101] Cf. Georges Haupt, *L'Internazionale socialista dalla Comune a Lenin*, cit., p. 88.

Trabalhadores, uni-vos!

composta de franceses e alemães, com respectivamente dezoito (muitos dos quais eram membros do Conselho Geral, que havia cooptado quatro blanquistas) e quinze delegados, seguidos de sete delegados belgas, cinco ingleses, cinco espanhóis, quatro suíços, quatro holandeses, dois austríacos e um único delegado de Dinamarca, Irlanda, Hungria, Polônia e Austrália (W. E. Harcourt, da seção de Victoria). O francês Paul Lafargue foi nomeado pela Federação de Lisboa e pela Federação de Madri. Apesar de os internacionalistas italianos não terem enviado seus sete delegados, o congresso de 1872 foi certamente a reunião mais representativa da história da Internacional.

A importância decisiva do evento fez com que Marx tomasse parte nele pessoalmente[102], acompanhado de Engels. Foi o único congresso da Internacional de que Marx participou. Não estiveram presentes, ao contrário, nem César de Paepe (talvez por estar consciente de que não poderia exercer o papel de mediação entre as partes que havia desempenhado no ano anterior, em Londres) nem Bakunin. O componente "autonomista", isto é, a posição de todos aqueles que se opunham às escolhas do Conselho Geral, foi representado por 25 delegados (todos os provenientes da Bélgica, da Espanha e da Holanda, a metade dos suíços e alguns da Inglaterra, da França e dos Estados Unidos).

A ironia do destino quis que o congresso se realizasse no Concordia Hall, mas nele houve pouquíssima concórdia. Todas as sessões foram marcadas por irredutível antagonismo entre as duas posições contrapostas. Os debates foram muito mais pobres do que aqueles dos dois congressos precedentes, dominados a tal ponto pelos conflitos que os três primeiros dias de trabalhos foram consumidos na resolução de problemas relativos à verificação das credenciais dos presentes. A representatividade dos delegados foi absolutamente parcial. Ela não espelhava as verdadeiras relações de força no interior da organização. Na Alemanha, por exemplo, não existiam propriamente seções da Internacional, enquanto na França elas eram clandestinas, o que tornava muito discutível a verificação dos mandatos de seus delegados. Outros participantes eram delegados enquanto membros do Conselho Geral e não representavam nenhuma seção.

A aprovação das resoluções do Congresso de Haia só foi possível graças a uma composição imprópria de sua plateia. Apesar de espúria e, em muitos aspectos, mantida

---

[102] Cf. "Karl Marx to Ludwig Kugelmann", 29 de julho de 1872, em MECW, v. 44, p. 413, na qual Marx declara que o Congresso de Haia seria "uma questão de vida ou morte para a Internacional e, antes que eu renuncie, devo ao menos protegê-la de elementos desintegradores".

unida por objetivos instrumentais, a coalizão dos delegados que em Haia formavam uma minoria representava, na realidade, a parte mais consistente da Internacional[103].

A decisão de maior relevo tomada em Haia foi a introdução da principal deliberação política da conferência de 1871 nos estatutos da Associação. A esses foi adicionado um artigo, o "7a", no qual é retomada a Resolução IX aprovada em Londres. Se nos *Estatutos provisórios* de 1864 constava que "a emancipação econômica da classe operária é o grande escopo ao qual todo movimento político está subordinado como meio", o artigo inserido em 1872 espelhava as novas relações de força no interior da organização. A luta política não era mais considerada um tabu, mas, antes, o instrumento necessário para a transformação da sociedade:

> Porque os senhores da terra e do capital se servem de seus privilégios políticos para proteger e perpetuar seus monopólios econômicos, assim como para escravizar o trabalho, a conquista do poder político converte-se numa grande obrigação do proletariado.[104]

A Internacional era então muito diferente do que havia sido no tempo de sua fundação. Os componentes democrático-radicais haviam abandonado a Associação, depois de terem sido marginalizados; os mutualistas haviam sido derrotados e suas forças, drasticamente reduzidas; os reformistas não constituíam mais a parte dominante da organização (exceto na Inglaterra) e o anticapitalismo tornara-se a linha política de toda a Internacional, inclusive das tendências – como a anárquico-coletivista – que se haviam formado no curso dos últimos anos. Ainda que durante a existência da Internacional a Europa atravessasse uma fase de grande prosperidade econômica, que, em alguns casos, havia tornado menos difíceis suas condições, os operários haviam compreendido que sua situação só mudaria verdadeiramente com o fim da exploração do homem sobre o homem, e não por meio de reivindicações econômicas voltadas à obtenção de meros paliativos às condições existentes. Além disso, eles haviam começado a organizar suas lutas cada vez mais a partir das próprias necessidades materiais, e não, como antes, com base nas iniciativas dos vários grupos a que pertenciam.

Ademais, o cenário havia mudado radicalmente também no exterior da organização. A unificação da Alemanha, ocorrida em 1871, marcou o início de uma nova era, em que o Estado-nação se afirmou definitivamente como forma de identidade

---

[103] Cf. James Guillaume, *L'Internationale, documents et souvenirs (1864-1878)* (Nova York, Burt Franklin, 1969), v. II, p. 333-4; e Jacques Freymond, "Introduction", cit., p. 25.

[104] Cf. infra, p. 294.

política, jurídica e territorial. O novo contexto tornava pouco plausível a continuidade de um organismo supranacional ao qual as organizações dos vários países, ainda que munidas de autonomia, deviam ceder uma parte consistente da direção política e uma cota das contribuições dos próprios filiados. Além disso, a diferença ente os movimentos e as organizações existentes nos vários países havia aumentado, tornando extremamente difícil ao Conselho Geral a realização de uma síntese política capaz de satisfazer as exigências dos grupos que operavam nos contextos nacionais singulares. É verdade que a Internacional havia sido, desde o início, um aglomerado de forças sindicais e associações políticas pouco compatíveis entre si, e que estas representavam sensibilidades e tendências políticas, mais do que organizações propriamente ditas. Em 1872, no entanto, os vários componentes da Associação – e as lutas operárias em geral – haviam se definido e estruturado muito mais claramente. A legalização dos sindicatos ingleses os convertera oficialmente em parte da vida política nacional; a Federação Belga da Internacional era uma organização ramificada, com uma direção central capaz de dar contribuições teóricas autônomas e importantes; a Alemanha tinha dois partidos operários, o Partido Social-Democrata dos Trabalhadores da Alemanha e a Associação Geral dos Trabalhadores Alemães, ambos com representação no parlamento; os trabalhadores franceses, de Lyon a Paris, já haviam tentado "assaltar os céus"; e a Federação Espanhola se expandira a ponto de se tornar uma organização de massa. Mudanças análogas se haviam produzido em outros países.

A configuração inicial da Internacional estava, portanto, superada, e sua missão originária havia sido concluída. Não se tratava mais de conceber e coordenar iniciativas de solidariedade em escala europeia para a sustentação das greves, nem de realizar congressos para discutir a utilidade das organizações sindicais ou a necessidade de socializar a terra e os meios de produção. Esses temas haviam se tornado patrimônio coletivo de todos os componentes da organização. Depois da Comuna de Paris, o verdadeiro desafio colocado ao movimento operário era a revolução, isto é, o de como organizar-se para pôr fim ao modo de produção capitalista e derrubar as instituições do mundo burguês. Não mais a questão da reforma da sociedade existente, mas da construção de uma nova[105]. Para avançar por esse novo caminho da luta de classes, Marx pensava ser inadiável a construção, em cada país, de partidos políticos da classe operária. O documento *Ao conselho federal da região espanhola da Associação Internacional dos Trabalhadores*, redigido por

---

[105] Cf. Jacques Freymond, "Introduction", cit., p. x.

Engels em fevereiro de 1871, foi uma das declarações do Conselho Geral mais explícitas nessa direção. De fato, nesse documento afirmou-se que:

> a experiência mostrou que a melhor maneira de emancipar os trabalhadores dessa dominação dos velhos partidos é formar, em cada país, um partido proletário com uma política própria, manifestamente distinta daquela dos outros partidos, porquanto tem de expressar as condições necessárias para a emancipação da classe trabalhadora. Essa política pode variar em detalhes, de acordo com as circunstâncias específicas de cada país; mas enquanto as relações fundamentais entre o trabalho e o capital forem as mesmas em toda parte, e a dominação política das classes possuidoras sobre as classes exploradas for um fator universalmente existente, os princípios e objetivos da política proletária serão idênticos, ao menos em todos os países ocidentais. As classes possuidoras – a aristocracia rural e a burguesia – mantêm a população trabalhadora na servidão, não só mediante o poder de sua riqueza, pela simples exploração do trabalho pelo capital, mas também pelo poder do Estado – pelo Exército, a burocracia, os tribunais. Deixar de combater nossos adversários no campo político significaria abandonar uma das armas mais poderosas, particularmente na esfera da organização e da propaganda.[106]

Daquele momento em diante, portanto, o partido passou a ser considerado um instrumento essencial para a luta do proletariado. Ele devia ser independente das outras forças políticas existentes e construído, tanto do ponto de vista programático como organizacional, em função do contexto nacional singular. Na sessão do Conselho Geral de 23 de julho de 1872, Marx criticou não só os abstencionistas (que atacavam a Resolução IX da Conferência de Londres), mas a posição igualmente perigosa das "classes trabalhadoras da Inglaterra e da América, que se haviam deixado usar pela burguesia para seus objetivos políticos"[107].

Essa segunda questão foi repetida por Marx em várias ocasiões. Durante a Conferência de Londres, ele havia declarado: "é preciso que a política seja feita adequando-se às condições de cada país"[108]. No ano seguinte, num discurso proferido em Amsterdã logo após o fim do congresso de 1872, ele retornou à questão da forma da luta política:

> Um dia o trabalhador deverá tomar o poder político para construir a nova organização do trabalho; ele terá de derrubar a velha política que sustenta as velhas instituições, se não quiser privar-se do paraíso neste mundo, como os antigos cristãos, que negligen-

---

[106] Cf. infra, p. 300-1.

[107] Karl Marx, 23 de julho de 1872, em GC, V, p. 263.

[108] Idem, 20 de setembro de 1871, em PI, II, p. 195.

ciaram e desprezaram a política. Mas isso não significa dizer que os meios para atingir essa meta são os mesmos em todos os lugares. [...] Não negamos que há países [...] onde os trabalhadores podem atingir sua meta por meios pacíficos. Apesar disso, também temos de reconhecer o fato de que na maior parte dos países do continente a alavanca de nossa revolução deve ser a força; é à força que um dia deveremos apelar para erigir o reino do trabalho.[109]

Os partidos políticos operários, independentemente do modo como estavam constituídos em seus diversos contextos, não deviam submeter-se aos interesses nacionais[110]. A batalha pelo socialismo não podia permanecer confinada num âmbito tão estreito, e o internacionalismo, especialmente no novo contexto histórico, devia continuar a ser o farol do proletariado, assim como sua vacina contra o abraço mortal do Estado e do sistema capitalista.

Durante o Congresso de Haia, as votações foram precedidas de acirradas polêmicas. A primeira delas foi em relação ao artigo 7a. Em seguida à sua aprovação, a meta da conquista do poder político foi oficialmente inserida no estatuto da Associação, juntamente com a indicação de que o partido operário era um instrumento essencial para alcançá-la.

A decisão seguinte, de conferir poderes mais amplos ao Conselho Geral, aprovada com 32 votos a favor, 6 contra e 12 abstenções, tornou a situação ainda mais intolerável para a minoria. A partir daquele momento, o Conselho tinha a tarefa de garantir em cada país a "rígida observação dos princípios, estatutos e regras gerais da Internacional", e a ele se atribuía "o direito de suspender ramos, seções, conselhos ou comitês federais e federações da Internacional até o próximo congresso"[111].

Pela primeira vez na história da Internacional, seu mais alto congresso aprovou também (por 47 votos a favor e 9 abstenções) a decisão do Conselho Geral de expulsar uma organização: a Seção 12 de Nova York. Sua motivação foi a seguinte: "A Associação Internacional dos Trabalhadores baseia-se no princípio da abolição das classes e não pode admitir nenhuma seção burguesa"[112]. As expulsões de Bakunin (25 votos a favor, 6 contra, 7 abstenções) e Guillaume (25 votos a favor,

---

[109] Karl Marx, "On The Hague Congress", em MECW, v. 23, 1988, p. 255.

[110] Ver Georges Haupt, *L'Internazionale socialista dalla Comune a Lenin*, cit., p. 100.

[111] PI, II, p. 374. A oposição já havia defendido a redução do poder do Conselho Geral no Congresso de Sonvilier (ver nota 96, p. 58), mas Marx declarou em Haia: "seria melhor abolir o Conselho Geral do que vê-lo reduzido ao papel de uma caixa de correspondências", PI, II, p. 354.

[112] PI, II, p. 376.

9 contra, 8 abstenções) também causaram grande celeuma, tendo sido propostas por uma comissão de inquérito que descreveu a Aliança da Democracia Socialista como "uma organização secreta, com estatutos completamente opostos aos da Internacional"[113]. Por outro lado, rejeitou-se (15 votos a favor, 17 contra e 7 abstenções) a proposta de expulsão de Adhémar Schwitzguébel (1844-1895), um dos fundadores e membros mais ativos da Federação do Jura[114], sobre o qual recaíram as mesmas acusações formuladas contra Guillaume. Por fim, o congresso estabeleceu também a publicação de um longo relatório, intitulado *A Aliança da Democracia Socialista e a Associação Internacional dos Trabalhadores*, que reconstrói a história da organização liderada por Bakunin e apresenta uma análise de suas atividades pública e secreta em cada país. O texto, redigido por Engels, Lafargue e Marx, foi publicado em francês em julho de 1873.

Durante todas as votações do congresso, a oposição adotou uma linha de conduta não unitária: uma parte dela se absteve, a outra votou contra. No último dia do evento, porém, a minoria apresentou uma declaração comum, lida pelo operário Victor Dave (1845-1922), delegado da seção de Haia, e na qual se dizia que:

1. Nós, os [...] partidários da autonomia e da federação de grupos de operários, devemos dar continuidade a nossas relações administrativas com o Conselho Geral [...].

2. As federações que representamos estabelecerão relações diretas e permanentes com todos os ramos regulares da Associação. [...]

4. Conclamamos todas as federações e seções a prepararem, de hoje até o próximo congresso geral, as bases para o triunfo, no interior da Internacional, dos princípios da autonomia federativa como a base da organização do trabalho.[115]

Essa declaração foi um hábil expediente da oposição para não assumir a responsabilidade por uma cisão que já se previa como inevitável. Juntamente com as medidas votadas pela maioria em relação aos novos poderes conferidos ao Conselho Geral, as propostas expressas nessa comunicação constituíam mais medidas táticas para fins internos do que um sério empenho político para dar novo impulso à organização. De fato, na sessão matutina de 6 de setembro, consumou-se o último ato da Internacional tal como havia sido concebida e constituída no curso dos últimos anos. Foi o momento mais dramático de todo o Congresso de Haia. Engels tomou a palavra e, para a surpresa dos presentes, propôs "que a sede do Conselho Geral

---

[113] PI, II, p. 377.

[114] PI, II, p. 378. Após essa votação, decidiu-se não proceder às outras expulsões propostas pela comissão.

[115] Vários autores, ["Statement of the Minority"], em HAGUE, p. 199-200.

fosse transferida para Nova York para o ano de 1872-1873 e que ele fosse formado por membros do Conselho Federal Americano"[116]. Poucas palavras abalaram certezas consolidadas. O Conselho Geral se trasladaria para além-mar, a uma enorme distância das federações europeias; Marx e outros "fundadores" da Internacional não fariam mais parte de seu órgão central; este se constituiria de companheiros cujos nomes eram desconhecidos de todos (Engels propôs o número de sete membros, com a possibilidade de expandi-lo a um máximo de quinze). O delegado Maltman Barry (1842-1909), membro do Conselho Geral e defensor das posições de Marx, foi quem melhor descreveu a reação da plateia:

> Podia-se ver a consternação e a decepção estampadas nas faces do partido opositor quando [Engels] pronunciou as últimas palavras. [...] Levou um tempo até que alguém se levantasse para tomar a palavra. Foi um *coup d'état*, e todos se entreolhavam, na esperança de que alguém quebrasse o feitiço.[117]

Engels defendeu essa proposta dizendo que "em Londres os conflitos entre os grupos haviam atingido um tal nível que [o Conselho Geral] tinha de ser transferido para outro lugar"[118] e que Nova York era a melhor escolha em tempos de repressão. Mas os blanquistas opunham-se violentamente à mudança, argumentando que "a Internacional deveria, antes de mais nada, ser a organização insurrecional do proletariado"[119] e que "quando um partido se une para a luta [...] sua ação é maior na medida em que seu comitê de liderança é ativo, bem armado e poderoso". Assim, Vaillant e outros seguidores de Blanqui presentes em Haia sentiram-se traídos quando viram "a cabeça" da organização ser transferida "para o outro lado do Atlântico [enquanto] o corpo armado estava lutando na [Europa]"[120]. Partindo do suposto de que "a Internacional tivera uma papel pioneiro na luta econômica", eles queriam que ela desempenhasse "um papel similar com respeito à luta política" e sua transformação num "partido operário revolucionário internacional"[121]. Percebendo que não seria mais possível exercer o controle sobre o Conselho Geral, eles abandonaram o congresso e, pouco tempo depois, a Internacional.

---

[116] Friedrich Engels, 5 de setembro de 1872, em PI, II, p. 355.

[117] Maltman Barry, "Report of the Fifth Annual General Congress of the International Working Men's Association, Held at The Hague, Holland, September 2-9, 1872", em Hans Gerth, *The First International: Minutes of The Hague Congress of 1872* (Madison, University of Wisconsin Press, 1958), p. 279-80. Esse relatório não foi incluído em HAGUE.

[118] Friedrich Engels, 5 de setembro de 1872, em PI, II, p. 356.

[119] Édouard Vaillant, *Internationale et révolution. A propos du Congrès de La Haye*, em PI, v. III, p. 140.

[120] Ibidem, p. 142

[121] Ibidem, p. 144.

Muitos membros, mesmo entre as fileiras da maioria, votaram contra a mudança para Nova York, por entender que isso equivalia ao fim da Internacional como estrutura operacional. A decisão, aprovada por apenas três votos (26 a favor, 23 contra), acabou dependendo de nove abstenções e do fato de que a alguns membros da minoria agradava ver o Conselho Geral ser transferido para longe de seus próprios centros de atividade.

Outro fator para a mudança foi certamente a visão de Marx de que era melhor desativar a Internacional do que vê-la transformar-se numa organização sectária nas mãos de seus oponentes. A morte da Internacional, que certamente se seguiria à transferência do Conselho Geral para Nova York, era infinitamente preferível do que uma longa e inútil sucessão de lutas fratricidas. Porém, não parece convincente argumentar – como muitos o fizeram[122] – que a principal razão para o declínio da Internacional era o conflito entre seus dois concorrentes, ou mesmo entre dois indivíduos, Marx e Bakunin, por maior que sejam suas estaturas. Na verdade, foram as mudanças ocorridas no mundo ao redor da Internacional que a tornaram obsoleta. O crescimento e a transformação das organizações do movimento operário, o fortalecimento dos Estados-nação, causado pela unificação nacional da Itália e da Alemanha, a expansão da Internacional em países como a Espanha e a Itália, com condições econômicas e sociais profundamente diferentes daquelas da Inglaterra e da França, onde a Associação havia nascido, a definitiva virada moderada do sindicalismo inglês e a repressão que se seguiu à queda da Comuna de Paris agiram, de modo concomitante, para tornar a configuração originária da Internacional inapropriada para as condições históricas modificadas.

Na complexidade desse cenário, no qual prevaleceram as tendências centrífugas, também pesaram, obviamente, tanto os acontecimentos internos quanto aqueles pessoais de seus protagonistas. A Conferência de Londres, por exemplo, longe de produzir o efeito salvífico que Marx imaginara, agravou significativamente a crise da organização, porquanto foi conduzida de modo rígido, sem avaliar adequadamente os humores existentes em seu interior e sem as precauções necessárias para evitar o fortalecimento do grupo dirigido por Bakunin[123]. Foi, de fato, uma vitória de Pirro para Marx, que, ao pôr em ação uma tentativa de resolver os conflitos internos,

---

[122] Para uma análise crítica dessas posições, ver Miklós Molnár, "Quelques remarques à propos de la crise de l'Internationale en 1872", em *Colloque International sur la Première Internationale*, cit., p. 439.

[123] Miklós Molnár, *Le Déclin de la Première Internationale*, cit., p. 144.

70 | Trabalhadores, uni-vos!

terminou, ao invés disso, por acentuá-los. Todavia, as decisões tomadas em Londres produziram apenas uma aceleração de um processo já em curso e inevitável.

Por fim, às considerações de caráter histórico e àquelas relativas à dialética interna da organização acrescentam-se outras, não menos importantes, acerca de seu principal protagonista. Numa sessão da Conferência de Londres de 1871, Marx havia recordado aos delegados como "o trabalho do Conselho tornara-se imenso. Era obrigado a enfrentar questões gerais e questões nacionais"[124]. Além disso, a Internacional havia se expandido demasiadamente. Não era mais a organização de 1864, que se firmava sobre duas pernas, uma na Inglaterra e outra na França. Agora ela estava presente em todos os países da Europa, cada um dos quais com problemas próprios e características específicas. A organização estava não apenas dividida por conflitos internos, mas a chegada dos exilados da Comuna de Paris à capital britânica, trazendo consigo novas preocupações e uma bagagem variegada de ideias, tornou ainda mais difícil para o Conselho Geral a obtenção de uma síntese política.

Depois de oito anos intensamente dedicados à Internacional, Marx passara por inúmeras provas[125]. Consciente da retirada das forças operárias que se seguiria à Comuna de Paris – a primeira entre todas as suas preocupações –, ele decidiu dedicar seus anos futuros à tentativa de completar *O capital*. Quando cruzou o Mar do Norte em direção à Holanda, ele deve ter sentido que a batalha que o esperava seria a última que travaria como protagonista direto.

Do espectador silencioso daquele primeiro encontro, realizado em 1864 no St. Martin's Hall, Marx tornara-se, em 1872, o líder da Internacional, reconhecido como tal não só pelos delegados dos vários congressos e pelos dirigentes do Conselho Geral, mas pela própria opinião pública. Se, portanto, a Internacional devia muitíssimo a Marx, também a existência deste último havia se transformado profundamente graças àquela organização. Antes da Internacional, Marx só era conhecido num círculo restrito de militantes, ao passo que, depois da Comuna de Paris – certamente também graças à publicação de seu *magnum opus*, em 1867 –, a fama de seu nome começara a difundir-se entre os revolucionários de muitos

---

[124] Karl Marx, 22 de setembro de 1872, em PI, II, p. 217.

[125] "Karl Marx to César de Paepe", 28 de maio de 1872, em MECW, v. 44, p. 387: "Mal posso esperar pelo próximo congresso. Será o fim de minha escravidão. Depois disso, voltarei a ser um homem livre; não aceitarei mais quaisquer funções administrativas, seja para o Conselho Geral, seja para o Conselho Federal Britânico".

países europeus, ao ponto de a imprensa apelidá-lo de "doutor do terror verme-lho". Além disso, a responsabilidade derivada de seu papel na Internacional, que lhe dera a oportunidade de analisar mais diretamente tantas lutas econômicas e políticas, serviu como mais um estímulo para suas reflexões sobre o comunismo e enriqueceu profundamente o conjunto de sua teoria anticapitalista.

XI. Marx *versus* Bakunin

A batalha entre os dois campos intensificou-se nos meses seguintes ao Congresso de Haia, mas apenas em alguns casos o conflito se desenvolveu em torno das diferenças entre suas teorias e ideologias políticas. Com frequência, Marx prefe-riu ridicularizar as posições de Bakunin, descrevendo-o como um defensor da "equalização das classes"[126] (com base nos princípios programáticos da Aliança da Democracia Socialista, formulados em 1869) ou do abstencionismo político *tout court*. Já o anarquista russo, que carecia das qualidades teóricas de seu adver-sário, escolheu o terreno das acusações e insultos pessoais. A única exceção foi a "Carta ao jornal *La Liberté* de Bruxelas", redigida no início de outubro de 1872, na qual Bakunin expôs de modo positivo sua concepção. Desse escrito – que fi-cou incompleto e, por isso, não pôde ser utilizado por seus seguidores nas discus-sões que dominaram aqueles anos – emerge claramente a verdadeira posição política dos "autonomistas":

> Há apenas uma lei vinculando todos os membros [...], seções e federações da Inter-nacional [...]. É a solidariedade internacional dos trabalhadores de todas as catego-rias profissionais e de todos os países na luta econômica contra os exploradores do trabalho. É a organização real dessa solidariedade mediante a ação espontânea das classes trabalhadoras e a federação absolutamente livre [...] que constitui a unidade real e viva da Internacional. Quem pode duvidar que é dessa organização cada vez mais ampla da solidariedade militante do proletariado contra a exploração burguesa que a luta política do proletariado contra a burguesia tem de surgir e crescer? Os marxistas e nós somos unânimes sobre esse ponto. Mas agora vem a questão que nos distingue tão profundamente dos marxistas. Pensamos que a política do proletariado deve ser uma política revolucionária, voltada direta e unicamente à destruição dos Estados. Não vemos como seja possível falar de solidariedade internacional e, no en-tanto, querer preservar os Estados [...] porque o Estado, por sua própria natureza, é uma ruptura daquela solidariedade e, portanto, uma permanente causa de guerras.

---

[126] Ver supra, nota 53, p. 42. Na realidade, mais do que exprimir a verdadeira posição de Bakunin, esse ponto constituía um típico exemplo de seu escasso rigor em questões teóricas.

> Tampouco podemos conceber como seja possível falar de liberdade do proletariado ou de emancipação real das massas no interior e por intermédio do Estado. Estado significa domínio, e todo domínio envolve a subjugação das massas e, por conseguinte, sua exploração por uma mesma minoria dominante. Não aceitamos, mesmo no processo de transição revolucionária, quaisquer formas de assembleias constituintes, governos provinciais ou das assim chamadas ditaduras revolucionárias, pois estamos convencidos de que a revolução só é sincera, honesta e real nas mãos das massas e que, ao se concentrar nas mãos de uns poucos indivíduos governantes, ela se converte inevitavelmente em reação.[127]

Assim, embora Bakunin tivesse em comum com Proudhon uma oposição intransigente a qualquer forma de autoridade política, especialmente na forma direta do Estado, seria errado equiparar sua posição com a dos mutualistas. Enquanto estes últimos exercitaram seu abstencionismo de modo passivo, renunciando de fato a toda atividade política, os autonomistas, ao contrário – como sublinhou Guillaume numa das últimas intervenções no Congresso de Haia –, eram defensores de "uma certa política, de revolução social, da destruição da política burguesa e do Estado"[128]. Dever-se-ia reconhecer que eles estavam entre os componentes revolucionários da Internacional e que ofereceram uma interessante contribuição crítica a questões relativas ao poder político, o Estado e a burocracia.

Qual foi, portanto, a diferença entre a "política positiva", considerada indispensável pelos centralistas, e a "política negativa", concebida pelos autonomistas como única forma possível de ação? Nas resoluções adotadas no Congresso Internacional de Saint-Imier, realizado entre 15 e 16 de setembro, em seguida à proposta da Federação Italiana e na presença de outros delegados que retornavam de Haia, declarou-se que: "toda organização política não pode ser outra coisa senão a organização e dominação para o benefício de uma classe em detrimento das massas, e que se o proletariado escolhesse exercer o poder, ele se converteria a si mesmo numa classe dominante e exploradora".

Portanto – e foi esta a afirmação que engendrou o conceito de "política negativa" –, "a destruição de todo poder político é a primeira obrigação do proletariado"[129]. Segundo Bakunin, "toda organização de um poder político, por mais que possa proclamar-se provisória e revolucionária para efetuar essa destruição, não pode ser

---

[127] Mikhail Bakunin, "A Letter to the Editorial Board of *La Liberté*", em Arthur Lehning (org.), *Michael Bakunin: Selected Writing*, cit., p. 236-7.

[128] Cf. infra, p. 315.

[129] Cf. infra, p. 319.

senão um engano ulterior, e para o proletariado seria tão perigosa quanto todos os governos hoje existentes". Como Bakunin destacou em outro texto inacabado, a Internacional, cuja missão era a de conduzir o proletariado "para fora da política do Estado e do mundo burguês", deveria pôr na base de seu programa "a organização da solidariedade internacional para a luta econômica do trabalho contra o capital"[130]; uma declaração de princípios que, embora levasse em conta as mudanças ocorridas no tempo, era muito próxima das tentativas originárias da organização e diametralmente oposta à direção tomada por Marx e pelo Conselho Geral após a Conferência de Londres de 1871[131].

Em Haia, os autonomistas optaram por aquilo que definiram como uma "política negativa", ou seja, a destruição do poder político; em contrapartida, a maioria dos delegados defendeu sua forma oposta, "positiva", que apontava para a conquista do poder político[132]. Num clima de profunda divergência sobre princípios e objetivos, o partido político foi considerado como um instrumento necessariamente subalterno às instituições burguesas, e o comunismo de Marx foi grotescamente comparado ao *Volksstaat* (Estado popular) lassaliano, que o revolucionário de Trier havia incansavelmente combatido[133]. No entanto, nos poucos momentos em que o antagonismo deixou espaço para a razão, Bakunin e Guillaume reconheceram que os dois lados compartilhavam das mesmas aspirações[134]. Em *The Fictitious Splits in the International* [Cisões fictícias na Internacional], que redigiu juntamente com Engels entre o fim de janeiro e o início de março de 1872, Marx esclarecia que uma das precondições da sociedade socialista era a supressão do poder do Estado:

> Todos os socialistas veem a anarquia como o seguinte programa: uma vez atingido o objetivo do movimento proletário – isto é, a abolição das classes –, desaparece o poder do Estado, que serve para manter a grande maioria dos produtores submetidos a

---

[130] Mikhail Bakunin, "The International and Karl Marx", em Sam Dolgoff (org.), *Bakunin on Anarchy* (Nova York, Alfred A. Knopf, 1971), p. 303.

[131] Sobre a recusa de Bakunin à política de conquista do Estado pela classe operária organizada em partido político, ver Arthur Lehning, "Introduction", em Arthur Lehning (org.), *Bakunin – Archiv*, v. VI: *Michel Bakounine sur la Guerre Franco-Allemande et la Révolution Sociale en France (1870-1871)*, cit., p. cvii.

[132] Ver James Guillaume, *L'Internationale*, cit., p. 342.

[133] Essa acusação foi reiterada por Bakunin na única obra significativa por ele concluída: "A doutrina de Marx fornecia o ponto de convergência: o Estado unitário, o maior possível, fortemente centralizado. Lassalle deseja esse Estado, e Bismarck já o estava realizando. Por que não deveriam unir suas forças?", Mikhail Bakunin, *Statism and Anarchy*, Cambridge, Cambridge University Press, 1990, p. 184.

[134] Ver, por exemplo, James Guillaume, *L'Internationale*, cit., p. 298-9.

uma pequena minoria de exploradores, e as funções do governo se tornam simples funções administrativas.[135]

A diferença irreconciliável consistia no fato de que os autonomistas colocavam o problema como uma questão de realização imediata. Porque consideravam a Internacional não como um instrumento político para a luta política, mas como o modelo ideal da sociedade do futuro, na qual não deveria existir nenhum tipo de autoridade, eles proclamavam:

> a anarquia nas fileiras proletárias como o meio mais infalível de quebrar a poderosa concentração das forças sociais e políticas nas mãos dos exploradores. Sob esse pretexto, ela pede à Internacional, num momento em que o Velho Mundo busca uma maneira de esmagá-la, a substituição de sua organização pela anarquia.[136]

Assim, apesar de sua convergência quanto à necessidade de abolir as classes e o poder político do Estado na sociedade socialista, os dois lados divergiam radicalmente sobre as questões cruciais do caminho a tomar e das forças sociais requeridas para efetuar a transformação. Sobre esses temas fundamentais, Marx e Bakunin tinham concepções radicalmente distintas. Enquanto para Marx o sujeito revolucionário por excelência era uma classe particular, o proletariado fabril, Bakunin voltava-se à massa em geral, à "grande ralé popular" (o *Lumpenproletariat*), que, sendo "quase impoluta pela civilização burguesa, carrega em seu interior e em suas aspirações, em todas as necessidades e misérias de sua vida coletiva, todas as sementes do socialismo do futuro"[137]. Se o comunista aprendera que a transformação social precisava ser acompanhada de determinadas condições históricas, de uma organização eficiente e de um longo processo para chegar à formação da consciência de classe entre as massas[138], o anarquista estava convencido

---

[135] Cf. infra, p. 314.

[136] Idem.

[137] Mikhail Bakunin, "The International and Karl Marx", cit., p. 294.

[138] Para uma crítica de Marx às posições de Bakunin, ver o "Resumo crítico do livro *Estatismo e anarquia*, de Mikhail Bakunin (1874)", no apêndice de *Crítica do Programa de Gotha* [ed. bras.: São Paulo, Boitempo, 2012, p. 112-3: "Asneira colegial! Uma revolução social radical está ligada a certas condições históricas do desenvolvimento econômico; tal desenvolvimento é seu pressuposto. Ela só é possível, portanto, onde o proletariado industrial assume, junto com a produção capitalista, no mínimo, uma posição significativa na massa popular. [...] [Bakunin] não entende absolutamente nada de revolução social, a não ser algumas fraseologias políticas sobre ela; suas precondições econômicas não existem para ele. E como todas as formas econômicas até então existentes, desenvolvidas ou não desenvolvidas, incluem a servidão do trabalhador (seja ela na forma do trabalhador assalariado, do camponês etc.), então ele acredita que, em todas essas formas, uma *revolução radical* seja igualmente possível. E mais ainda! Ele quer que a revolução social europeia, fundada sobre as bases econômicas da produção capi-

Introdução | 75

de que a "grande ralé popular" era dotada de "um instinto, tão invencível quanto justo", por si só suficiente "para inaugurar e fazer triunfar a revolução social"[139].

O dissenso entre Bakunin e Marx se manifestou também na identificação dos instrumentos mais adequados para a realização do socialismo. O primeiro passou uma parte significativa da sua atividade militante criando (ou imaginando criar) sociedades secretas, ou organizações compostas por um grupo restrito de pessoas, sobretudo intelectuais: um "Estado-maior revolucionário, composto de indivíduos dedicados, enérgicos, inteligentes e, acima de tudo, amigos sinceros do povo"[140], que prepararão a insurreição e farão a revolução. O segundo, ao contrário, defendeu a autoemancipação da classe operária, estando convencido de que as sociedades secretas "contrastam com o desenvolvimento do movimento operário", porquanto, "em vez de educar os operários, submetem-nos a leis autoritárias e místicas, que obstaculizam sua autonomia e conduzem sua consciência numa direção equivocada"[141]. O exilado russo opôs-se a toda ação política da classe operária que não visasse diretamente à revolução, inclusive a mobilização por reformas sociais e a participação em eleições, enquanto o cosmopolita com residência em Londres não desprezava a luta por reformas e objetivos parciais, embora com a absoluta convicção de que estes deveriam servir para reforçar a classe operária na luta para derrubar o modo de produção capitalista, e não para integrá-la no sistema.

A diferença não teria diminuído nem depois de realizada a revolução. Para Bakunin, "a abolição do Estado [era] a precondição ou o acompanhamento necessário da emancipação econômica do proletariado"[142]; para Marx, o Estado não podia nem devia desaparecer de um dia para o outro. No artigo "A indiferença em matéria política", publicado em dezembro de 1873 no jornal italiano *Almanacco*

---

talista, se aperfeiçoe ao nível dos povos agricultores e pastores russos ou eslavos, e que não ultrapasse esse nível [...]. A *vontade*, não as condições econômicas, é a base de sua revolução social". – N. E.].

[139] Mikhail Bakunin, "The International and Karl Marx", cit., p. 294-5.

[140] Idem, "Programme and Purpose of the Revolutionary Organization of International Brothers", em Arthur Lehning (org.), *Michael Bakunin: Selected Writings*, cit., p. 155. Uma evidência do déficit de senso de realidade de Bakunin é sua declaração: "Para a organização internacional em toda a Europa, *bastam cem revolucionários séria e fortemente aliados*. Duas, três centenas de revolucionários serão suficientes para a organização do maior país" (infra, p. 207).

[141] Karl Marx, "Record of Marx's speech on Secret Societies", em MECW, v. 22, p. 621.

[142] Mikhail Bakunin, "Aux compagnons de la Fédération des sections internationales du Jura", em Arthur Lehning, A.J.C. Rüter e P. Scheibert (orgs.), *Bakunin – Archiv*, v. II: *Michel Bakounine et les Conflits dans l'Internationale* (Leiden, Brill, 1965), p. 75.

Repubblicano para contrastar a hegemonia dos anarquistas no movimento operário daquele país, ele afirmara polemicamente:

> se a luta política da classe operária assume formas violentas, se os operários substituem sua ditadura revolucionária à ditadura da classe burguesa, então [de acordo com Bakunin] eles cometem o terrível delito de *lèse-principe* [leso-princípio]; pois, para satisfazer suas miseráveis necessidades cotidianas, para quebrar a resistência da classe burguesa, em vez de abaixar as armas e abolir o Estado, eles lhe dão uma forma revolucionária e transitória.[143]

É preciso reconhecer, no entanto, que Bakunin, apesar de sua recusa em distinguir entre o poder burguês e o proletário, soube prever os perigos da assim chamada "fase de transição" do capitalismo para o socialismo e a degeneração burocrática pós-revolucionária. Em *O Império knut-germânico e a revolução social*, um escrito incompleto, redigido entre 1870 e 1871, ele afirmou:

> Mas no Estado Popular de Marx, como nos é dito, não haverá nenhuma classe privilegiada. Todos serão iguais, não apenas do ponto de vista jurídico e político, mas também econômico. [...] Não haverá mais, portanto, nenhuma classe privilegiada, mas haverá um governo e, notem bem, um governo extremamente complexo, que não se contentará com governar e administrar as massas politicamente, como o fazem todos os governos atualmente, mas que também as administrará economicamente, concentrando nas suas mãos a produção e a justa repartição das riquezas, o cultivo da terra, o estabelecimento e desenvolvimento das fábricas, a organização e a direção do comércio e, por fim, a aplicação do capital à produção da parte de um único banqueiro: o Estado. [...] Será o reino da inteligência científica, o mais aristocrático, o mais despótico, o mais arrogante e o mais odiado de todos os regimes. Haverá uma nova classe, uma nova hierarquia de cientistas e eruditos reais e fictícios, e o mundo será dividido numa minoria governando em nome do saber e uma imensa maioria ignorante. [...] Todo Estado, mesmo o mais republicano e mais democrático [...], é, em sua essência, uma mera máquina a governar as massas de cima, mediante uma minoria inteligente e, portanto, privilegiada, supostamente conhecedora dos interesses genuínos do povo mais do que o próprio povo.[144]

Em parte devido a seu escasso conhecimento de economia, a via federalista indicada por Bakunin não ofereceu nenhuma indicação rigorosamente útil sobre a realização do socialismo. À sua crítica, no entanto, deve-se reconhecer o mérito de ter previsto alguns dos dramas que caracterizariam o século XX.

---

[143] Karl Marx, "Political Indifferentism", em MECW, v. 23, p. 393.

[144] Mikhail Bakunin, *Marxism, Freedom and the State* (Londres, Freedom, 1950), p. 21.

XII. Depois de Marx: a Internacional "centralista" e a Internacional "autonomista"

Em 1872, a Internacional nascida em 1864 deixou de existir. A grande organização, que por oito anos sustentara com sucesso inúmeras greves e lutas, adotara um programa teórico anticapitalista e ramificara-se em todos os países europeus, implodiu após o Congresso de Haia. Apesar disso, sua história não acabou com o abandono de Marx. Ela foi substituída por dois reagrupamentos de forças, muito mais reduzidos e privados de sua capacidade e ambição políticas. O primeiro foi composto pelos "centralistas", ou seja, pela parte que resultara majoritária no último congresso e favorável a uma organização dirigida politicamente por um Conselho Geral. O segundo foi formado pelos "autonomistas" – ou também "federalistas"[145] –, isto é, a minoria que reconhecia às seções a absoluta autonomia de decisão.

Durante o ano de 1872, a força da Internacional não havia diminuído. Confirmando o desenvolvimento desigual que caracterizara sua existência, sua expansão em alguns países (sobretudo na Espanha e na Itália) havia compensado a retração em outros (como, por exemplo, na Inglaterra). O dramático resultado em Haia havia implodido a organização, fazendo com que muitos militantes, especialmente no campo "centralista", percebessem que ali se encerrara um importante capítulo na história do movimento operário. , Pouquíssimas forças na Europa se alinharam com a Federação Americana em apoio ao novo Conselho Geral, sediado em Nova York: a Federação Romanda e algumas seções de língua alemã na Suíça, ambas sustentadas pela incessante iniciativa de Becker; o apoio – incondicional, mas de pouco peso – do Partido Socialdemocrata dos Trabalhadores da Alemanha; as recém-criadas seções austríacas, que, diferentemente dos alemães, foram capazes de enviar ao Conselho Geral um pouco de dinheiro recolhido entre seus membros; e as longínquas federações de Portugal e Dinamarca. Na Espanha, Itália e Holanda, no entanto, poucos seguiram as diretrizes de Marx; na Irlanda, a organização não se firmara, e na França, em 1873, não existia nenhuma seção da Internacional. Restava, naturalmente, a Inglaterra, mas em novembro de 1872, em razão de conflitos pessoais iniciados muito antes do Congresso de Haia, o Conselho Federal Inglês se dividiu em dois grupos, hostis entre si, que reivindicavam representar a Internacional na Grã-Bretanha. O líder dos opositores foi

---

[145] Neste texto, optamos pelo termo "autonomista", como utilizado por Georges Haupt, *L'Internazionale socialista dalla Comune a Lenin*, cit., p. 70. Ao contrário, Jacques Freymond, "Introduction", cit., p. viii, prefere o uso do termo "federalista".

Hales, que, em nome de dezesseis seções, e com a adesão de importantes dirigentes da Internacional, como Hermann Jung (1830-1901) e Thomas Mottershead (1825-1884), esconjurou o Conselho Geral de Nova York e convocou um novo congresso da federação inglesa para janeiro de 1873. Hales e Eccarius protagonizaram algumas surpreendentes acrobacias políticas, pois, embora fossem reformistas por convicção e defendessem a participação em eleições – sua ideia era converter a Internacional num partido político, com apoio de sindicatos e aliado à ala liberal da burguesia –, alinharam-se oficialmente com os abstencionistas liderados por Guillaume e Bakunin. Engels respondeu com duas circulares – subscritas por importantes dirigentes de Manchester e do Conselho Federal Inglês, além dos conhecidos Dupont e Friedrich Lessner (1825-1910) –, nas quais foram reconhecidas as decisões tomadas em Haia. O congresso "oficial" do Conselho Federal Inglês realizou-se em junho, mas os participantes tiveram de constatar uma dura verdade: com a transferência do Conselho Geral para Nova York, percebido por todos – também pela imprensa – como o fim da organização, os sindicatos ingleses não se sentiram mais como parte integrante daquilo que havia restado da Internacional[146]. Assim, os dois grupos tinham em comum uma única coisa: o rápido declínio.

O congresso geral dos centralistas foi realizado na mesma cidade que havia sediado o primeiro encontro da Internacional: Genebra. Graças ao incansável Becker, dele participaram trinta delegados, entre os quais, pela primeira vez, duas mulheres. Porém, quinze desses delegados eram de Genebra, e a participação de representantes de seções de outros países reduziu-se a um alemão, um belga e um austríaco. Tendo percebido o clima de desmobilização na Europa, o Conselho Geral decidiu não enviar nenhum representante de Nova York, e até mesmo Serrailler, designado pela federação inglesa, renunciou à viagem. De fato, foi o fim da Internacional centralista.

Do outro lado do oceano, não obstante os esforços efetuados por Sorge para manter viva a chama da Internacional, a Federação Americana estava a um passo do colapso. Sua situação financeira, agravada pelo declínio de seus filiados a menos de mil (poucos dos quais pagavam contribuições), tornava difícil até mesmo a compra de selos. Também a qualidade de seus documentos oficiais, contendo frequentes erros de ortografia, era miserável, pois faltavam dirigentes capazes de escrever adequadamente em inglês e francês. Reduzida a ocupar-se exclusivamente de questões relativas aos Estados

---

[146] Cf. Henry Collins e Chimen Abramsky, *Karl Marx and the British Labour Movement*, cit., p. 275.

Unidos, ela não conseguiu, no entanto, mobilizar os trabalhadores nativos, que alternaram sentimentos de hostilidade e indiferença em relação à organização, uma realidade que nem mesmo o lançamento do *Manifesto ao povo trabalhador da América do Norte* conseguiu alterar[147]. Após uma perda ulterior de filiados, Sorge demitiu-se do cargo de secretário-geral e, daquele momento em diante, por mais dois anos e meio, a vida da organização reduziu-se à crônica de uma morte anunciada. Sua dissolução final se deu em 15 de julho de 1876, quando 10 delegados, representando 635 membros[148], reuniram-se na Filadélfia, antes de dirigirem-se ao congresso do Partido Operário dos Estados Unidos, programado pra coincidir com a Centennial Exhibition, primeira exposição internacional realizada nos Estados Unidos.

Se a organização "centralista" operou em apenas alguns poucos países, por um breve tempo, e não deu nenhuma contribuição significativa ao desenvolvimento da teoria, os autonomistas, ao contrário, continuaram a ser, por alguns anos, uma realidade concreta e decisivamente mais ativa. No congresso de Saint-Imier, no qual tomaram parte não apenas os suíços, mas também os italianos, espanhóis e franceses, foi estabelecido que "ninguém tem o direito de privar as federações e seções autônomas do incontestável direito de determinar a si mesmas e seguir a linha de conduta política que elas creem ser a melhor"[149]. Essa declaração reuniu numa ampla frente todos os opositores de Marx, que propuseram um "pacto de amizade, solidariedade e defesa mútua" entre todas as federações que defendiam a autonomia federalista no seio da Internacional. A tomada de posição foi obra de Guillaume. Diferentemente de Bakunin, que teria preferido um documento mais intransigente, o jovem – porém mais prudente – militante suíço fixara como meta estender o consenso para além do Jura, da Espanha e da Itália, conquistando todas as outras federações que se opunham à linha de Londres[150]. Sua tática foi bem-sucedida. O nascimento de uma nova Internacional fora cuidadosamente preparado, mas sem forçar a nota com declarações altissonantes.

Nos meses sucessivos, a organização recebeu numerosas adesões. O baluarte dos autonomistas continuou a ser a Espanha. As perseguições à Internacional promo-

---

[147] Cf. Samuel Bernstein, *The First International in America*, cit., p. 211.

[148] Ibidem, p. 283.

[149] Infra, p. 318.

[150] Ver Arthur Lehning, "Introduction", em Arthur Lehning, A.J.C. Rüter e P. Scheibert (orgs.), *Bakunin – Archiv*, v. II: *Michel Bakounine et les Conflits dans l'Internationale*, cit., p. LII. Lehning cita também uma observação contida no manuscrito de Max Nettlau, *Michael Bakunin: eine Biographie*: "A Internacional autonomista foi obra de Guillaume" (p. lxxi).

vidas por Práxedes Mateo Sagasta (1825-1903) não impediram seu desenvolvimento. O congresso federal, realizado em Córdoba entre dezembro de 1872 e janeiro de 1873, mostrou uma organização em plena expansão. Estava formada por mais cinquenta federações, compostas de mais de trezentas seções, que reuniam um total de mais de 25 mil membros (7.500 dos quais em Barcelona)[151]. A partir do fim de 1872, os autonomistas expandiram seu apoio em novos países. Em dezembro, a federação belga, reunida em Bruxelas, depois de haver declarado nulas as resoluções adotadas em Haia, recusou-se a reconhecer o Conselho Geral de Nova York e subscreveu o pacto de Saint-Imier[152]. Em janeiro de 1873, aderiram à organização os rebeldes ingleses, liderados por Hales e Eccarius, seguidos, no mês seguinte, da federação holandesa[153].

Embora os autonomistas – que também haviam conservado contatos na França, na Áustria e nos Estados Unidos – formassem a maioria de uma Internacional renovada, a coalizão a que deram vida foi um confuso conglomerado das mais diversas doutrinas. Nessa aliança espúria tomavam parte: os coletivistas anárquicos suíços, encabeçados por Guillaume e Schwitzguébel (Bakunin retirou-se à vida privada a partir de 1873 e morreu em 1876); a Federação Belga, guiada por De Paepe, que passou a defender um tipo de socialismo no qual o Estado popular (*Volksstaat*) deveria ter maiores poderes e competências, a começar pela gestão de todos os serviços públicos; os italianos, que radicalizaram cada vez mais as próprias posições, chegando a defender teses insurrecionais ("a propaganda mediante fatos") destinadas ao fracasso; e os ingleses, favoráveis não só à participação nas eleições, mas também à aliança com as forças burguesas mais progressistas. Em 1874, foram estabelecidos contatos até mesmo com os lassalianos da Associação Geral dos Trabalhadores Alemães.

O cenário até aqui descrito atesta que a causa primária da ruptura consumada em Haia não estava na antinomia entre um componente inclinado a avançar gradualmente no interior do Estado e uma outra posição intransigente e mais revolucionária, tampouco entre defensores e opositores da ação política. O fator determinante de uma oposição tão ampla e radical ao Conselho Geral foi, em vez disso, a reviravolta demasiadamente brusca ocorrida durante Conferência de Londres de 1871. As federações do Jura, a espanhola e também a italiana jamais aceitariam a

---

[151] Cf. Max Nettlau, *La Première Internationale en Espagne* (Dordrecht, D. Reidel, 1969), p. 163-4.

[152] Cf. PI, III, p. 163.

[153] Cf. ibidem, p. 191.

solicitação de Marx de construir partidos políticos da classe trabalhadora, e as razões disso estavam nas condições socioeconômicas desses países. Uma tática política mais prudente teria permitido conservar o apoio da Bélgica – desde muitos anos, fundamental nos equilíbrios internos da Associação – e de outras jovens federações, como a holandesa. Além disso, relações internas menos conflituosas teriam evitado a cisão na Inglaterra, ocorrida mais por razões pessoais do que por dissensos significativos em relação à linha política. A transferência do Conselho Geral para Nova York, como haviam previsto alguns autonomistas, deixou aberto a estes últimos um grande espaço político e contribuiu para sua afirmação a partir de 1872. Segundo Marx, porém, a "primeira" Internacional havia cumprido sua missão histórica e era chegada a hora de baixar a cortina.

Os autonomistas realizaram seu "primeiro" congresso – por eles definido como o sexto, pois se consideravam os legítimos continuadores da organização – em Genebra. Os 32 delegados (provenientes da Bélgica, da Espanha, da França, da Itália, da Inglaterra, da Holanda e da Suíça) se reuniram na cidade suíça de 1º a 6 de setembro de 1873, uma semana antes do congresso dos centralistas, e declararam que sua reunião abria "uma nova era na Internacional"[154]. Aboliram, em votação unânime, o Conselho Geral e, pela primeira vez numa reunião da Internacional, houve um debate sobre a sociedade anarquista[155]. Além disso, o arsenal teórico-político dos internacionalistas foi enriquecido por uma nova ideia: a da greve geral como arma para realizar a revolução social. Assim foram esboçados os lineamentos da concepção anarcossindicalista[156].

O congresso seguinte foi realizado em Bruxelas, de 7 a 13 de setembro de 1874. Dele participaram dezesseis delegados, entre os quais um proveniente da Inglaterra (Eccarius), um da Espanha e o restante da Bélgica. Entre esses catorze delegados belgas, dois possuíam o mandato de uma seção francesa (Paris) e de uma italiana (Palermo), enquanto dois outros eram alemães, à época residentes na Bélgica. Estes últimos eram lassalianos, e um deles, Karl Frohme (1850-1933), representava a Associação Geral dos Trabalhadores Alemães. No entanto, embora

---

[154] PI, IV, p. 5.

[155] Cf. PI, IV, p. 54-8. Notável foi a posição assumida por Hales, que espelhava as contradições presentes desde o início na Internacional autonomista: "Oponho-me à anarquia [...]. A anarquia é incompatível com o coletivismo".

[156] A propósito, veja-se o debate entre os delegados, ocorrido durante as sessões de 4 de setembro de 1873, em PI, IV: 59-63 e 75-7. Cf. também Eugène Hins, documento 18 (PI, II, p. 111), autor, durante uma sessão do Congresso de Basileia (11 de setembro de 1869), da primeira declaração na qual foram delineados os princípios do anarcossindicalismo.

anarquistas e lassalianos fossem polos opostos no mapa do socialismo, Guillaume motivou sua presença referindo-se às novas regras aprovadas pelo Congresso de Genebra de 1873, segundo as quais os trabalhadores de cada país podiam escolher livremente o modo que julgavam o mais justo para obter sua própria emancipação[157]. Essa Internacional, porém, tornara-se, em grande medida, um lugar de debate abstrato, onde um número cada vez menor de dirigentes operários – e pouco representativos – discutiam cada vez menos sobre as condições materiais dos trabalhadores e as ações necessárias para modificá-las. O debate de 1874 concentrou-se na escolha entre anarquia e Estado popular, e seu principal protagonista foi De Paepe, que depois de três anos retomara seu posto na Internacional. Numa de suas intervenções, afirmou que "na Espanha, numa parte da Itália e no Jura havia partidários da anarquia; enquanto na Alemanha, na Holanda, na Inglaterra e na América havia partidários do Estado operário (a Bélgica flutuava ainda entre as duas tendências)"[158]. Tampouco nesse caso foi tomada qualquer decisão coletiva, e no fim do congresso sancionou-se por unanimidade que cabia "a cada federação e partido democrático socialista de cada país determinar a linha de conduta política que pensava ser a mais adequada"[159].

No curso do oitavo congresso, realizado em Berna de 26 a 30 de outubro de 1876, a discussão prosseguiu na mesma linha da reunião precedente. Dela participaram 28 delegados, dos quais 19 suíços (17 da Federação do Jura), 4 da federação italiana, 2 da espanhola e 2 da francesa, além de De Paepe, como representante da Bélgica e da Holanda. O debate demonstrou de modo irrefutável a total irreconciliabilidade entre as posições de De Paepe e Guillaume[160]. Em todo caso, a reunião concluiu-se acolhendo uma proposta da federação belga, que convocava para o ano seguinte um congresso socialista universal, ao qual seriam chamadas "todas as frações dos partidos socialistas da Europa"[161].

Esse evento foi antecipado pelo último congresso da Internacional, realizado em Verviers de 6 a 8 de setembro de 1877. Dele participaram 22 delegados: 13 da Bélgica, 2 da Espanha, 2 da Itália, 2 da França e 2 da Alemanha, além de Guillaume, representante da Federação do Jura, aos quais se juntaram três enviados de

---

[157] Cf. PI, IV, p. 646.

[158] César de Paepe, 7 de setembro de 1874, PI, IV, p. 347.

[159] PI, IV, p. 350.

[160] Cf. documentos 40 e 41, p. 214-5 e 216-20.

[161] PI, IV, p. 498.

grupos socialistas, presentes à reunião com função meramente consultiva. Um deles era o russo Piotr Kropotkin (1842-1921), futuro pai do anarco-comunismo. Desse encontro participaram, porém, apenas militantes de tendência anarquistas, e, entre eles, alguns – como o italiano Andrea Costa (1851-1910) – que pouco tempo depois passariam ao socialismo. Assim, também a Internacional autonomista, que apenas na Espanha tivera um enraizamento nas massas, havia exaurido seu ciclo. Ela acabou superada pela tomada de consciência, difundida em quase todo o movimento operário europeu, da absoluta importância de se tomar parte na luta política por meio de organizações políticas. O fim da experiência autonomista significou também o ocaso das relações entre anarquistas e socialistas, que, a partir daquele momento, viram seus caminhos definitivamente separados.

XIII. A nova Internacional

De 9 a 16 de setembro de 1877, a cidade de Gent, na Béligica, sediou o Congresso Socialista Universal, maior encontro já realizado entre as organizações do movimento operário. Dele participaram, acolhidos por 3 mil trabalhadores, delegados de nove países (França, Alemanha, Suíça, Inglaterra, Espanha, Itália, Hungria, Rússia e, naturalmente, Bélgica) e também representantes da Dinamarca, dos Estados Unidos e, pela primeira vez, de agrupamentos operários da Grécia e do Egito. Os promotores do congresso foram líderes históricos da Internacional, como De Paepe e Liebknecht (Frankel, Guillaume, Hales e outros também estavam presentes), testemunhas da importância que a organização tivera na formação, em toda a Europa, de uma geração de dirigentes do movimento dos trabalhadores.

No documento conclusivo do congresso, o *Manifesto às organizações operárias e sociedades de todos os países*, redigido por De Paepe e pelo jovem Louis Bertrand (1856-1943), que se tornaria em seguida um dos principais socialistas belgas, afirmou-se a exigência de instituir "uma União Geral do Partido Socialista". A grande maioria dos presentes subscreveu um pacto, no qual se declarava:

> considerando que a emancipação social é inseparável da emancipação política; considerando que o proletariado, organizado como partido distinto e oposto a todos os partidos formados pelas classes proprietárias, deve utilizar todos os meios políticos voltados à emancipação social de todos os seus membros; considerando que a luta contra todo domínio de classe não é nem local nem nacional, mas universal, e que o processo depende do acordo e da cooperação das organizações dos diversos países; os subscritos, delegados no Congresso Socialista Universal de Gent, decidiram que as

organizações por eles representadas devem ajudar umas às outras, moral e materialmente, em todas as reivindicações econômicas e políticas.

Seis anos depois da Conferência de Londres de 1871, as teses aprovadas em Gent confirmaram as previsões de Marx. No mesmo documento, afirmava-se:

> Preconizamos a necessidade da ação política como um poderoso meio de agitação, propaganda, educação popular e associação. A presente organização da sociedade deve ser combatida simultaneamente por todos os lados e com todos os meios à nossa disposição. [...] O socialismo não deve ser apenas especulação teórica sobre a organização provável da sociedade futura; ele deve ser real e vivo, envolvido nas aspirações efetivas, necessidades imediatas e lutas diárias da classe proletária contra aqueles que controlam o capital social, assim como o poder social.

> Para arrancar um direito político da burguesia, para organizar numa associação trabalhadores até então isolados, para obter uma redução nas horas de trabalho por meio de greves ou sociedades de resistência: tudo isso significa tanto trabalhar para a edificação de uma sociedade nova quanto investigar as possibilidades de configurações sociais do futuro.

> Que os trabalhadores até então desorganizados se organizem e formem associações! Que aqueles que estão organizados apenas no plano da economia desçam até a arena política; lá eles encontrarão os mesmos adversários e a mesma batalha, e toda vitória obtida num desses níveis sinalizará o triunfo no outro!

> Que a classe despossuída em cada nação se constitua num grande partido distinto de todos os partidos burgueses, e que esse partido social marche de mãos dadas com aqueles dos outros países!

> Para reivindicar todos os seus direitos, para abolir todos os privilégios, trabalhadores de todo o mundo, uni-vos![162]

Nas décadas sucessivas, o movimento operário adotou um programa socialista, expandiu-se primeiro em toda a Europa, e depois em cada ângulo do mundo, e construiu novas estruturas de coordenação supranacionais. Cada uma destas, além de repetir seu nome (a exemplo da Segunda Internacional, de 1889-1916, ou da Terceira Internacional, de 1919-1943), referiu-se constantemente aos valores e ao ensinamento da "primeira" Internacional. Desse modo, sua mensagem revolucionária se revelou de extrema fecundidade, produzindo, com o passar do tempo, resultados ainda maiores que aqueles obtidos no curso de sua própria existência.

---

[162] César de Paepe e Louis Bertrand, "Manifeste aux organisations ouvrières et sociétés de tous les pays", em PI, IV, p. 591-3.

A Internacional imprimiu na consciência dos proletários a convicção de que a emancipação do trabalho do jugo do capital não podia ser obtida no interior dos limites de um único país; ao contrário, era uma questão global. Do mesmo modo, graças à Internacional os operários compreenderam que sua emancipação só podia ser conquistada por eles mesmos, por sua capacidade de organizar-se, não podendo ser transferida a outrem. Por fim, a Internacional – e nesse ponto a contribuição teórica de Marx foi fundamental – difundiu entre os trabalhadores a consciência de que sua escravidão só teria fim com a superação do modo de produção capitalista e do trabalho assalariado, uma vez que as melhorias internas do sistema vigente, ainda que importantes, não modificariam por si só sua dependência econômica das oligarquias patronais.

Existe um verdadeiro abismo a separar as esperanças daquele tempo e a desesperança do presente, a determinação antissistêmica daquelas lutas e a servidão ideológica contemporânea, a solidariedade construída por aquele movimento operário e o individualismo de nossos dias, produto da competição do mercado e das privatizações, a paixão pela política dos trabalhadores que se reuniram em Londres em 1864 e a resignação e apatia hoje imperantes.

No entanto, numa época em que o mundo do trabalho voltou a sofrer condições de exploração semelhantes àquelas do século XIX, o projeto da Internacional retorna com extraordinária atualidade. Sob cada injustiça social, em todo lugar em que trabalhadoras e trabalhadores se veem privados de seus direitos, germina a semente da nova Internacional.

A barbárie da "ordem mundial" vigente, os desastres ecológicos produzidos pelo presente modo de produção, o inaceitável abismo que separa as riquezas de uma minoria de exploradores e o estado de indigência de extratos cada vez mais vastos da população mundial, a opressão de gênero, os novos ventos da guerra, do racismo e do chauvinismo, impõem ao movimento operário contemporâneo reorganizar-se, com urgência, a partir de duas características da Internacional: a radicalidade dos objetivos a perseguir e a forma poliédrica de sua estrutura. Os objetivos da organização nascida em Londres há 150 anos são hoje mais atuais e indispensáveis que nunca. Mas, para estar à altura do presente, a nova Internacional não poderá prescindir de dois requisitos fundamentais: deverá ser plural e anticapitalista.

Apêndice

Cronologia e membros da Associação Internacional dos Trabalhadores

Na primeira parte deste Apêndice são elencados, em ordem cronológica, todas as conferências e congressos da Internacional, divididos em dois blocos: as reuniões realizadas entre 1864 e 1872, ou seja, desde sua fundação até a ruptura consumada no Congresso de Haia, e aquelas realizadas separadamente por "autonomistas" e "centralistas", a partir de 1873.

A segunda parte é constituída de uma tabela contendo alguns dados relativos aos membros da Internacional em diversos países. As informações sobre a consistência real da Associação são muito incertas, pelas seguintes razões: 1) apenas uma parte mínima das organizações – como os sindicatos ingleses e os partidos alemães – possuia um registro exato dos próprios escritos; 2) o fato de a maior parte dos trabalhadores ter ingressado na organização não por meio de inscrições individuais mas sobretudo mediante adesões de associações coletivas (como, por exemplo, as sociedades de resistência) torna quase impossível uma contagem precisa de seus membros; 3) em diversos países, a Internacional foi ilegal por alguns anos, e a clandestinidade de seus membros não permite avaliar acuradamente seu número.

É talvez por essa razão que – com exceção do volume coletivo *La Première Internationale: l'institute, l'implantation, le rayonnement*[163] – a tentativa de calcular o número completo dos membros da Internacional não tenha sido realizada em nenhum dos muitos livros a ela dedicados. Se me pareceu útil tentar realizar tal cálculo aqui, apesar do risco de alguma imprecisão, é sobretudo porque a maior parte das publicações apresentaram números excessivos, criando assim uma imagem distorcida da realidade.

A primeira coluna da tabela lista, em ordem cronológica de fundação, os países em que a Internacional foi estabelecida; ela não inclui, por exemplo, a Austrália, a Nova Zelândia ou a Índia, onde ocorreram apenas contatos esporádicos com pequenos grupos de trabalhadores. Tampouco cobre a Rússia, uma vez que a Internacional jamais conseguiu penetrar naquele país (embora alguns exilados tenham fundado um círculo na Suíça). A segunda coluna apresenta os anos em que a organização atingiu seu pico nos respectivos países, e a terceira oferece uma

---

[163] Paris, Éditions du Centre National de la Recherche Scientifique, 1968.

cifra aproximada para o número de seus membros. Esses totais foram calculados com base nos estudos contidos em *La Première Internationale: l'institute, l'implantation, le rayonnement* e outras monografias listadas na Bibliografia no fim deste volume.

Cronologia

Conferências e congressos (1864-1872)

Conferência de Londres: 25-29 de setembro de 1865

I Congresso: Genebra, 3-8 de setembro de 1866

II Congresso: Lausanne, 2-8 de setembro de 1867

III Congresso: Bruxelas, 6-13 de setembro de 1868

IV Congresso: Basileia, 6-12 de setembro de 1869

Conferência dos delegados de Londres: 17-23 de setembro de 1871

V Congresso: Haia, 2-7 de setembro de 1872

A Internacional "autonomista"

VI Congresso: Genebra, 1º-6 de setembro de 1873

VII Congresso: Bruxelas, 7-13 de setembro de 1874

VIII Congresso: Berna, 26-30 de outubro de 1876

IX Congresso: Verviers, 6-8 de setembro de 1877

A Internacional "centralista"

VI Congresso: Genebra, 7-13 de setembro de 1873

Conferência dos delegados da Filadélfia: 15 de julho de 1876

Número de membros

País	Ano de pico	Número de membros
Inglaterra	1867	50 mil
Suíça	1870	6 mil
França	1871	Mais de 30 mil
Bélgica	1871	Mais de 30 mil
Estados Unidos	1872	4 mil
Alemanha	1870	Mais de 10 mil (inclusive membros do Partido Socialdemocrata dos Trabalhadores da Alemanha)
Espanha	1873	Cerca de 30 mil
Itália	1873	Cerca de 25 mil
Holanda	1872	Menos de mil
Dinamarca	1872	Menos de 2 mil
Portugal	1872	Menos de mil
Irlanda	1872	Menos de mil
Império Áustro-Húngaro	1872	Menos de 2 mil

A Associação Internacional dos Trabalhadores:

mensagens, resoluções, intervenções, documentos

A mensagem inaugural

ADDRESS

AND

PROVISIONAL RULES

OF THE

WORKING MEN'S
INTERNATIONAL ASSOCIATION,

ESTABLISHED SEPTEMBER 28, 1864,

AT A PUBLIC MEETING HELD AT ST. MARTIN'S
HALL, LONG ACRE, LONDON.

—

PRICE ONE PENNY.

—

PRINTED AT THE "BEE-HIVE" NEWSPAPER OFFICE,
10, BOLT COURT, FLEET STREET.

1864.

Capa da brochura publicada em 1864 com a mensagem inaugural e as normas provisórias da AIT.

1
Mensagem inaugural da Associação Internacional dos Trabalhadores[1]

Karl Marx

Trabalhadores:

É um fato notável que a miséria das massas trabalhadoras não tenha diminuído de 1848 a 1864, não obstante ter sido este um período sem igual para o desenvolvimento da indústria e o crescimento do comércio. Em 1850, um órgão moderado da classe média britânica, de informação superior à média, previa que as exportações e importações do país aumentariam 50% e que a miséria inglesa cairia a zero. Pois vejam! Em 7 de abril de 1864, o ministro das Finanças britânico [*Chancellor of the Exchequer*] deleitava sua audiência parlamentar com a declaração de que em 1863 a importação e exportação total da Inglaterra havia aumentado "a 443.955.000 libras esterlinas! Uma soma impressionante, cerca do triplo do comércio do ano relativamente recente de 1843!" Mas, apesar de tudo isso, o tema predominante em seu discurso foi a "pobreza".

"Pensai", exclamou, "nos que se encontram à margem dessa região", nos "salários... que não aumentaram"; na "vida humana... que em 90% dos casos se resume a uma luta pela existência!" [...]

---

[1] Escrito entre 21 e 27 de outubro de 1864, o texto foi aprovado pelo Conselho Geral em sua sessão de 1º de novembro e publicado três dias depois, no hebdomadário londrino *The Bee-Hive*. Mais tarde, no mesmo mês, foi republicado, juntamente com os estatutos da organização, numa brochura intitulada *Address and Provisional Rules of the Working Men's International Association* [Mensagem e Normas Provisórias da Associação Internacional dos Trabalhadores]. Karl Marx (1818-1883) era o cérebro da AIT. Ele escreveu todas as suas principais resoluções, integrou o Conselho Geral desde sua fundação até 1872 e participou nas duas conferências de Londres (1865 e 1871) e no Congresso de Haia (1872). O texto completo pode ser encontrado em GC, I, p. 277-87.

Quando, em consequência da Guerra Civil Americana, os operários de Lancashire e Cheshire foram postos na rua, a [...] Câmara dos Lordes enviou aos distritos fabris um médico encarregado de investigar qual a quantidade mínima de carbono e nitrogênio que deveria ser adicionada à dieta dos trabalhadores, da maneira mais econômica e simples, de modo a "evitar doenças de desnutrição". O dr. Smith, o médico encarregado, assegurou que 28 mil moléculas de carbono e 1.330 moléculas de nitrogênio eram a quantidade semanal necessária para manter um adulto médio... bem pouco acima do nível de doenças de desnutrição; além disso, concluiu que essa quantidade era muito próxima à escassa nutrição a que os operários algodoeiros haviam sido reduzidos sob condições extremamente aflitivas[2]. Mas ora vejam! Mais tarde, o mesmo estudado doutor recebeu do Privy Council a incumbência de investigar a nutrição das classes trabalhadoras mais pobres. Os resultados de sua investigação estão reunidos no *Sixth Report on Public Health* [Sexto Relatório sobre Saúde Pública], publicado por ordem do Parlamento no curso deste ano. O que o doutor descobriu? Que os tecelões de seda, as costureiras, os luveiros, os tecelões de meias etc. sequer recebiam, em média, a ração miserável dos operários algodoeiros, nem mesmo a quantidade de carbono e nitrogênio "apenas suficiente para prevenir as doenças de desnutrição". [...]

"Não podemos esquecer", acrescenta o relatório oficial, "que a privação de alimento é suportada apenas com muita relutância, e que, em geral, uma dieta muito pobre só advém quando outras privações a precederam... Nessa situação, até mesmo a higiene será considerada cara ou difícil, e se a pessoa, movida por respeito próprio, fizer algum esforço para mantê-la, todo esforço desse tipo representará um aumento na privação de alimento. Essas são reflexões dolorosas, especialmente quando lembramos que a pobreza a que se referem não é a pobreza merecida da ociosidade, mas sim, em todos os casos, a pobreza de populações trabalhadoras. De fato, o trabalho recompensado por uma escassa ração de alimento é, em sua maior parte, excessivamente prolongado". [...]

Tais são as declarações oficiais publicadas por ordem do Parlamento em 1864, durante o milênio do livre-comércio, num tempo em que o ministro das Finanças havia dito à Câmara dos Comuns que: "a condição média do trabalhador britânico

---

[2] Nem é preciso lembrar o leitor que, além dos elementos da água e certas substâncias inorgânicas, o carbono e o nitrogênio formam as matérias-primas da alimentação humana. No entanto, para nutrir o sistema humano, esses simples elementos químicos precisam ser fornecidos na forma de substâncias vegetais ou animais. Batatas, por exemplo, contêm principalmente carbono, ao passo que o pão de trigo contém carbono e nitrogênio numa dada proporção. [Nota de Karl Marx]

A mensagem inaugural | 95

tem melhorado num grau que sabemos ser extraordinário e inédito na história de qualquer país ou época".

A essas congratulações oficiais responde a seca observação do *Public Health Report*: "A saúde pública de um país significa a saúde de suas massas, e as massas dificilmente serão saudáveis enquanto não forem ao menos moderadamente prósperas".

Deslumbrados com as estatísticas do "progresso da nação" a dançar diante de seus olhos, o ministro das Finanças exclama, em êxtase selvagem: "De 1842 a 1852, a receita tributável do país cresceu 6%; nos oito anos, de 1853 a 1861, ela cresceu 20% em relação à base tomada em 1853! O fato é tão impressionante que chega a ser quase inacreditável! Esse aumento inebriante de riqueza e poder", acrescenta o sr. Gladstone, "está inteiramente confinado às classes proprietárias".

Se vocês quiserem saber sob quais condições de saúde precária, corrupção moral e ruína mental esse "aumento inebriante de riqueza e poder... inteiramente confinado às classes proprietárias" era e continua a ser produzido pelas classes trabalhadoras, vejam as descrições que o último *Public Health Report* apresenta das oficinas de alfaiates, impressores e costureiras! [...] Abram o censo de 1861, e vejam que o número de proprietários de terra masculinos na Inglaterra e no País de Gales diminuiu de 16.934 em 1851 para 15.066 em 1861, de tal modo que a concentração das terras aumentou 11% em 10 anos. Se a concentração do solo do país em poucas mãos prosseguir na mesma taxa atual, a questão agrária ficará singularmente simplificada, como ocorreu no Império Romano, quando Nero sorriu com a descoberta de que metade da Província da África era possuída por seis senhores.

Se aqui nos demoramos tanto nesses fatos "tão impressionantes que chegam a ser quase inacreditáveis!" é porque a Inglaterra lidera a Europa do comércio e da indústria. Lembremo-nos de que há alguns meses atrás um dos filhos refugiados de Luís Filipe felicitou publicamente o trabalhador agrícola inglês pela superioridade de sua sorte em comparação com seu colega menos viçoso do outro lado do Canal. Na verdade, alterando-se as cores locais – e numa escala um pouco reduzida – os fatos ingleses se reproduzem em todos os países industriosos e progressivos do continente europeu. Em todos eles ocorreu, desde 1848, um desenvolvimento inédito da indústria e uma expansão extraordinária das importações e exportações. Em todos eles, tal como na Inglaterra, uma parcela mínima das classes trabalhadoras obteve algum aumento real em seus salários líquidos, embora na maior parte dos casos o aumento monetário dos salários não tenha significado qualquer incremento real no bem-estar material, assim como o ocupante dos asilos ou orfanatos metropolitanos, por exemplo, não foi de modo algum beneficiado ao pagar por seus bens de primeira necessidade 9 libras, 15 xelins e 8 *pence* em 1861, em vez de 7 libras, 7 xelins e 4 *pence* em 1852. Por toda a parte, a grande massa das classes trabalhadoras teve seu nível rebaixado, no mínimo na mesma taxa em que as classes acima delas subiram na escala social. Em todos os países da Europa, tornou-se agora uma verdade – demonstrável a qualquer mente sem preconceitos e só desacreditada por aqueles cujo interesse é manter os outros confinados num paraíso dos tolos – que nenhum aperfeiçoamento da maquinaria, nenhuma aplicação da ciência à produção, nenhum avanço da comunicação, nem novas colônias, emigração, abertura de mercados, livre-comércio, nem todas essas coisas juntas acabarão com as misérias das massas industriais; mas que, com base na presente base falsa, todo novo desenvolvimento das forças produtivas do trabalho tende necessariamente a aprofundar os contrastes sociais e a aguçar os antagonismos. Durante essa época inebriante de progresso econômico, na metrópole do Império Britânico a morte por inanição cresceu quase ao ponto de tornar-se uma instituição. Tal época está marcada nos anais do mundo pelo retorno acelerado, a amplitude crescente e os efeitos cada vez mais mortais dessa peste social chamada crise comercial e industrial.

Após o fracasso das Revoluções de 1848, todas as organizações e os jornais partidários das classes trabalhadoras no continente europeu foram esmagados pela mão de ferro da força, os filhos mais avançados do trabalho fugiram em desespero para a república transatlântica, e os sonhos efêmeros de emancipação desvaneceram-se diante de uma época de febre industrial, marasmo moral e reação política. [...] As descobertas de novas terras dotadas de reservas de ouro levaram a um êxodo imenso, deixando um vazio irreparável nas fileiras do proletariado britânico. Outros de seus membros, anteriormente ativos, foram fisgados pelo suborno temporário de trabalho e salário melhores, convertendo-se em "fura-greves políticos" [*political blacks*]. Todos os esforços feitos para conservar ou remodelar o movimento cartista fracassaram fragorosamente; os órgãos de imprensa das classes trabalhadoras morreram um após o outro em decorrência da apatia das massas, e, de fato, nunca antes a classe trabalhadora inglesa pareceu tão absolutamente reduzida a um estado de nulidade política. Se, pois, não houve qualquer solidariedade de ação entre as classes trabalhadoras britânicas e continentais, houve, em todo o caso, uma solidariedade de derrota.

E, no entanto, as Revoluções de 1848 não deixaram de apresentar seus aspectos compensadores. Destacaremos aqui apenas dois fatores importantes.

A maioria dos governos continen-

Após uma luta de trinta anos, travada com a mais admirável perseverança, as classes trabalhadoras inglesas, aproveitando-se de uma cisão momentânea entre os senhores da terra e os senhores do dinheiro, conseguiram aprovar a Lei das Dez Horas. Os imensos benefícios físicos, morais e intelectuais que isso trouxe aos operários fabris – benefícios registrados nos relatórios semestrais dos inspetores de fábricas – são agora do conhecimento de todos. A maioria dos governos continentais teve de aceitar a Lei Fabril [*Factory Act*] inglesa em formas mais ou menos modificadas, e a cada ano o próprio Parlamento inglês é forçado a alargar sua esfera de ação. Mas, além de sua importância prática, havia outra razão para exaltar o esplêndido sucesso dessa medida favorável aos trabalhadores. Por meio de seus mais notórios órgãos de ciência, tais como o dr. Ure, o professor Senior e outros sábios da mesma estirpe, a classe média havia predito – e, para seu regozijo, provado – que qualquer restrição das horas de trabalho significaria necessariamente a morte da indústria britânica, que, como um vampiro, não pode viver senão a sugar o sangue humano, e também o de crianças. Antigamente, o assassinato de crianças era um misterioso rito da religião de Moloch, mas só era praticado em algumas ocasiões muito solenes, talvez uma vez ao ano, e, ainda assim, Moloch não tinha qualquer preferência exclusiva pelos filhos dos pobres. Essa luta pela restrição legal das horas de trabalho tornou-se mais feroz na medida em que, além de uma amedrontada avareza, ela revelava, na verdade, a grande luta entre o domínio cego das leis da oferta e da demanda – que formam a economia política da classe média – e a produção social controlada por previsão social [*social foresight*] – que forma a economia política da classe trabalhadora. Assim, a Lei das Dez Horas foi não só um grande sucesso prático, mas a vitória de um princípio; foi a primeira vez em que, em plena luz do dia, a economia política da classe média sucumbiu à economia política da classe trabalhadora.

Porém, estava por vir uma vitória ainda maior da economia política do trabalho sobre a economia política da propriedade. Referimo-nos ao movimento cooperativista, especialmente às fábricas cooperativas erguidas pelos esforços solitários de umas poucas "mãos" audazes. O valor desses grandes experimentos sociais não pode ser desprezado. Mostraram com atos, em vez de argumentos, que a produção em grande escala e em conformidade com as exigências da ciência moderna pode ser realizada sem a existência de uma classe de patrões a empregar uma classe de mão de obra; que, para dar frutos, os meios de trabalho não precisam ser monopolizados como um meio de dominação e de espoliação do operário; e que, tal como o trabalho escravo ou o trabalho servil, o trabalho contratado não é

98 | Trabalhadores, uni-vos!

senão uma forma transitória e inferior, destinada a desaparecer diante do trabalho associado, que executa sua tarefa com uma mão laboriosa, uma mente disposta e um coração alegre. Na Inglaterra, os germes do sistema cooperativo foram semeados por Robert Owen; os experimentos operários ensaiados no continente europeu foram, na verdade, os resultados práticos das teorias, não inventadas, mas proclamadas em alta voz, em 1848.

Ao mesmo tempo, a experiência do período de 1848 a 1864 demonstrou, acima de qualquer dúvida, que, por mais excelente em princípio e útil na prática, o trabalho cooperativo, se mantido nos limites estreitos dos esforços casuais dos operários privados, jamais conseguirá deter o crescimento em progressão geométrica do monopólio, tampouco aliviar minimamente o fardo de suas misérias. É talvez por essa razão que nobres bem-falantes, tagarelas filantrópicos de classe média e mesmo perspicazes economistas políticos passaram de repente, e de maneira repugnantemente elogiosa, a valorizar o mesmo sistema de trabalho cooperativo que, em vão, haviam tentado descartar, desprezando-o como uma utopia de sonhadores ou estigmatizando-o como um sacrilégio de socialistas. Para salvar as massas industriais, o trabalho cooperativo deveria ser desenvolvido em dimensões nacionais e, consequentemente, ser promovido por meios nacionais. No entanto, os senhores da terra e os senhores do capital sempre usarão seus privilégios políticos para a defesa e a perpetuação de seus monopólios econômicos. Em vez de promover, eles continuarão a colocar todo tipo de impedimentos no caminho da emancipação do trabalho. Lembremo-nos do sarcasmo com que, na última sessão, lorde Palmerston golpeou os apologistas da Lei dos Direitos dos Rendeiros Irlandeses [*Irish Tenants' Right Bill*]. A Câmara dos Comuns, exclamou ele, é uma câmara dos proprietários fundiários.

Conquistar o poder político tornou-se, portanto, o grande dever das classes trabalhadoras. Elas parecem ter compreendido isso, pois na Inglaterra, na Alemanha, na Itália e na França ocorreram simultâneos restabelecimentos, e esforços concomitantes estão sendo atualmente realizados para a organização política do partido operário.

Um elemento de sucesso elas possuem: o número de seus membros. Mas essa quantidade só pesa na balança se esses membros são unidos por uma articulação comum e guiados pelo conhecimento. A experiência passada mostrou como a desconsideração desse elo de fraternidade, que deve existir entre os trabalhadores de diferentes países para que estes se mantenham firmes, apoiando-se mutuamente em todas as suas lutas emancipatórias, será castigada com a derrota de seus esforços desconexos. Foi com esse pensamento que trabalhadores de diferentes países, reunidos em 28 de setembro de 1864 numa reunião pública no St. Martins's Hall, resolveram fundar a Associação Internacional dos Trabalhadores.

Outra convicção motivou aquela reunião.

Se a emancipação das classes trabalhadoras requer sua confluência fraternal, como eles poderão cumprir essa grande missão com uma política externa pautada por desígnios criminosos, exercida com base em preconceitos nacionais e que desperdiça o sangue e as riquezas do povo em guerras de pirataria? Não foi a sabedoria das classes dominantes, mas sim a resistência heroica que as classes trabalhadoras da Inglaterra impuseram à sua loucura criminosa o que salvou o oeste da Europa de mergulhar numa infame cruzada pela perpetuação e propagação da escravatura do outro lado do Atlântico. A insolente aprovação, fingida simpatia ou idiótica indiferença com que as classes altas da Europa testemunharam a fortaleza montanhosa do Cáucaso tornando-se presa da Rússia, que também assassinou a heroica Polônia; as imensas invasões, sem resistência, promovidas por esse poder bárbaro, cuja cabeça está em São Petersburgo e cujas mãos encontram-se em cada governo da Europa, ensinaram às classes trabalhadoras o dever de dominarem elas mesmas os mistérios da política internacional, de vigiarem as ações diplomáticas de seus respectivos governos, de confrontá-los, se necessário, por todos os meios a seu dispor; não podendo preveni-los de articularem denúncias simultâneas e reivindicarem que as mesmas leis simples da moral e da justiça, que deveriam governar as relações entre indivíduos privados, valham como as regras supremas do intercurso das nações.

A luta por tal política externa faz parte da luta geral pela emancipação das classes trabalhadoras.

Proletários de todos os países, uni-vos!

O programa político

Delegados do Congresso de Genebra, 1866.

2

[Resoluções do Congresso de Genebra (1866)][3]
Karl Marx

[...]

Limitação da jornada de trabalho

Uma condição preliminar sem a qual todas as demais tentativas de melhorias e de emancipação estão fadadas ao fracasso é a *limitação da jornada de trabalho*.

Ela é necessária para restaurar a saúde e as energias físicas da classe trabalhadora, isto é, o grande corpo de cada nação, assim como para assegurar a essa classe a possibilidade de seu desenvolvimento intelectual, intercurso sociável e ação social e política.

Propomos *oito horas de trabalho* como o *limite legal* da jornada de trabalho. Sendo essa limitação uma reivindicação geral dos trabalhadores dos Estados Unidos da América, o voto deste Congresso a elevará a uma plataforma comum das classes trabalhadores no mundo inteiro.

Para a informação dos membros continentais dotados de pouca experiência em leis fabris, acrescentamos que todas as restrições legais fracassarão e serão derrubadas pelo capital caso não seja fixado o *período do dia* durante o qual as oito horas de trabalho devem ser realizadas. A extensão desse período deve ser determinada

---

[3]   Esta seleção foi extraída de *Instructions for the Delegates of the Provisional General Council. The Different Questions* [Instruções para os delegados do Conselho Geral Provisório. As questões singulares]. Escrito por Karl Marx (ver nota 1, p. 93) em agosto de 1866, o texto foi lido no Congresso de Genebra, no qual todas as partes aqui incluídas foram aprovadas, exceto aquela sobre "taxação direta e indireta". Uma versão revisada foi publicada entre fevereiro e março de 1867, no *The International Courier*, e pode ser encontrada também em GC, I, p. 340-51.

pelas oito horas de trabalho mais as pausas adicionais para refeições. Por exemplo, se as diferentes interrupções para refeições totalizam *uma hora*, o período legal da jornada deve abarcar nove horas, digamos das sete da manhã às quatro da tarde, ou das oito da manhã às cinco da tarde etc. O trabalho noturno só deve ser permitido excepcionalmente, em negócios ou ramos de negócios especificados por lei. A tendência deve ser a de suprimir todo trabalho noturno [...].

Trabalho juvenil e infantil (ambos os sexos)

Consideramos a tendência da indústria moderna de fazer que crianças e adolescentes de ambos os sexos cooperem no grande trabalho da produção social como uma tendência progressista, sólida e legítima, embora sob o capital ela tenha sido distorcida numa abominação. [...]

Iniciar a educação básica escolar antes dos nove anos de idade pode ser algo desejável; mas aqui lidamos apenas com os antídotos mais indispensáveis contra as tendências de um sistema que degrada o trabalhador a um mero instrumento para a acumulação do capital e transforma os pais, movidos por suas necessidades, em senhores de escravos, em traficantes de seus próprios filhos. É preciso reivindicar o *direito* das crianças e dos adolescentes. Eles são incapazes de agir por conta própria. Por isso, é o dever da sociedade agir em seu interesse.

Se as classes média e alta negligenciam seus deveres em relação a seus filhos, é por culpa delas mesmas. Compartilhando dos privilégios dessas classes, a criança está condenada a sofrer de seus preconceitos.

O caso da classe trabalhadora é absolutamente distinto. O operário não é um agente livre. Em inúmeros casos, ele é até mesmo ignorante demais para entender o verdadeiro interesse de seu filho, ou as condições normais do desenvolvimento humano. No entanto, a parte mais esclarecida da classe trabalhadora compreende perfeitamente que o futuro de sua classe e, portanto, da humanidade, depende inteiramente da formação da nova geração de trabalhadores. Eles sabem que, antes de tudo, as crianças e os jovens trabalhadores precisam ser salvos dos efeitos esmagadores do sistema atual. Isso só pode ser realizado convertendo-se a *razão social* em *força social*, o que, sob dadas circunstâncias, realiza-se unicamente quando forçado pelo poder estatal.

Ao impor essas leis, a classe trabalhadora não fortalece o poder governamental. Ao contrário, ela transforma esse poder, que hoje é usado contra ela, em seu próprio benefício. Realiza por um ato geral aquilo que uma multidão de indivíduos isolados não conseguiria realizar.

Partindo desse ponto de vista, dizemos que a nenhum pai e nenhum empregador deve ser permitido utilizar o trabalho juvenil, exceto quando combinado com educação. [...]

Trabalho cooperativo

A Associação Internacional dos Trabalhadores tem como tarefa combinar e generalizar os *movimentos espontâneos* das classes trabalhadoras, mas não ditar ou impor um sistema doutrinário, seja ele qual for. O Congresso deve, portanto, não proclamar um *sistema especial* de cooperação, mas limitar-se à enunciação de alguns princípios gerais.

(a) Reconhecemos o movimento cooperativo como uma das forças transformadoras da atual sociedade baseada no antagonismo de classes. Seu grande mérito é mostrar na prática que o atual sistema empobrecedor e despótico da *subordinação do trabalho* ao capital pode ser superado pelo sistema republicano e beneficente da *associação de produtores livres e iguais.*

(b) No entanto, restrito às formas nanicas nas quais os escravos assalariados individuais podem trabalhar por seus esforços privados, o sistema cooperativo jamais transformará a sociedade capitalista. Para converter a produção social num sistema amplo e harmonioso de trabalho livre e cooperativo são necessárias *mudanças sociais gerais, mudanças das condições gerais da sociedade*, que jamais podem ser realizadas a não ser pela transferência das forças organizadas da sociedade, isto é, do poder estatal, dos capitalistas e proprietários fundiários aos próprios produtores.

(c) Recomendamos aos trabalhadores que se empenhem na *produção cooperativa*, em vez de em *lojas cooperativas*. Estas últimas atingem apenas a superfície do atual sistema econômico, ao passo que a primeira ataca seus alicerces.

(d) Recomendamos a todas as sociedades cooperativas que convertam uma parte de sua receita conjunta num fundo para a propagação de seus princípios por meio tanto do exemplo como da preceituação; em outras palavras, promovendo o estabelecimento de novas fábricas cooperativas, assim como ensinando e persuadindo.

(e) Para evitar que as sociedades cooperativas se degenerem em meras sociedades por ações (*sociétés par actions*) de classe média, todos os trabalhadores empregados,

106 | Trabalhadores, uni-vos!

acionistas ou não, devem ter a mesma cota de participação. Como um mero expediente temporário, permitimos que os acionistas obtenham uma pequena taxa de juros.

Sindicatos: passado, presente e futuro

(a) Passado

O capital é força social concentrada, ao passo que o trabalhador dispõe apenas de sua força de trabalho. Por isso, o *contrato* entre capital e trabalho jamais pode ser estabelecido em termos equitativos, nem mesmo quando se considera o termo "equitativo" no sentido de uma sociedade que coloca a propriedade dos meios materiais de vida e de trabalho de um lado e as energias produtivas vitais do outro. A única força social dos trabalhadores é seu número. A força dos números, no entanto, é quebrada pela desunião. A desunião é criada e perpetuada pela *inevitável concorrência entre os próprios trabalhadores.*

Os sindicatos surgiram originalmente das tentativas *espontâneas* dos trabalhadores de eliminar – ou ao menos frear – essa competição, a fim de conquistar um contrato de trabalho cujos termos os elevem minimamente acima da condição de meros escravos. O objetivo imediato dos sindicatos limitou-se, portanto, a necessidades cotidianas, a expedientes para a obstrução dos incessantes abusos do capital; numa palavra, a questões de salários e tempo de trabalho. Essa atividade dos sindicatos é não só legítima como necessária. Ela não pode ser dispensada enquanto durar o atual sistema de produção. Pelo contrário, ela tem de ser generalizada pela formação e articulação de sindicatos em todos os países. No entanto, sem que eles mesmos percebessem, os sindicatos formaram *centros de organização* da classe trabalhadora, tal como as municipalidades e comunas medievais o fizeram para a classe média. Se os sindicatos são necessários para as guerras de guerrilha entre o capital e o trabalho, eles são ainda mais importantes como *agências organizadas para a superação do próprio sistema do trabalho assalariado e do domínio do capital.*

(b) Presente

Concentrados com demasiada exclusividade nas lutas locais e imediatas contra o capital, os sindicatos ainda não entenderam plenamente seu poder de ação contra o sistema de escravidão assalariada. Por essa razão, mantiveram-se demasiadamente distantes dos movimentos sociais e políticos em geral. Nos últimos tempos, no entanto, eles parecem começar a adquirir alguma noção de sua grande missão histórica, como se nota, na Inglaterra, por sua participação no recente movimento político, pela sua função nos Estados Unidos e pela seguinte resolução, aprovada há pouco na grande conferência dos delegados sindicais em Sheffield: "Que essa Conferência, apreciando inteiramente os esforços realizados pela Associação Internacional para unir num elo comum de fraternidade os trabalhadores de todos os países, recomenda com a máxima veemência às várias sociedades aqui representadas que se filiem àquela organização, acreditando ser isso essencial para o progresso e a prosperidade de toda a comunidade trabalhadora".

(c) Futuro

Para além de seus propósitos originais, eles devem agora aprender a agir deliberadamente como centros organizadores da classe operária no interesse mais amplo de sua *emancipação total*. Devem auxiliar todo movimento social e político que aponte nessa direção. Considerando a si mesmos e agindo como os paladinos e representantes da classe trabalhadora inteira, eles não podem deixar de alistar em suas fileiras os párias da sociedade [*the non-society men*]. Devem defender cuidadosamente os interesses das atividades de pior remuneração, tais como os trabalhadores agrícolas, tornados impotentes por circunstâncias excepcionais. Devem convencer o mundo inteiro[4] de que seus esforços, longe de serem estreitos e egoístas, visam à emancipação dos milhões de oprimidos.

Tributação direta e indireta

(a) Nenhuma modificação da forma de tributação pode produzir qualquer mudança importante nas relações entre o trabalho e o capital.

(b) No entanto, tendo de escolher entre dois sistemas de tributação, recomendamos a *abolição total de impostos indiretos* e a *substituição geral de impostos diretos* pelo fato de que os impostos diretos são mais baratos de se coletar e não interferem na produção[5].

Porque os impostos indiretos aumentam o preço das mercadorias – pois o comerciante acrescenta a esses preços não só a soma dos impostos indiretos, mas o juro e o lucro sobre o capital adiantado em seu pagamento.

---

[4] Nas versões francesa e alemã: "as amplas massas de trabalhadores".

[5] A explicação contida na última parte dessa frase consta apenas das versões francesa e alemã.

Porque os impostos indiretos escondem do indivíduo o que ele está pagando ao Estado, ao passo que um imposto direto é claro, simplificado, e pode ser compreendido mesmo por pessoas de baixa capacidade. O imposto direto, portanto, estimula o indivíduo a controlar os poderes governamentais, ao passo que o imposto indireto destrói toda tendência ao autogoverno. [...]

Exércitos permanentes: a relação com a produção[6]

(a) A influência deletéria de grandes exércitos permanentes sobre a *produção* tem sido suficientemente exposta em congressos de classe média de todas as denominações: congressos de paz, congressos econômicos, congressos estatísticos, congressos filantrópicos, congressos sociológicos. Pensamos, portanto, ser absolutamente supérfluo nos prolongarmos sobre esse ponto.

(b) Propomos o armamento geral do povo e sua instrução geral no uso das armas. [...]

---

[6] No texto em inglês aparece apenas "Exércitos".

3
[Resoluções do Congresso de Bruxelas (1868)][7]
Vários autores

Sindicatos e greves

1. As greves não são um meio para a completa emancipação das classes trabalhadoras, mas uma necessidade frequente na situação efetiva da luta entre o trabalho e o capital.

2. Deve-se submetê-las a certas regras de organização, oportunidade e legitimidade.

3. Em ramos de atividade em que ainda não existem quaisquer sindicatos e sociedades beneficentes, é necessário criá-los. Os sindicatos de todos os ramos de atividade e de todos os países devem se articular. Em cada federação local de sindicatos deve-se criar um fundo destinado a apoiar greves. Numa palavra, a obra realizada pela Associação Internacional de Trabalhadores deve ser continuada de modo a permitir a entrada massiva de trabalhadores na associação.

4. Em cada localidade é necessário criar uma comissão formada por representantes das várias sociedades, que devem atuar como árbitros, decidindo, em última instância, sobre a utilidade e a legitimidade de uma greve. De resto, é evidente

---

[7] A 6 de outubro de 1868, o CG decidiu publicar as principais resoluções dos congressos de Genebra (1866) e Bruxelas (1868). As *Resoluções do III Congresso da Associação Internacional dos Trabalhadores* foram de fundamental importância para a Internacional. Elas significaram a derrota dos mutualistas e, com ela, a virada coletivista da organização inteira. Esse texto apareceu primeiramente no jornal *The Bee-Hive*, entre novembro e dezembro de 1868, e, em fevereiro do ano seguinte, ainda em Londres, numa brochura publicada pela Westminster Printing Company sob o título *The International Working Men's Association. Resolutions of the Congress of Geneva, 1866, and the Congress of Brussels, 1868*. Para ler o texto completo, ver GC, III, p. 292-8.

que as diferentes seções formarão essas comissões seguindo as maneiras, hábitos e leis particulares de seus respectivos lugares.

Os efeitos da maquinaria nas mãos da classe capitalista

Considerando que, por um lado, a maquinaria mostrou-se um instrumento extremamente poderoso de despotismo e extorsão nas mãos da classe capitalista, e que, por outro lado, o desenvolvimento da maquinaria cria as condições materiais necessárias para a superação do sistema salarial por um sistema verdadeiramente social de produção.

Considerando que a maquinaria não prestará nenhum serviço real aos trabalhadores até ser colocada sob a posse destes últimos por meio de uma organização social, mais equitativa, o Congresso declara:

1. Que o produtor só pode obter a posse da maquinaria por meio de associações cooperativas e de uma organização de crédito mútuo.

2. Que mesmo no atual estado de coisas é possível aos trabalhadores organizados em sociedades sindicais obter a efetivação de algumas garantias ou compensações em casos de desemprego súbito provocado pela maquinaria. [...]

A questão da educação

Reconhecendo que, neste momento, é impossível organizar um sistema racional de educação, o Congresso convida as diferentes seções a estabelecer ciclos de palestras públicas sobre assuntos científicos e econômicos, remediando assim, tanto quanto possível, as falhas da educação atualmente recebida pelo trabalhador. Compreende-se que a redução das horas de trabalho é uma condição preliminar indispensável de qualquer sistema de educação verdadeiro.

Propriedade da terra, minas, ferrovias etc.

1. *Em relação a minas, minas de carvão, ferrovias etc.* – Considerando que essas grandes forças produtivas estão fixadas no solo e que ocupam uma grande porção dele, constituindo uma dádiva comum da natureza.

Que elas só podem ser trabalhadas por meio da maquinaria e da força coletiva de trabalho.

Que a maquinaria e a força coletiva de trabalho, que hoje existem apenas para a vantagem dos capitalistas, deve futuramente beneficiar o povo inteiro.

O Congresso resolve:

(a) Que, numa situação normal de sociedade, as pedreiras, minas de carvão e outras minas, assim como as ferrovias, devem pertencer à comunidade representada pelo Estado, um Estado submetido ele mesmo às leis da Justiça.

(b) Que as pedreiras, minas de carvão e outras minas, além das ferrovias, sejam concedidas pelo Estado não a companhias de capitalistas, como ocorre no presente, mas a companhias de trabalhadores vinculados por contrato, a fim de garantir à sociedade a operação racional e científica das ferrovias etc. a um preço o mais próximo possível da despesa do trabalhador. O mesmo contrato deve reservar ao Estado o direito de verificar a contabilidade das companhias, de modo a prevenir a possibilidade de qualquer reconstituição de monopólios. Um segundo contrato deve garantir o direito mútuo de cada membro das companhias em relação a seus colegas trabalhadores.

2. *Em relação à propriedade agrícola* – Considerando que as necessidades da produção e a aplicação das conhecidas leis da agronomia requerem o cultivo em grande escala, exigindo a introdução da maquinaria e a organização da força de trabalho agrícola, e que os desenvolvimentos econômicos modernos tendem geralmente à agricultura em grande escala.

Considerando que, consequentemente, o trabalho e a propriedade agrícola em solo arável devem ser colocados no mesmo patamar das minas.

Considerando que as propriedades produtivas do solo são as matérias-primas de todos os produtos, a fonte primária de todos os meios de produção e de todas as coisas desejáveis que não custam trabalho algum.

O Congresso acredita que o desenvolvimento econômico da sociedade moderna criará a necessidade social de converter a terra arável em propriedade comum da sociedade, fazendo que o Estado conceda o solo a companhias agrícolas sob condições análogas àquelas expostas em relação a minas e ferrovias.

3. *Em relação aos canais, estradas e telégrafos* – Considerando que as estradas e outros meios de comunicação requerem uma direção social comum, o Congresso acredita que eles devem permanecer como propriedade comum da sociedade.

4. *Em relação às florestas* – Considerando que o abandono das florestas a indivíduos privados causa a destruição das matas necessárias à conservação das fontes e, evidentemente, da boa qualidade do solo, assim como da saúde e da vida da população, o Congresso acredita que as florestas devem permanecer como propriedade da sociedade.

Redução das horas de trabalho

Tendo o Congresso de Genebra de 1866 aprovado unanimemente uma resolução segundo a qual a limitação legal da jornada de trabalho é uma condição preliminar de toda melhoria social ulterior das classes trabalhadoras, o Congresso acredita que é chegada a hora de essa resolução ganhar um efeito prático, e que todos os ramos de atividade têm doravante o dever de mobilizar-se praticamente por essa questão nos diferentes países em que a Associação Internacional dos Trabalhadores está estabelecida.

Guerra e exércitos permanentes

Considerando que nossas instituições sociais, assim como a centralização do poder político, são uma causa permanente de guerra, que só pode ser eliminada por uma profunda reforma social;

que mesmo atualmente o povo pode diminuir o número de guerras por meio da oposição àqueles que a declaram e a praticam;

que isso importa acima de tudo às classes trabalhadoras, que têm quase exclusivamente de derramar seu sangue;

que para fazer isso há um meio prático e legal de que se pode lançar mão imediatamente;

que como o corpo político não poderia subsistir nem um instante sem trabalho, bastaria que os trabalhadores deflagrassem uma greve para tornar a guerra impossível;

o Congresso da Associação Internacional de Trabalhadores recomenda a todas as seções, aos membros das sociedades operárias em particular e às classes trabalhadoras em geral a cessar o trabalho no caso de uma declaração de guerra em seus respectivos países. O Congresso conta com o espírito de solidariedade que anima os trabalhadores de todos os países e mantém a esperança de que, em tal emergência, meios não faltarão para amparar o povo contra seu governo. [...]

Trabalho

Atas da reunião do Conselho Geral de 16 de janeiro de 1866 registradas por Karl Marx.

4
[Investigação sobre a situação das classes trabalhadoras][8]

Karl Marx

[...]

A combinação internacional de esforços, por meio da atividade da Associação, para a luta entre o trabalho e o capital

(a) De um ponto de vista geral, essa questão abarca a atividade inteira da Associação Internacional, que visa combinar e generalizar os esforços emancipatórios até agora desconexos empreendidos pelas classes trabalhadores em diferentes países.

(b) Contrapor-se às intrigas dos capitalistas – sempre prontos, em casos de greves e *lockouts*, a servir-se do operário estrangeiro como um instrumento contra o operário nativo – é uma das funções particulares que nossa Associação desempenhou com sucesso até o momento. Um dos grandes propósitos da Associação é fazer que os trabalhadores de diferentes países não só *se sintam*, mas *ajam como* irmãos e camaradas no exército da emancipação.

(c) Uma grande "combinação internacional de esforços" que sugerimos é uma *investigação estatística da situação das classes trabalhadoras de todos os países, investigação esta que deve ser realizada pelas próprias classes trabalhadoras*. Para agir com algum sucesso, os materiais que constituem o objeto da ação têm de ser conhecidos.

---

[8] Este texto é um excerto do texto apresentado na nota 3, p. 103. Essas declarações também foram aprovadas pelos participantes do congresso.

Iniciando uma obra tão grandiosa, os trabalhadores provarão sua habilidade de tomar o próprio destino em suas mãos. Propomos, portanto:

Que em toda localidade em que existam ramos de nossa associação o trabalho seja imediatamente iniciado, e a evidência seja coletada sobre os diferentes pontos especificados no esquema geral da investigação.

Que o Congresso convide todos os operários da Europa e dos Estados Unidos da América para colaborar na coleta de elementos estatísticos da classe trabalhadora; que relatórios e evidências sejam encaminhados ao Conselho Central; que o Conselho Central os elabore num relatório geral, adicionando a evidência como um apêndice.

Que esse relatório, juntamente com seu apêndice, seja apresentado no próximo Congresso anual e que, após ter recebido sua sanção, seja impresso às expensas da Associação.

Esquema geral de investigação, que pode, logicamente, ser modificado por cada localidade:

1. Nome da indústria.

2. Idade e sexo do empregado.

3. Número do empregado.

4. Salários e remunerações: *(a)* aprendizes; *(b)* remuneração por dia ou por peça; escala paga pelos intermediários. Média semanal, anual.

5. *(a)* Horas de trabalho nas fábricas. *(b)* As horas de trabalho com pequenos empregadores e no trabalho domiciliar, quando o negócio é realizado nesses diferentes modos. *(c)* Trabalho noturno e diurno.

6. Tempo para as refeições e tratamento recebido.

7. Tipo de oficina e de trabalho: superlotação, ventilação defeituosa, carência de luz solar, uso de iluminação a gás, higiene etc.

8. Natureza da ocupação.

9. Efeito do emprego sobre a condição física.

10. Condição moral. Educação.

11. Situação do negócio: se sazonal ou distribuído de maneira mais ou menos uniforme ao longo do ano; se sujeito a grandes flutuações, exposto à competição

estrangeira, destinado principalmente ao consumo doméstico ou estrangeiro etc.

12. Condição de nutrição e habitação do trabalhador[9].

---

[9] O texto original em inglês contém os pontos de 1 a 10; as versões francesa e alemã incluem o ponto 11; a alemã inclui ainda o ponto 12.

5
[Sobre a maquinaria e seus efeitos][10]
François Dupleix, Ferdinand Quinet, Jean Marly,
Adrien Schettel e Jean Henri de Beaumont

[...] A comissão reconhece que, de todos os meios empregados até hoje, as máquinas são os [meios] mais potentes para se alcançar o resultado que pretendemos obter, a saber, a melhoria material da classe trabalhadora; mas que, para obtê-lo, é absolutamente urgente que o trabalho, por meio da associação e com a ajuda dos bancos de crédito cooperativo, aproprie-se dos meios de produção, a fim de colocá-los a serviço de todos, e que eles não estejam mais nas mãos do capitalista, que, até o dia de hoje, deles se servem apenas para seus próprios interesses, em detrimento da classe trabalhadora, em termos tanto morais como materiais, mediante o emprego de um grande número de mulheres e crianças nas fábricas.

As máquinas, por suprimirem uma grande quantidade de mão de obra, devem ser colocadas em equilíbrio com o número dos trabalhadores, por meio de uma diminuição das horas de trabalho, para que cada um possa estar empregado e, com isso, possa consumir; isso é precisamente o que não ocorreu até os dias de hoje e o que está na origem de tão grandes perturbações provocadas pelo uso de máquinas que fornecem produtos em quantidade superior ao consumo.

---

[10] Este texto é um excerto de um dos *Relatórios da comissão do Congresso sobre as questões programáticas*, apresentados no Congresso de Lausanne (1867). O relatório aqui parcialmente reproduzido foi elaborado pela comissão sobre o trabalho e o capital. Seus membros eram: François Dupleix, encadernador de livros, líder da seção de Genebra e delegado nos congressos de Genebra (1866) e Basileia (1867); Ferdinand Quinet (relator da comissão), artesão suíço e ativista da seção de Genebra; Jean Marly, tecelão e delegado da seção de Paris; Adrien Schettel, mecânico e um dos organizadores da seção de Lyon; e Jean Henri de Beaumont, um bronzista de Paris. O relatório foi publicado em 1867 e também pode ser encontrado em PI, I, p. 209-10.

Com a invenção das máquinas, a divisão do trabalho tornou-se necessária, a fim de fornecer produtos iguais – tanto em termos da confecção como em termos do preço de venda – àqueles produzidos pelas máquinas. Infelizmente, por esse meio matou-se toda emulação no homem e anulou-se completamente sua liberdade, fazendo-o passar ele mesmo ao estado de máquina, que constitui a propriedade daquele que o emprega e o mantém sob sua completa dependência.

O capitalista se preocupa muito em sustentar a máquina, mas faz o contrário com o trabalhador, a quem ele não dá nem mesmo o necessário para a subsistência; para ele a máquina é tudo, e o homem não passa de um acessório. Que lhe importam as privações de todo tipo que o trabalhador sofre em consequência do valor módico de seu salário? Seu propósito é dar pouco e retirar muito, ao que se seguem uma grande miséria para a massa e uma grande riqueza para uns poucos.

Apenas a Associação pode remediar esse estado de coisas, por meio de uma distribuição igualitária do trabalho e do benefício, o que suprimirá o trabalho assalariado, tornando cada um interessado*.

Concluímos, pelas razões expostas anteriormente, que o trabalho deve tomar o lugar do capital por todos os meios possíveis. Um dos meios empregados até os nossos dias é a greve. [...]

---

* Na versão inglesa: "dando a cada um uma cota". (N. T.)

6
[Sobre a emancipação e a independência feminina][11]

P. Eslens, Eugène Hins e Paul Robin

As religiões antigas consideravam o trabalho como um castigo: hoje o homem vê no trabalho seu verdadeiro destino. O trabalho torna-se então um direito sagrado, que não pode ser negado a ninguém e que a mulher pode reivindicar tanto quanto o homem, pois apenas no trabalho ela encontrará a independência e a dignidade.

Muitas objeções foram levantadas para excluir a mulher desse direito comum e proclamar, assim, sua degradação. Examinaremos aqui as mais capciosas:

1. O emprego das mulheres na indústria gera redução no salário dos homens. Isso é simplesmente um resultado da atual organização do trabalho. Com a mesma lógica, poder-se-ia dizer que o emprego de um número demasiado de homens reduziria o salário deles a um preço vil e concluir que é necessário limitar o número dos traba-

---

[11] Este texto é um documento apresentado nos relatórios descritos na nota 10, p. 118. No debate sobre o papel do homem e da mulher na sociedade (a quinta questão discutida), a seção belga apresentou dois relatórios expressando posições opostas. A primeira, a da maioria, escrita por César de Paepe (ver nota 22, p. 146) e dois outros internacionalistas, expressava visões conservadoras e convocavam as mulheres a retornarem ao lar, argumentando que sua emancipação só poderia ser conquistada por meio da emancipação dos trabalhadores homens. Em contrapartida, o relatório da minoria antecipava alguns dos objetivos que mais tarde seriam proclamados pelo movimento feminista, tais como a socialização do trabalho doméstico. Seus três expoentes eram Eslens, do qual nada se sabe; Eugène Hins (1839--1933), inicialmente proudhoniano e mais tarde bakuninista, diretor do jornal *La Liberté*, membro da Federação Belga e delegado no Congresso de Bruxelas (1868) e Basileia (1869); e Paul Robin (1837-?), professor escolar francês que circulou entre a Bélgica, a Suíça e Londres, um seguidor de Bakunin desde 1869 e membro do CG em 1870-1871. O texto pode ser encontrado em PI, I, p. 220-1.

lhadores e restabelecer as antigas corporações. Um meio bem simples de evitar esse problema seria incluir as mulheres no futuro sistema de organização do trabalho.

2. A imoralidade dos ateliês atuais. Isso provém de causas que não guardam relação com o trabalho em si; por exemplo, da pressão exercida por patrões e capatazes depravados; da insuficiência do salário, que empurra a mulher para a devassidão; da ignorância, que limita as mulheres apenas aos prazeres dos sentidos.

3. A fragilidade da mulher. Se o homem é dotado de força, a mulher possui a destreza: o campo aberto à mulher é, portanto, bastante vasto, e as máquinas, que diminuem cada vez mais o papel da força, aumentarão o número das ocupações que a mulher poderá praticar.

4. A maternidade. Diz-se que a mulher é destinada ao casamento e, portanto, não terá tempo para trabalhar. A isso responderemos que ela pode não se casar, ser viúva sem filhos, ou já ter terminado de criá-los. Além disso, é preciso ter em mente que, com a divisão do trabalho, há tarefas que poderão ser melhor desempenhadas pela mulher casada, como a de preparar alimentos, lavar e passar, confeccionar roupas e educar as crianças em idade pré-escolar. A mulher só será incapaz de trabalhar durante os últimos meses de gravidez e os primeiros três anos de vida da criança. Durante esse tempo, a mulher será sustentada, seja pelo seu marido – no caso de o casamento subsistir –, seja por um fundo especial, destinado a esse uso.

Se calcularmos uma média de quatro filhos para cada mulher, e descontarmos quatro anos para cada filho, isso não dará mais que dezesseis anos afastada do trabalho e, ainda assim, não completamente. Na vida da mulher restará, portanto, uma parte suficiente a ser consagrada ao trabalho.

Se um homem deseja ter uma mulher que se ocupe exclusivamente de seus afazeres domésticos, ele é livre para sustentá-la pelo seu próprio trabalho, contanto que a mulher não seja forçadamente vinculada a ele por um laço de necessidade e que, caso queira separar-se dele, ela possa reencontrar uma existência independente no exercício de sua profissão.

Conclusão: a Associação Internacional dos Trabalhadores deve se esforçar para desenvolver entre as mulheres as associações que atualmente só existem para os homens, estimulando-as a se federar com estes últimos, a fim de lutar em comum acordo pela emancipação do trabalho, sem a qual jamais conquistarão uma independência comum.

7
[A influência da maquinaria nas mãos dos capitalistas][12]
Karl Marx

Marx [...] disse que o que nos surpreende mais é que todas as consequências esperadas como o resultado inevitável da maquinaria até hoje foram invertidas. Em vez da diminuição das horas laborais, a jornada de trabalho foi prolongada de dezesseis para dezoito horas. Anteriormente, a jornada de trabalho era de dez horas, mas durante o último século as horas de trabalho foram aumentadas por lei, tanto aqui [na Grã-Bretanha – N. T.] como no continente. A legislação comercial e industrial inteira do último século tem como objetivo compelir legalmente a população trabalhadora a trabalhar por mais horas diárias.

Foi apenas em 1833 que as horas de trabalho infantil foram limitadas a doze. Em consequência do excesso de trabalho, não restava tempo algum para o desenvolvimento mental. As crianças também se deterioravam fisicamente; febres contagiosas irrompiam entre elas, e isso fez que uma parcela da classe mais alta enfrentasse a situação. Sir Robert Peel foi um dos primeiros a chamar a atenção para essa evidente aberração, e Robert Owen o primeiro proprietário a limitar as horas de trabalho em sua fábrica. A Lei das Dez Horas foi a primeira a limitar a jornada de trabalho a dez horas e meia para mulheres e crianças, mas foi aplicada apenas em algumas fábricas.

Isso representou um progresso, na medida em que garantiu mais tempo de lazer para os trabalhadores. Mas no que diz respeito à produção, a limitação foi há

---

[12] Este texto é uma sinopse de um discurso proferido por Marx em 28 de julho de 1868, numa sessão do CG, e pode ser encontrado em GC, II, p. 231-3. Uma discussão detalhada dessa questão pode ser encontrada no capítulo 13 de *O capital*, publicado menos de um ano antes.

muito tempo superada. Com o avanço da maquinaria e a intensidade aumentada do trabalho dos indivíduos, hoje é realizado mais trabalho na jornada curta do que antes, quando a jornada era longa. As pessoas são novamente esfalfadas, e em breve será necessário limitar a jornada de trabalho a oito horas.

[...] Outra consequência do uso da maquinaria foi que ela alterou completamente as relações do capital do país. Anteriormente havia, de um lado, ricos empregadores de trabalho e, de outro, pobres trabalhadores a laborar com suas próprias ferramentas. Tais trabalhadores eram, em certa medida, agentes livres, que dispunham do poder de resistir efetivamente a seus empregadores. Para o operário fabril moderno, para as mulheres e crianças, tal liberdade não existe: eles são escravos do capital.

Houve um constante clamor por alguma invenção que pudesse tornar o capitalista independente do trabalhador; a máquina de fiar e o tear mecânico tornaram-no independente, transferiu para suas mãos a força motriz da produção. Desse modo, o poder do capitalista foi enormemente aumentado. O senhor fabril tornou-se um legislador penal no interior de seu próprio estabelecimento, aplicando multas à vontade, frequentemente visando ao próprio engrandecimento. O barão feudal, no trato com seus servos, era limitado pelas tradições e submetido a certas regras definidas; o senhor fabril não está submetido a controle algum.

Um dos grandes resultados da maquinaria é o trabalho organizado, que pode dar frutos mais cedo ou mais tarde. A influência da maquinaria sobre aqueles com cujo trabalho ela entra em competição é diretamente hostil. Muitos tecelões foram efetivamente mortos pela introdução do tear mecânico, tanto aqui como na Índia.

Ouvimos frequentemente que os sofrimentos resultantes da maquinaria são apenas temporários, mas o desenvolvimento da maquinaria é constante e, assim como atrai e dá emprego a um grande número de trabalhadores, ele também desemprega um número igualmente grande. Há um contínuo excedente de população desempregada, mas não se trata, como na concepção malthusiana, de um excedente populacional em relação à produção do país, e sim de um excedente cujo trabalho foi superado por métodos mais produtivos.

Aplicada na terra, a maquinaria produz um aumento progressivo da população excedente, cujo emprego não é flutuante. Esse excedente migra para as cidades e exerce uma pressão constante, forçando uma redução dos salários no mercado de trabalho. [...]

8
[Os efeitos da maquinaria sobre o salário e a situação dos trabalhadores][13]
Eugène Steens

[...] Graças aos conhecimentos humanos, que escapam atualmente a toda pressão autoritária e política, a velha organização social se despedaça.

Dia após dia, a ciência projeta as mais vivas luzes sobre os pontos mais tenebrosos do problema social e comanda o irresistível movimento do Velho Mundo rumo à sua dissolução.

Do mesmo modo, vemos a calamidade social ampliar-se na mesma proporção das invenções e das descobertas; de fato, não percebemos que as melhorias introduzidas pela força motriz do vapor, das máquinas de fiar, o aperfeiçoamento das ferramentas e dos mecanismos, ao mesmo tempo que reduzem as dificuldades do trabalho, geram a redução dos salários e provocam crises sucessivas e perturbações periódicas?

Para formular um julgamento mais ou menos claro sobre o bem e o mal que as máquinas exercem sobre a situação do trabalhador, creio ser necessário considerá-las sob o triplo aspecto das fases seguintes: sua introdução na indústria, a época de transição e seu papel no futuro.

A introdução das máquinas nas indústrias manufatureira, comercial, agrícola e extrativa desarranjou o antigo sistema do trabalho; o caráter das manifestações a favor e contra as máquinas não deixou nenhuma dúvida sobre a justa apreciação

---

[13] Este texto é um excerto de um relatório da seção de Bruxelas, apresentado no Congresso de Bruxelas (1868) em uma sessão de 9 de setembro dedicada à questão da maquinaria. Provavelmente escrito de forma coletiva, ele foi lido por Eugène Steens, diretor de *La Tribune du Peuple* de Bruxelas e também delegado na Conferência de Londres, de 1871. A versão completa encontra-se em PI, I, p. 291-4.

dos interessados. O antagonismo entre os monopolistas e os explorados, base da ordem atual, tornou-se mais vivo e encarniçado. Os exploradores, encantados ao prever os benefícios imensos que iriam realizar – e a diminuição considerável de suas despesas gerais –, cantaram as glórias do inventor de uma maravilha tão propícia a suas especulações; já os trabalhadores, consternados de ver o vapor suplantar a força humana e as máquinas suprimirem milhões de trabalhadores, consagraram-se à execração do gênio infernal responsável pelo agravamento de sua miséria na sociedade presente e à destruição desses instrumentos de agonia e exploração.

O futuro justificou em parte esses gritos de júbilo e ruídos de alarme. Patrões e trabalhadores estavam conscientes do papel transformador dessas novas e imensas engrenagens de produção e consumo: rompeu-se o equilíbrio e a crise foi generalizada.

Ora, essas agitações e apreensões que balançaram o corpo social desde a base até o topo, perturbando-o, tiveram sua razão de ser.

Basta apenas uma cifra para que tenhamos uma ideia da economia prodigiosa de mão de obra e custos que o emprego da máquina a vapor permite realizar nas operações industriais em que ela predomina.

Segundo o sr. Arago, um *bushel** de carvão queimado numa máquina a vapor da Cornualha realiza o mesmo trabalho que vinte homens numa jornada de dez horas. Ora, como um *bushel* de carvão custa cerca de noventa centavos, o industrial pode reduzir a menos de cinco centavos o preço de uma jornada de trabalho de dez horas.

Dado tal resultado, ficamos muito pouco surpresos ao sermos informados de que, com base em estatísticas fidedignas, as máquinas a vapor que hoje existem na Inglaterra substituem sozinhas o trabalho de 30 a 35 milhões de trabalhadores.

Essa simples declaração, clara, precisa e irrefutável, explica todas as queixas dos trabalhadores contra as máquinas. Ela demonstra com toda a evidência que, monopolizada nas mãos dos patrões, a máquina é o agente supremo da prodigiosa e rápida elevação de sua fortuna e a causa da assustadora diminuição dos salários.

A esses efeitos desastrosos acrescenta-se que, à medida que as máquinas se aperfeiçoam, a concorrência é redobrada e torna-se mais irrefreável. Os patrões da

---

* *Bushel*: unidade de medida inglesa de capacidade para secos, equivalente a 36,3687 litros. (N. T.)

indústria que não adotaram a nova máquina ou não puderam adquiri-la recorrem à redução dos salários para sustentar uma luta impossível e, com isso, obrigam o possuidor da máquina aperfeiçoada a reduzi-los na mesma medida.

Essa é evidentemente uma das causas mais alarmantes da pobreza moderna e da utopia das revoltas, tão fatais para o trabalhador.

E essa concorrência entre os detentores das velhas máquinas aperfeiçoadas não ocorre também entre as nações? Por muito tempo, a Bélgica e a França, na presença da superioridade das máquinas inglesas e de seus produtos, aterrorizadas com a imensa centralização dos capitais ingleses, impuseram uma tarifa de importação aos produtos manufaturados da Inglaterra, a fim de barrar-lhes o acesso a seus mercados. Atualmente esse protecionismo exclusivo ainda existe em parte, para a grande vantagem de nossos especuladores e em detrimento da prosperidade do trabalho.

Mas a supressão de alguns milhões de trabalhadores não acarreta o perigo de morte social imediata. A crise momentânea, que havia sido tão intensa na época do surgimento do vapor na indústria, foi afastada por uma série de compensações que o trabalhador, em seus primeiros momentos de terror, não conseguiu captar plenamente.

As necessidades indispensáveis das máquinas a vapor geraram uma reação lucrativa em cadeia. Surgiram indústrias até então desconhecidas, e outras receberam um novo e rápido impulso. As estradas de ferro, a fabricação de mecanismos e de máquinas, a indústria do ferro, a mineração de carvão etc. exigiram em parte a mão de obra sacrificada pelas máquinas a vapor; mas essas compensações foram apenas ilusórias. Os mesmos fenômenos ocorrem nessas novas indústrias; como em todo lugar, nelas os assalariados, devido à maquinaria, sofrem uma redução desproporcional a suas necessidades.

Em vão os economistas se esforçam para nos convencer de que, com a ajuda das máquinas, melhorias incalculáveis foram introduzidas em pouco tempo nas condições de existência das classes pobres; que a vida é mais doce e o trabalho menos tedioso devido ao enganoso pretexto de que os produtos industriais de todo tipo estão à disposição dos menos favorecidos; vemos os fatos cotidianos a refutar essas pretensiosas asserções. Revoltas periódicas e em rápida sucessão, como jamais vistas anteriormente, desmascaram tais afirmações com uma sangrenta ironia.

De fato, desde a invenção das máquinas a vapor, o baixo preço está na ordem do dia. Os produtos do trabalho abaixaram notavelmente de preço, e essa é uma das melhorias invocadas pelos economistas; gostaríamos muito de poder aplaudir tais resultados, se as leis econômicas não nos demonstrassem que é arrochando o salário – convertido em matéria-prima – que se obtém o baixo preço e se mantém a concorrência.

É, portanto, um erro absoluto afirmar que a abundância dos produtos e seu preço vantajoso, comparativamente ao passado, constituem um novo bem-estar para o trabalhador.

A verdade é justamente o contrário, e a simples razão basta para demonstrá-la. De fato, que importa ao trabalhador o baixo preço dos produtos de seu trabalho, e que satisfação ele pode obter com isso, se a queda do preço dos produtos se origina diretamente da redução de seu salário? Evidentemente, nenhuma: sua posição será apenas mais precária do que nunca se o aumento dos gêneros alimentícios coincidir com as sucessivas reduções impostas a seu salário. Assim, como pretender que ele desfrute da vantagem do baixo preço dos produtos se o salário mal lhe basta para restaurar as forças que despende no trabalho? Numa palavra, como pretender que ele se vista convenientemente quando não tem nem mesmo o que comer? Depois disso, querer, como o querem os economistas burgueses, que o trabalhador compense no consumo aquilo que ele perde na produção é uma piada de mau gosto.

No entanto, à medida que o trabalhador avança na carreira, modifica suas primeiras impressões de seus formidáveis rivais, e seus temores são moderados com o progresso das luzes.

Ocorreu uma revolução, tanto em suas ideias como nos fatos; iniciado atualmente nos mistérios da renovação social, ele considera as máquinas sob o ponto de vista de seus resultados no futuro; ele reconhece o grande alívio que sua aplicação proporcionou aos trabalhos mais penosos, graças à imensidão de seus recursos e de sua força; por fim, o trabalhador se rende à nova transformação.

É a fuga do passado no futuro, de modo que essas crises fatais e perigosas engendradas pelas máquinas na época das transições são fenômenos que se servem da experiência do passado em benefício do futuro.

No dia em que as máquinas a vapor deixarem de ser monopólio do capital e passarem – com todos os instrumentos de trabalho – às mãos dos trabalhadores constituídos em associações agrícolas e industriais, os trabalhadores serão liberados, a paz será alcançada e a justiça reinará.

Destinadas originalmente ao benefício exclusivo dos patrões, essas gigantescas máquinas da produção assumiram hoje seu lugar entre os meios salutares de precipitar a decomposição social; elas exercerão uma influência extraordinária sobre a prosperidade do futuro; multiplicando a soma da riqueza pública numa proporção incalculável, tornarão a vida mais agradável e mais doce, por meio de uma grande e constante redução das horas de trabalho, o qual terá se tornado mais atraente; o mal deixará de existir tão logo as máquinas sejam colocadas à disposição de todos, como uma fatal compensação pelo bem-estar perdido, e desde agora elas já se impulsionam em direção à libertação integral do trabalhador.

9
[O efeito da maquinaria sobre a situação dos trabalhadores][14]
Pierre Fluse

A sociedade, considerada em seu conjunto, ganharia com a introdução das máquinas, que lhe permitem produzir mais trabalho com o mesmo número de trabalhadores e no mesmo espaço de tempo.

Mas o fenômeno ocorre numa sociedade composta de dois grupos em perpétuo antagonismo, um deles muito numeroso, *os explorados*, e o outro relativamente pequeno, porém todo-poderoso, *os exploradores*, e ambos empenhados na concorrência.

A introdução de uma máquina num centro industrial provoca sempre a dispensa de certo número de trabalhadores, que, encontrando-se sem recursos, são forçados a mudar sua condição social – o que é difícil em certa idade –, a viver da caridade pública ou a morrer de fome e das doenças que ela engendra.

Além disso, mesmo se todos eles conseguissem reencontrar trabalho imediatamente, isso só seria possível ocasionando um excedente de mão de obra, o que, devido à concorrência, provoca sempre uma redução do salário de outros trabalhadores.

Poder-se-ia objetar que, por meio da concorrência, os produtos são vendidos por um preço menor e, por isso, os trabalhadores seriam os primeiros a se beneficiar da introdução das máquinas.

---

[14] Este texto é um relatório da seção de Liège, apresentado na mesma sessão referida na nota 13, p. 124. Provavelmente uma obra coletiva, foi lido por Pierre Fluse, um tecelão belga, primeiramente proudhoniano e, mais tarde, próximo a Bakunin. Fluse também participou da Conferência de Londres de 1871 e do Congresso de Haia (1872). O texto pode ser encontrado em PI, I, p. 294-6.

130 | Trabalhadores, uni-vos!

É fácil refutar esse argumento; dificilmente os trabalhadores sem pão podem se beneficiar de uma queda dos preços, que é sempre a menor possível e que não equivale ao salário do qual eles são privados. Além disso, os produtos fabricados são muitas vezes aqueles que o trabalhador jamais consome.

A classe trabalhadora não ganha nada com essa queda dos preços, pois ela cobre apenas seus gastos, enquanto a maior parte dos lucros retorna a seus exploradores.

Se, como afirmam os economistas, os trabalhadores lucrassem sempre com essa queda do preço dos produtos, eles necessariamente sairiam ganhando ao serem substituídos pelas máquinas. Ora, o que vemos é, ao contrário, que todos os trabalhadores substituídos correm grande risco de morrer de fome, ou pelo menos veem o aumento de sua miséria.

É verdade que, após certo tempo de queda, a demanda tende geralmente a aumentar, mas esse fenômeno só se produz pouco a pouco, e só depois de um longo tempo chega a um resultado real.

Assim, os trabalhadores dispensados muitas vezes precisam esperar longos anos antes de reencontrar trabalho e, sem meios de existência, são lançados à mais profunda miséria.

Se a introdução das máquinas ocasiona uma dispensa considerável de trabalhadores, é compreensível que a esperança de lucrar com um incremento de produção torne-se totalmente quimérica, pois a miséria de um grande número de consumidores impediria essa produção de atingir seu pleno potencial.

Em resumo, a introdução das máquinas gera, para os *exploradores*, a retenção de uma fração dos salários por meio da dispensa dos trabalhadores e da concorrência mútua entre estes últimos, a redução dos preços dos produtos que eles podem comprar e o aumento dos lucros resultante de um aumento da demanda; para os *explorados*, a perda de uma parte de seus salários mediante a dispensa e a concorrência de seus companheiros, o desfrute parcial da redução do preço dos produtos e, com o passar do tempo, uma compensação parcial por meio de um aumento da demanda, prejudicada pela situação miserável das massas.

Podemos, pois, concluir que, na sociedade atual, a introdução das máquinas é prejudicial ao grande número e favorável à exploração dos trabalhadores.

Numa sociedade composta de associações federadas e solidárias, em que o capital, que representa o trabalho acumulado, não fosse uma fonte de exploração, mas simplesmente um auxiliar na troca, as máquinas, longe de engendrar a miséria, aumentariam o bem-estar de todos.

Não podendo mais servir à exploração, elas representariam, como todo outro trabalho, um valor que o inventor obteria vendendo-a às associações operárias federadas.

Estas retirariam delas um lucro imenso, resultante de menos horas de trabalho para ganhar sua jornada habitual e da faculdade de produzir bem mais.

A introdução das máquinas e de invenções novas se tornaria o interesse de todos os pesquisadores industriosos, que, longe de serem detestados por seus camaradas, seriam encorajados em toda parte e por todos.

O homem, privado de seu pão, tendo seu suor recompensado com sua expulsão das fábricas, estava errado em amaldiçoar as máquinas, pois seu ódio e sua cólera deveriam voltar-se contra algo situado mais acima.

A anarquia social é a causa do mal; a justiça nas relações sociais é o seu remédio.

Revolvamos, portanto, o Velho Mundo, ponhamos um fim na exploração do homem pelo homem.

O futuro pertence aos princípios de solidariedade e fraternidade, à Internacional dos trabalhadores.

10
[Pela redução das horas de trabalho][15]
Eugène Tartaret

[...] A redução das horas de trabalho tem como objetivo assegurar o desenvolvimento material e intelectual dos trabalhadores, permitindo-lhes o livre exercício de seus direitos civis e políticos.

Considerando-se o princípio das sociedades modernas, o trabalho não deve mais ser uma punição, uma servidão, uma marca de indignidade, mas um dever imposto a todos os cidadãos.

Para que o trabalho seja verdadeiramente o exercício de um dever comum, é necessário que ele seja realizado em condições que garantam aos trabalhadores a sanidade, a satisfação de todas as suas necessidades e as de sua família, e a proteção contra os padecimentos e misérias da velhice e da invalidez.

Nas condições atuais, o trabalho responde ao objetivo a que se propõe a *Internacional*? – Não.

Tal como praticado pela necessidade da concorrência, o trabalho é uma luta mortal de trabalhador contra trabalhador, povo contra povo, indivíduo contra indivíduo; por toda parte, a exploração produz o antagonismo, a servidão dos trabalhadores.

---

[15] Este relatório foi preparado pela comissão sobre a redução da jornada de trabalho do Congresso de Bruxelas (1868). Foi lido na sessão de 12 de setembro de 1868 pelo marceneiro Eugène Tartaret, que foi também delegado no Congresso de Lausanne (1869). Parte do relatório foi publicada em B1868. O texto completo pode ser encontrado em PI, I, p. 385-7.

A produção suporta o peso de enormes encargos, de uma quantidade excessiva de impostos criados para pagar salários exorbitantes a funcionários cuja principal ocupação é procurar manter os trabalhadores sob o jugo do capital.

A exploração, ajudando e sustentando a concorrência por meio da redução dos salários, exige dos operários um trabalho prolongado. Em certos ofícios muito árduos, como a construção, a terraplanagem etc., os trabalhadores desgastam-se muito rapidamente e não recebem qualquer instrução.

Enfim, em todos os lugares onde a duração do trabalho não é limitada, o trabalhador esgota-se corporal e intelectualmente. De um ser, de um cidadão destinado a instruir-se, a cumprir deveres, a exercer direitos civis e políticos, fez-se um pária, um escravo indiferente ao progresso e incapaz de aprender qualquer coisa; cansado de sua miséria e sofrimento, ele suporta a exploração e a servidão sem ousar protestar contra semelhante injustiça. E como ele poderia instruir-se, como poderia resistir? – Ele não tem tempo para isso.

Esse primeiro objetivo de reduzir as horas de trabalho é, pois, indispensável; pois sem isso não será possível organizar a solidariedade internacional a que a Associação se propõe. [...]

Sendo necessário aumentar a produção para assegurar o desenvolvimento do consumo, esse aumento dos objetos produzidos e a diminuição de seus preços devem ser obtidos [não forçando os trabalhadores a trabalhar por mais horas, mas] mediante o emprego de matérias-primas vantajosas, da instrução profissional dos trabalhadores e, por fim, do emprego racional dos meios mecânicos.

Mas a intervenção das máquinas vem complicar ainda mais a difícil situação dos trabalhadores, pois elas constituem o privilégio exclusivo daqueles que possuem o capital.

Costuma-se objetar que o trabalhador desempenhará diante da máquina um papel passivo e que ele será tão somente o *condutor da máquina*. Diz-se ainda que, em certas profissões, o trabalhador executará apenas operações uniformes e regulares, que trarão grave prejuízo a seus conhecimentos industriais. – Mas não nos deixamos amedrontar com tal resultado.

A máquina é inerte, e é uma obra do homem; ela não tem como funcionar de modo útil sem cooperação, sem direção inteligente.

Se a função industrial do homem é diminuída em consequência de uma redução do tempo de trabalho, isso é justo, pois o homem não tem apenas o trabalho a

134 | Trabalhadores, uni-vos!

realizar; ele tem também uma família para sustentar, crianças para educar, direitos civis e políticos para exercer. Se no momento de sua introdução a máquina causa um dano considerável aos trabalhadores, devido à produção exagerada, e um desemprego forçado que aumenta a miséria dos mesmos, isso ocorre, como o reconheceu a *Internacional*, pelo fato de que ela não é propriedade do trabalhador, que só pode adquiri-la por meio da solidariedade.

A máquina, fruto da inteligência do homem, deve servir-lhe de meio de libertação, e não ser a causa de sua ruína. Se produz muito, ela precisa funcionar por menos tempo, e seu operador humano obterá os benefícios dessa redução de horas de trabalho.

Essa redução das horas de trabalho deve proporcionar-lhe bem-estar, inteligência e liberdade. [...]

Uma vez que o Congresso de Genebra aprovou unanimemente uma resolução segundo a qual a limitação legal da jornada de trabalho é uma condição preliminar de toda melhoria social ulterior das classes trabalhadoras, o Congresso acredita que é chegada a hora de essa resolução ganhar um efeito prático, e que todos os ramos de atividade têm, doravante, o dever de mobilizar-se, de forma efetiva, por essa questão nos diferentes países em que a Associação Internacional dos Trabalhadores estiver estabelecida.

11

[Sobre a igualdade das mulheres trabalhadoras e a inclusão de opiniões políticas diferentes] [16]

V. Tinayre

Considerando, em primeiro lugar, que as mulheres trabalhadoras têm necessidades iguais às dos homens trabalhadores, porém ganham muito menos que eles, a Sessão Central de Mulheres Trabalhadoras pede ao Congresso que em suas resoluções inclua-se a seguinte disposição: que, de agora em diante, os acordos celebrados entre empregadores e trabalhadores em greve numa fábrica em que são empregadas mulheres estipularão para elas vantagens iguais às dos homens, tal como foi adotado no congresso da Federação Romanda, realizado neste ano em Vevey.

Considerando, em segundo lugar, que quanto maior o número de diferentes grupos de opinião a perseguir o mesmo objetivo – *a emancipação do trabalho* – mais fácil é generalizar o movimento da classe trabalhadora sem perder qualquer de suas forças (mesmo as mais amplamente divergentes) para a obtenção do resultado final; e que é aconselhável deixar aos indivíduos, dentro dos princípios da Internacional, o direito a agruparem-se de acordo com seus gostos e suas opiniões.

---

[16] Excerto do mandato conferido pela Seção Central de Mulheres Trabalhadoras de Genebra a Harriet Law (1832-1897) – feminista e única mulher membro do CG de 1867 a 1872 – como sua representante no Congresso de Haia (1872). Este mandato foi igualmente redigido pela secretária-geral, V. Tinayre, e contém as assinaturas de dezesseis trabalhadoras. Além das reivindicações de direitos iguais entre trabalhadores masculinos e femininos, é de particular interesse a exortação a permitir a coexistência de diferentes correntes de pensamento no interior da luta pela emancipação do trabalho. A versão completa pode ser encontrada em HAGUE, p. 313-4.

Consequentemente: as trabalhadoras da Sessão Central reivindicam que o Conselho Geral não disponha do poder de rejeitar qualquer seção, independentemente de seu propósito particular e de seus princípios, desde que esses propósitos e princípios não sejam capazes de prejudicar aqueles da Associação Internacional de Trabalhadores e sejam compatíveis com seu Estatuto Geral.

Sindicatos e greves

César de Paepe (1841-1890).

Friedrich Adolph Sorge (1828-1906).

12
[A necessidade e os limites da luta sindical][17]
Karl Marx

[...] O clamor por uma *igualdade de salários* baseia-se, portanto, num engano; é um desejo vão, que jamais será realizado. É um produto daquele radicalismo falso e superficial, que aceita premissas e tenta fugir das conclusões. Sobre a base do sistema de trabalho assalariado, o valor da força de trabalho é estabelecido como o de qualquer outra mercadoria; e como diferentes tipos de forças de trabalho têm diferentes valores, ou requerem diferentes quantidades de trabalho para sua produção, eles *devem* lançar diferentes preços no mercado de trabalho. Clamar por uma *retribuição*[18] *igual, ou mesmo equitativa* sobre a base do sistema de trabalho assalariado é o mesmo que clamar por *liberdade* sobre a base do sistema escravagista. O que pensamos ser justo ou equitativo está fora de questão. [...]

Tendo mostrado que tanto a resistência periódica da parte dos trabalhadores contra uma redução dos salários como suas tentativas periódicas de obter um aumento salarial são inseparáveis do sistema de trabalho assalariado e ditadas pelo próprio fato de o trabalho ser assimilado a mercadorias e, assim, estar sujeito às leis que regem o movimento geral dos preços; tendo, além disso, mostrado que um aumento geral dos salários resultaria numa queda na taxa geral do lucro, mas não

---

[17] Este texto consiste de excertos de *Valor, preço e lucro* [em português, mais conhecido sob o título "Salário, preço e lucro" – N. T.] (Londres, Swan Sonnenschein, 1898), originalmente um relatório lido por Karl Marx (ver nota 1, p. 93) ao CG, em 20 e 27 de junho de 1865. O relatório foi uma resposta à posição, previamente defendida pelo owenista John Weston, de que um aumento significativo dos salários não era possível e, portanto, a ação dos sindicatos para aumentar os salários tinha consequências indesejáveis.

[18] "Retribuição" no sentido de "pagamento".

afetaria os preços médios das mercadorias ou seus valores, surge agora a questão, enfim, de em que medida, nessa luta incessante entre o capital e o trabalho, este último poderá ser bem-sucedido.

Eu poderia responder de maneira generalizada e dizer que, tal como todas as outras mercadorias, também o *preço de mercado* do trabalho acabará, no longo prazo, por adaptar-se a seu *valor*; que, portanto, apesar de todas as altas e baixas, e independentemente de suas ações, o trabalhador receberá, em média, apenas o valor de seu trabalho, que consiste no valor de sua força de trabalho, valor que é determinado pelo valor dos meios de subsistência requeridos para sua manutenção e reprodução, o qual, por sua vez, é regulado pela quantidade de trabalho necessária para produzi-los. [...]

Além desse elemento meramente físico, o valor do trabalho é, em todo país, determinado por um *padrão tradicional de vida*. [...]

Esse elemento histórico ou social, ao entrar no valor do trabalho, pode expandir-se, contrair-se ou extinguir-se completamente, de modo que não reste senão o *limite físico*. [...] E por que não podemos fixar esse limite? Porque, embora possamos fixar o *mínimo* dos salários, não podemos fixar seu *máximo*. [...]

A fixação de seu grau efetivo só é realizada pela luta contínua entre capital e trabalho, com o capitalista tendendo constantemente a reduzir os salários a seu mínimo físico e a estender a jornada de trabalho a seu máximo físico, enquanto o trabalhador pressiona constantemente na direção oposta.

O problema se converte numa questão dos respectivos poderes dos combatentes.

Quanto à *limitação da jornada de trabalho* na Inglaterra, assim como em todos os outros países, ela jamais foi estabelecida a não ser por *interferência legislativa*. Sem a pressão contínua dos operários, essa interferência jamais teria ocorrido. Mas, em todo caso, o resultado não poderia ser obtido por um acordo privado entre os operários e os capitalistas. Essa necessidade de uma *ação política geral* é a prova cabal de que o capital, em sua ação meramente econômica, é sempre o lado mais forte. [...]

Essas poucas indicações bastam para mostrar que o próprio desenvolvimento da indústria moderna deve progressivamente favorecer o capitalista em detrimento do trabalhador, e que consequentemente a tendência geral da produção capitalista é não aumentar, mas diminuir o nível médio dos salários, ou empurrar o *valor do trabalho* mais ou menos para seu *limite mínimo*. Sendo essa a tendência das *coisas* nesse sistema, isso significa dizer que a classe trabalhadora deveria renunciar sua resistência contra as ingerências do capital e abandonar suas tentativas de obter o melhor resultado possível das chances ocasionais de que dispõe para obter uma melhoria temporária? Se o fizesse, ela se degradaria a uma massa informe de homens famintos e arrasados, sem possibilidade de salvação. Creio haver demonstrado que as lutas da classe operária pelo padrão dos salários são incidentes inseparáveis do conjunto do sistema de trabalho assalariado, que, em 99% dos casos, seus esforços para elevar os salários são apenas esforços destinados a manter o valor dado do trabalho e que a necessidade de disputar seu preço com o capitalista é inerente à condição dos operários de ter de vender a si mesmos como mercadorias. Caso cedessem covardemente em seu conflito diário com o capital, eles certamente se desqualificariam para a iniciativa de qualquer movimento de maior envergadura.

Ao mesmo tempo, e abstraindo totalmente da servidão geral que o sistema de trabalho assalariado implica, as classes trabalhadoras não devem exagerar para si mesmas o resultado final dessas lutas diárias. Não devem esquecer que estão lutando contra os efeitos, mas não contra as causas desses efeitos; que estão retardando o movimento descendente, mas não alterando sua direção; que estão aplicando paliativos, mas não curando a doença. Não devem, portanto, deixar-se absorver exclusivamente por essas inevitáveis lutas de guerrilhas, provocadas continuamente pelos abusos incessantes do capital ou pelas flutuações do mercado. Elas devem entender que o sistema atual, mesmo com todas as misérias que lhe impõe, engendra simultaneamente as *condições materiais* e as *formas sociais* necessárias para uma reconstrução econômica da sociedade. Em vez do lema *conservador*: "*Um salário justo por uma jornada de trabalho justa!*", devem inscrever em sua bandeira a divisa revolucionária: "*Abolição do sistema de trabalho assalariado!*". [...]

13
[Contra a violação da greve][19]
Karl Marx

Algum tempo atrás, os alfaiates diaristas de Londres formaram uma associação geral em defesa de suas demandas contra os mestres-alfaiates londrinos, a maioria deles grandes capitalistas. Tratava-se não só de emparelhar os salários com os preços de subsistência aumentados, mas também de pôr um fim no tratamento demasiadamente severo dispensado aos trabalhadores nesse ramo da indústria. Os patrões tentaram frustrar esse plano recrutando alfaiates diaristas, principalmente na Bélgica, na França e na Suíça. Imediatamente as secretarias do Conselho Geral da Associação Internacional dos Trabalhadores publicaram em jornais desses três países uma advertência que obteve pleno sucesso. A manobra dos patrões londrinos foi anulada, e eles tiveram de capitular e atender às justas demandas de seus trabalhadores.

Derrotados na Inglaterra, os patrões tentam agora tomar contramedidas, começando pela *Escócia*. O fato é que, como resultado dos eventos de Londres, eles também tiveram de concordar, inicialmente, com um aumento salarial de 15% em Edimburgo. Porém, enviaram secretamente agentes à Alemanha com a missão de recrutar alfaiates diaristas, em especial nas áreas de Hannover e Mecklenburg, e enviá-los a Edimburgo. O primeiro grupo já foi embarcado. O propósito dessa

---

[19] Este artigo foi preparado em nome do CG, em abril de 1866, após alguns capitalistas escoceses terem recrutado alfaiates alemães e dinamarqueses para substituir os grevistas locais. O CG enviou a Edimburgo dois representantes (Haufe e Lessner), que conseguiram convencê-los a quebrar seus contratos e retornar a seus países de origem. Karl Marx (ver nota 1, p. 93) compilou este pequeno texto para a imprensa alemã. Ele apareceu em 13 de maio de 1866 em *Der Bote vom Niederrheim*, sob o título "Uma advertência", e pode ser encontrado em GC, I, p. 367-8.

importação é o mesmo daquele da importação de *coolies*[20] indianos à Jamaica, a saber, a *perpetuação da escravidão*. Se os patrões de Edimburgo forem bem-sucedidos, mediante a importação de trabalho alemão, em anular as concessões que já haviam feito, isso terá inevitavelmente repercussões na Inglaterra. Ninguém sofreria mais do que os próprios trabalhadores alemães, que constituem na Grã-Bretanha um número maior do que o dos trabalhadores de todas as outras nações continentais. E os trabalhadores recém-importados, encontrando-se completamente desassistidos num país estrangeiro, decairão rapidamente à condição de párias.

Além disso, é um ponto de honra para os trabalhadores alemães mostrar a outros países que eles, como seus irmãos na França, na Bélgica e na Suíça, sabem como defender os interesses comuns de sua classe e não aceitarão tornar-se *mercenários obedientes do capital* em sua luta contra o trabalho.

---

[20] Termo usado naquela época para se referir aos trabalhadores asiáticos.

14
[Interferência em lutas sindicais][21]
Vários autores

Um dos melhores meios de demonstrar a influência benéfica da articulação internacional é a assistência prestada pela Associação Internacional de Trabalhadores nas disputas comerciais cotidianas. Antes era comum que os capitalistas britânicos, não apenas em Londres, mas também nas províncias, toda vez que seus operários se recusavam a submeter-se docilmente a seus ditames arbitrários, ameaçassem substituí-los por trabalhadores *estrangeiros* importados. Na maior parte dos casos, a possibilidade da ocorrência de tais importações bastava para deter os trabalhadores britânicos na insistência de suas reivindicações. As medidas tomadas pelo Conselho tiveram o efeito de impedir que essas ameaças continuassem a ser feitas publicamente. Onde quer que seja planejada alguma coisa do tipo, é preciso fazê-lo em segredo, e a mínima informação obtida pelos trabalhadores é suficiente para frustrar os planos dos capitalistas. Em regra, quando ocorre uma greve ou bloqueio envolvendo alguns dos sindicatos filiados, os correspondentes continentais são imediatamente instruídos a advertir os trabalhadores em suas respectivas localidades a não se envolverem em quaisquer tratativas com os agentes dos capitalistas dos locais onde se trava a disputa. No entanto, essa ação não se limita aos sindicatos filiados. A mesma ação é tomada em nome de outros sindicatos, bas-

---

[21] Extraído do *Third Annual Report of the International Working Men's Association* [Terceiro relatório anual da Associação Internacional dos Trabalhadores] do Congresso de Lausanne (1867), aprovado pelo CG em 20 de agosto. Publicado pela primeira vez no hebdomadário *The Bee-Hive*, em 14 de setembro de 1867, trata-se de um documento de autoria coletiva, baseado em várias informações fornecidas pelas seções locais da AIT. A versão completa está reproduzida em GC, II, p. 292-303.

tando que um pedido nos seja remetido. Isso leva geralmente à filiação dos sindicatos que solicitam nossa ajuda.

Às vezes ocorre que os capitalistas conseguem obter uns poucos desocupados, mas estes geralmente rejeitam os recrutamentos depois de serem informados da razão pela qual foram recrutados.

No último inverno, durante a greve dos trabalhadores das fábricas de cestos em Londres, recebemos a informação de que seis belgas estavam trabalhando sob os arcos da estrada de ferro em Blue Anchor Lane, Bermondsey. Para evitar qualquer contato com o público, eram tão vigiados quanto uma garota sequestrada num convento. Por meio de algum estratagema, um membro belga do Conselho conseguiu obter uma entrevista, e tão logo foram informados da natureza de seu recrutamento, os homens abandonaram o trabalho e retornaram a seus países. Pouco antes de embarcarem, um navio chegou com um novo fornecimento de trabalhadores. Estes foram imediatamente instruídos e também rejeitaram seus recrutamentos, retornando para casa e prometendo esforços para evitar qualquer fornecimento ulterior, o que de fato cumpriram.

Em consequência dos apelos feitos pelos deputados do Conselho a várias sociedades britânicas, os trabalhadores bronzistas de Paris receberam um suporte pecuniário muito considerável durante seu bloqueio, e os alfaiates londrinos em greve, por sua vez, receberam apoio das associações continentais, mediante a intercessão do Conselho. As boas medidas do Conselho também foram empregadas em favor dos escavadores, dos operários do arame, dos talhadores de pedra e dos cabeleireiros, entre outros.

15
[Greves, sindicatos e a filiação de sindicatos à Internacional][22]

César de Paepe

[...] Antes de tudo, devemos declarar que, de nosso ponto de vista, a greve não é uma solução nem mesmo parcial para o grande problema da extinção da miséria, mas cremos que ela é um instrumento de luta cujo emprego conduzirá definitivamente à solução desse problema. Por isso, cremos ser nosso dever reagir contra os cooperadores exclusivos, que, fora das sociedades de consumo, de crédito e de produção, não veem qualquer movimento sério entre os trabalhadores e consideram particularmente a greve como inútil e até mesmo funesta aos interesses dos trabalhadores. [...]

No entanto, é preciso não deixar dúvida sobre o alcance de nossas palavras; apesar de tudo o que acabamos de dizer contra a greve não organizada por uma sociedade de resistência[23], sustentamos que ela é justa, legítima e necessária quando as convenções são violadas pelo empregador, e que ela pode então ser deflagrada, não obstante as chances de insucesso. Não é sempre grandioso e belo ver o escravo

---

[22] Este texto é o excerto de um relatório apresentado na sessão de 8 de setembro de 1868 do Congresso de Bruxelas. César de Paepe (1841-1890) era, depois de Marx, o teórico mais importante da AIT. Líder da Associação na Bélgica, ele participou de todos os congressos (exceto os de Genebra em 1866 e Haia em 1872) e conferências da AIT. Ingressou na AIT "autonomista" e foi delegado em seus congressos de Bruxelas (1874) e Berna (1876). Em 1885, foi um dos fundadores do Partido Socialista Belga. Este texto foi publicado em B1868 e pode ser encontrado em PI, I, p. 271-85.

[23] A sociedade de resistência (*société de résistance*) era um dos diversos tipos de organizações operárias no século XIX surgidas após a abolição das guildas durante a Revolução. Diferentemente de outros tipos de organização, as sociedades de resistência não tinham caráter beneficente e existiam principalmente para aumentar os salários e as condições de emprego, coordenando greves e exercendo outras formas de pressão sobre os empregadores, motivo pelo qual eram ilegais.

Sindicatos e greves | 147

protestar contra medidas bárbaras e desumanas? E que medida pode ser mais bárbara e desumana que aquela que consiste em cortar incessantemente a ração daqueles que já vivem de privações?

Diante do baixíssimo valor dos salários em certas indústrias (nas grandes manufaturas e nas carvoarias, por exemplo); da grande centralização dos capitais, que faz que os capitalistas se apresentem numa coalizão permanente para reduzir ao máximo a condição dos trabalhadores; diante do enorme capital de que esses trabalhadores precisariam para explorar por si mesmos as vastas usinas ou as carvoarias, e na ausência de uma organização do crédito que poderia facilitar a criação de associações de produção nessas indústrias, perguntamos: que outra arma senão a greve, mesmo que carente de organização, foi deixada a esses proletários contra a redução indefinida do salário? Seria melhor que eles morressem de fome no trabalho, sem deixar escapar um grito de indignação, sem fazer qualquer esforço para se reerguerem? Mesmo que fosse provado como 2 + 2 = 4 que nesse caso a greve não pode dar ao trabalhador nenhuma melhoria, ao menos seria necessário aceitá-la como o protesto supremo do despossuído contra os vícios de nossa organização social.

Dissemos, no início deste relatório, que a greve pode ser útil e necessária; que, consequentemente, apoiamos as sociedades de resistência, a fim de dar às greves os meios e uma direção sábia e enérgica. Sim, apesar de nosso desejo e da certeza que alimentamos de um dia vermos a ordem social completamente transformada, isto é, a supressão da exploração do homem pelo homem, substituída pela troca equitativa entre os produtos e a reciprocidade entre os produtores, defendemos ser necessário estabelecer as sociedades de resistência, pelo tempo em que existirem categorias de trabalhadores cuja liberação completa é hoje impossível.

[...]

A sociedade de resistência é ainda necessária, uma vez que inspira certo temor no explorador. Este evitará infringir as convenções sempre que não estiver plenamente certo do sucesso, pois tem consciência de que perderá sua autoridade no caso de ser derrotado em sua tentativa arbitrária. Essa observação é tão verdadeira que pode ser aplicada aos explorados. Na verdade, aqueles trabalhadores que, tendo-se inicialmente recusado a realizar um trabalho em razão de um corte no salário oferecido por ele, veem-se em seguida forçados a voltar ao trabalho, sentem com muito mais força a autoridade que sobre eles exerce o explorador desdenhoso, quando a necessidade os força a retornar de cabeça baixa a seu posto de trabalho, que, em vez de um local de escravidão, deveria ser para o trabalhador um lugar de felicidade e satisfação, porque é de lá que provêm a vida, a riqueza e o bem-estar.

A sociedade de resistência é de uma necessidade incontestável enquanto durar a exploração do homem pelo homem, enquanto os ociosos extraírem seja o que for do trabalho de outrem. Ela é necessária, não somente considerando-se o que dissemos, mas também porque apenas assim os patrões e os trabalhadores saberão com quem estão lidando quando alguém vier pedir trabalho. A Associação confere a cada um de seus membros um certificado de moralidade e honestidade. Patrões e empregados saberão que a Associação abriga em seu seio somente trabalhadores isentos de qualquer mácula.

Uma das causas da baixa constante do preço da mão de obra, assinalamos igualmente, é que os trabalhadores desocupados batem de porta em porta oferecendo seu trabalho, dando assim ao trabalhador a ideia de que há uma abundância de desempregados, maior que aquela que existe realmente. Por meio da Associação, as demandas por trabalhadores deveriam ser feitas diretamente aos comitês, que poderiam então enviar trabalhadores apenas para os lugares onde essa demanda se fez sentir.

Por fim, além de sua utilidade para as greves, a alocação de trabalhadores etc., a sociedade de manutenção de preço é ainda útil mediante uma das instituições complementares que ela deve conter: o fundo de segurança contra o desemprego, complemento indispensável do fundo de resistência propriamente dito. De fato, se é necessário que a Associação reúna os fundos para prover a existência de seus membros no caso de greve, isto é, de desemprego em consequência de uma disputa com os patrões, é pelo menos útil que ela faça o mesmo para o caso de desemprego imprevisto, devido a crises industriais mais ou menos passageiras.

Se as greves, para obterem sucesso, precisam ser feitas e dirigidas pelas sociedades de resistência, estas, por sua vez, só serão sérias quando forem todas federadas, não apenas numa profissão e num país, mas de país a país e de profissão a profissão; daí a necessidade de uma federação internacional.

Não será despropositado dar aqui uma breve explicação sobre esse assunto. Assim, é facilmente compreensível que, mesmo se uma sociedade de resistência for bem-sucedida em unificar todos os trabalhadores de uma mesma profissão numa mesma localidade, ela não terá conquistado nada estável e salutar a não ser que o patrão não consiga encontrar, nem nas localidades vizinhas, nem no país, nem no exterior, os trabalhadores de que necessita para substituir aqueles que suspenderam seu trabalho por uma razão legítima.

[...]

Nisso parece residir o futuro real e positivo dos *sindicatos*, pois a greve, reconhecemos, só é útil a título provisório; se perpetuada, ela seria a eternização do trabalho assalariado, e o que queremos é a abolição deste último; a greve perpetuada seria a luta sem trégua nem fim entre o capital e o trabalho, e o que queremos é não o que atualmente se chamou de *associação do trabalho e do capital* (combinação híbrida, em virtude da qual o capitalista arrendador entra em acordo com os trabalhadores para eliminar o patrão, enquanto continua a extrair juros e dividendos do trabalho), mas a absorção do capital pelo trabalho; pois o capital, sendo trabalho acumulado que deveria ter um simples valor de troca igual ao valor do trabalho que ele custou, não pode ser levado em conta na distribuição dos produtos; sendo produto do trabalho, o capital pode ser apenas a propriedade do trabalhador; ele não pode ser seu associado.

Assim, quando essa transformação das sociedades de resistência ocorrer não somente num país, mas em todos, ou pelo menos naqueles que estão na vanguarda da civilização; na medida em que, em suma, todas essas associações de todos os países federados contribuírem para os propósitos da luta, aumentando o lucro dessa federação a fim de aplicá-lo na troca recíproca de produtos a preço de custo, o intercâmbio internacional substituirá tanto o protecionismo como o livre-câmbio defendido pelos economistas burgueses. E como essa organização universal do trabalho e do intercâmbio, da produção e da circulação, coincide com uma transformação inevitável e necessária na organização da propriedade fundiária, ao mesmo tempo que com uma transformação intelectual cujo ponto de partida é uma educação completa para todos, a regeneração da sociedade será realizada no duplo domínio material e mental. Baseada doravante na ciência e no trabalho, e não, como hoje, na ignorância e na dominação do capital, a humanidade, marchando de progresso em progresso em todos os ramos das artes, das ciências e da indústria, cumprirá pacificamente seus destinos.

16
O massacre belga[24]
Karl Marx

Aos trabalhadores da Europa e dos Estados Unidos

Na Inglaterra, dificilmente transcorre uma semana sem greves — e greves em grande escala. Se em cada uma dessas ocasiões o governo lançasse seus soldados sobre a classe trabalhadora, essa terra de greves tornar-se-ia uma terra de massacres. [...] Há somente um país no mundo civilizado em que toda greve é ávida e alegremente transformada num pretexto para o massacre oficial da classe trabalhadora. Esse país de singular bem-aventurança é a *Bélgica!*, o Estado-modelo do constitucionalismo continental, o cômodo, bem-cercado, pequeno paraíso do senhor rural, do capitalista e do pároco. [...]

O capitalista belga conquistou uma merecida fama mundial por sua excêntrica paixão por aquilo que ele chama de *a liberdade do trabalho* (*la liberté du travail*). Tamanha é sua paixão pela liberdade das mãos que dedicam todas as horas de sua vida a trabalhar para ele, sem exceção de idade ou sexo, que ele sempre rejeitou, indignado, qualquer lei fabril que tentasse limitar essa liberdade. Ele treme diante da simples ideia de que um operário comum possa ser suficientemente malvado para reivindicar qualquer destino mais elevado que o de enriquecer seu patrão, que lhe é naturalmente superior. Ele quer que seu operário não só permaneça uma

---

[24] Este texto, aqui reproduzido parcialmente, foi escrito por Karl Marx (ver nota 1, p. 93) após a decisão — tomada pelo CG em 20 de abril de 1869 — de divulgar o máximo possível as notícias sobre os dramáticos eventos que naquele momento ocorriam na Bélgica. Parcialmente publicado no jornal *The Bee-Hive* em 8 de maio e impresso em formato brochura quatro dias depois. A versão completa pode ser encontrada em GC, III, p. 312-8.

miserável besta de carga, esfalfado e mal remunerado, mas, como qualquer outro senhor de escravos, quer que ele seja uma besta de carga bajuladora, servil, triste, moralmente prostrada e religiosamente humilde. Daí sua fúria frenética contra as greves. Para ele, toda greve é uma blasfêmia, uma revolta de escravos, o sinal de um cataclismo social. Experimentai agora colocar nas mãos de tais homens – cruéis por sua absoluta covardia – o poder não dividido, incontrolado e absoluto do Estado, como é atualmente o caso na Bélgica, e vós não ficareis surpresos em ver o sabre, a baioneta e o mosquete operando naquele país como instrumentos legítimos e normais para manter os salários baixos e aumentar os lucros. [...]

É facilmente compreensível a *Associação Internacional dos Trabalhadores* não ter sido bem recebida na Bélgica. Excomungada pelo padre, caluniada pela imprensa respeitável, ela não tardou em entrar em conflito com o governo. Este não poupou esforços para livrar-se dela, atribuindo-lhe a responsabilidade pelas greves da mina de carvão de Charleroi de 1867-1868; de acordo com o governo belga, as greves eram as culpadas pelos massacres oficiais, seguidos da perseguição judicial das vítimas. Não apenas essa conspiração foi frustrada como a Associação tomou medidas ativas, que resultaram num veredito de *inocente* para os mineiros de Charleroi e, consequentemente, num veredito de *culpado* contra o próprio governo. Irritados com essa derrota, os ministros belgas deram livre curso à sua acrimônia, por meio de ferozes denúncias proferidas da tribuna da Câmara dos Deputados contra a *Associação Internacional dos Trabalhadores*, declarando pomposamente que jamais deveriam permitir a realização de seu Congresso Geral em Bruxelas. [...] Sua cumplicidade [dos ministros – N. T.] com os recentes eventos ficou provada além de qualquer possibilidade de dúvida. Os emissários do Comitê Central para a Bélgica e alguns dos comitês locais foram condenados por diversos crimes em flagrante. Num primeiro momento, eles tentaram acalmar os ânimos dos operários em greve e os advertiram das armadilhas do governo. Em algumas localidades, eles realmente evitaram o derramamento de sangue. E, por fim, esses agourentos emissários observaram o local, verificaram com testemunhas, registraram cuidadosamente por escrito e denunciaram publicamente os caprichos sanguinários dos defensores da ordem. [...]

O Conselho Geral da *Associação Internacional dos Trabalhadores* conclama os trabalhadores da Europa e dos Estados Unidos a abrir subscrições monetárias para aliviar os sofrimentos das viúvas, esposas e filhos das vítimas belgas, e também para o custeio da defesa judicial dos trabalhadores presos e da investigação proposta pelo Comitê de Bruxelas.

17
[Resolução sobre os fundos de resistência][25]
Jean-Louis Pindy

A questão parece nos apresentar duas faces distintas, a saber: de que maneira, de um lado, as sociedades de resistência devem ser constituídas para se preparar para o futuro e, na medida do possível, tornar o presente mais seguro; e, de outro lado, como as ideias que temos sobre a organização do trabalho no futuro podem nos servir para estabelecermos corretamente as sociedades de resistência no presente; esses dois lados da questão se completam e se reforçam reciprocamente.

Ora, concebemos dois modos de agrupamento dos trabalhadores: primeiramente, um agrupamento local que permita que trabalhadores de uma mesma localidade travem relações cotidianas; em seguida, um agrupamento entre as diferentes localidades, áreas, regiões etc.

Primeiro modo. Essa forma de agrupamento corresponde às relações políticas da sociedade atual, que ele substitui com vantagens: até o presente, foi este o modo empregado pela Associação Internacional dos Trabalhadores.

Esse estado de coisas implica em que as sociedades de resistência locais, organizadas numa federação, auxiliem-se mutuamente por meio de empréstimos em di-

---

[25] A resolução foi apresentada na sessão matutina de 11 de setembro de 1869, no Congresso da Basileia, por um relator da comissão sobre sociedades de resistência, sendo subsequentemente aprovado. Inicialmente adepto das teorias de Pierre-Joseph Proudhon, Jean-Louis Pindy (1840-1917) foi ativista em Paris e Brest. Também foi delegado no Congresso de Bruxelas (1868) e um proeminente líder da Comuna de Paris. Mais tarde, mudou-se para a Suíça, tornou-se anarquista, ingressou na AIT "autonomista" e participou das conferências de Genebra (1873) e Berna (1876). A resolução foi incluída em B1869 e publicada em PI, II, p. 108-9.

Sindicatos e greves | 153

nheiro, organizem reuniões para discutir questões sociais e tomem conjuntamente as medidas de interesse coletivo.

Mas à medida que a indústria se expande, outro modo de agrupamento torna-se necessário, ao lado do primeiro.

Em todos os países, os trabalhadores sentem que solidarizam os mesmos interesses, mas são postos uns contra os outros. Ao mesmo tempo, o futuro reclama uma organização que ultrapasse os limites das cidades e, não reconhecendo fronteiras, estabeleça uma vasta alocação do trabalho de uma extremidade do mundo à outra; desses dois pontos de vista as sociedades de resistência devem organizar-se internacionalmente: é necessário que cada sindicato estabeleça uma troca de correspondência e de informação no interior do país e com outras nações; que trabalhe para fundar sucursais onde estas não existem; que entre em acordo com seus colegas de trabalho para a ação em comum, a fim de que se chegue até mesmo à solidariedade entre os fundos dos diversos sindicatos, tal como os ingleses já a praticam. Esse modo de agrupamento torna-se um agente de descentralização, pois não se trata mais de estabelecer em cada país um centro comum a todas as indústrias; ao contrário, cada uma terá como seu centro a localidade onde ela está mais desenvolvida: na França, por exemplo, os destiladores teriam uma federação com matriz em Saint-Étienne, os trabalhadores do ramo da seda se concentrariam em torno de Lyon, e os da indústria de luxo, em Paris.

Tão logo esses dois agrupamentos estejam formados, o trabalho se organiza para o presente e para o futuro, suprimindo o trabalho assalariado da seguinte maneira: por meio da redução uniforme das horas de trabalho na mesma profissão, a alocação do trabalho se faz equitativamente, e a concorrência entre os trabalhadores é eliminada. Esse procedimento, junto a uma limitação do número de aprendizes e a aplicação de um cálculo estatístico livre e racional a todas as ocupações, alocará os trabalhadores em todas as indústrias, impedirá que haja um excedente numa delas e escassez em outra e tornará o direito ao trabalho uma realidade.

O agrupamento dos diversos sindicatos por cidade e por país tem outra vantagem: cada profissão, fazendo greve de maneira alternada e contando com o apoio das outras, travará sua luta até que se tenha atingido o nível comum a todas elas e que a equalização dos salários prenuncie a equivalência das funções.

Além disso, esse modo de agrupamento constitui a comuna do futuro, assim como o outro modo constitui a representação operária do futuro. O agrupamento será substituído por conselhos associados dos diversos sindicatos e por um comitê de seus respectivos delegados, que regularão as relações de trabalho que substituirão a política.

Para concluir, e porque o agrupamento por cidade e por país em parte já existe, propomos a seguinte resolução:

O Congresso é de opinião que todos os trabalhadores devem se empenhar ativamente em criar fundos de resistência nos diferentes sindicatos.

À medida que essas sociedades se formem, o Congresso deve convidar as seções, os grupos federais e os conselhos centrais a notificar isso às sociedades da mesma categoria profissional, a fim de provocar a formação de associações nacionais de sindicatos.

Essas federações serão encarregadas de reunir todas as informações de interesse de sua respectiva indústria, de adotar medidas comuns, de coordenar as greves e trabalhar ativamente para seu sucesso, esperando que o trabalho assalariado seja substituído pela federação dos livres produtores.

18
[Sociedades de resistência como a organização do futuro][26]
Eugène Hins

Sim, as sociedades de resistência irão persistir após a supressão do trabalho assalariado, não como nome, mas como obra: elas serão, então, a organização do trabalho. Resolverão o problema do livre-câmbio, operando uma vasta alocação do trabalho de um extremo do mundo a outro. Substituirão os antigos sistemas políticos: no lugar de uma representação confusa e heterogênea, ter-se-á a representação do trabalho.

Ao mesmo tempo, isso será um agente de descentralização, pois os centros variarão de acordo com as indústrias, cada uma das quais formará, a seu modo, um Estado à parte, e impedirão para sempre um retorno à velha forma do Estado centralista – o que não impedirá que haja outra forma de governo para as relações locais.

Como se vê, se caímos sob a reprovação de sermos indiferentes a toda forma de governo, não é porque nos contentamos com o primeiro governo que surge; é porque detestamos a todos eles igualmente, e porque pensamos que uma sociedade conforme aos princípios da justiça só poderá ser estabelecida sobre as suas ruínas.

---

[26] Este texto é uma sinopse de um discurso proferido por Eugène Hins (ver nota 11, p. 120) durante a sessão matutina de 11 de setembro de 1869, no Congresso da Basileia. Esta é a primeira declaração delineando as características básicas do anarcossindicalismo. O texto pode ser encontrado em PI, II, p. 111. Para outras interessantes observações sobre o assunto, ver o debate a respeito da questão da greve geral, ocorrido numa das sessões de 4 de setembro de 1873, no Congresso de Genebra da AIT "autonomista", publicado em PI, IV, p. 75-7.

19
[Sobre as sociedades de resistência][27]
Robert Applegarth

1. Na atual época de concorrência, os industriais, lançando-se não somente em empreendimentos arriscados e especulações financeiras insensatas, a fim de poder ofertar por uma soma menor que seus concorrentes, mas ainda, em diversos casos, colocando os trabalhadores de um país contra os de outro, tornaram as sociedades de resistência uma necessidade absoluta para a proteção eficaz do trabalhador em cada país, e uma federação entre todas as nacionalidades uma condição de sua existência.

2. Como os interesses do trabalho são idênticos no mundo inteiro, o Congresso, representando os interesses de quase todas as nações, recomenda às sociedades ainda não constituídas em sociedade de resistência a fazê-lo sem demora, em todos os países e em cada ramo da indústria, sejam seus trabalhadores homens ou mulheres.

3. O Congresso conclama seriamente as sociedades de todas as nações a se constituírem em federações, que enviarão umas às outras relatórios mensais contendo informações relativas ao salário, às horas de trabalho e às condições gerais dos trabalhadores em seu país.

[...]

---

[27] Este texto reproduz parte de uma resolução aprovada durante a sessão vespertina de 11 de setembro de 1869, do Congresso da Basileia. O expositor foi Robert Applegarth (1834-1924), carpinteiro e líder sindical, além de membro do CG em 1865 e de 1868 a 1872. A versão completa pode ser encontrada em PI, II, p. 114-5.

6. Embora o sistema atual de concorrência deva ceder lugar à cooperação para a produção, é evidente, a julgar pela experiência do passado, que a sociedade de resistência é a primeira e a melhor forma de organização da qual o trabalhador já dispôs e deve dispor para ser protegido, por todo o tempo em que durar o reino da concorrência atual, e que essa organização é incontestavelmente o melhor modo de se introduzirem os conhecimentos e o espírito de ordem e de disciplina, condições inseparáveis para assegurar o sucesso da cooperação de produção.

7. O Congresso recomenda que, em seu futuro programa, as sociedades de resistências incluam a demanda ao Estado por um sistema de educação obrigatória, secular, que deve preceder toda grande reforma social ou política, sendo a única garantia de que tais reformas serão permanentes e proveitosas.

[...] é inútil discutir acerca da necessidade das sociedades de resistência, uma vez que elas só existem em razão de sua necessidade indispensável. Ele tem anos de experiência e, a seu ver, os sindicatos continuarão a ser uma necessidade enquanto as relações entre o trabalho e o capital permanecerem tal como são hoje. A próxima geração deve ser educada de maneira a poder viver numa organização social mais elevada. Se educássemos os trabalhadores com vistas à cooperação produtiva, eles não sentiriam mais a necessidade das sociedades de resistência.

20

[Sobre os fundos de resistência][28]

Adhémar Schwitzguébel

Essa condição [do trabalho transformado em mercadoria] é eterna?

Pensamos que não, uma vez que o trabalho, fonte de toda riqueza, deve ser também a condição de toda felicidade, de toda liberdade. Para restabelecer a lei da justiça nas relações entre o trabalho e o capital, é necessária uma profunda revolução, que somente as classes representantes dos interesses do trabalho podem realizar; uma organização geral e universal dos trabalhadores converte-se, então, numa necessidade absoluta, não somente tendo em vista a reivindicação completa e radical dos direitos do trabalho, mas também para resistir com sucesso, nas atuais condições, à dominação exclusiva do capital, a fim de que o proletariado não caia num estado de miséria e degradação que o tornaria incapaz de operar a revolução social.

A necessidade de organizar o trabalho para resistir às injustas exigências do capital foi sentida há muito tempo pelos trabalhadores dos países mais industrializados, e a fundação das sociedades profissionais respondia a essa necessidade de agrupar e combinar as forças dos trabalhadores para a resistência. Opor às pretensões do patrão-capitalista a potência dos trabalhadores associados, isto é, resistir

---

[28] Este texto reproduz trecho de um relatório adotado pela assembleia geral de 29 de agosto de 1869, da seção do distrito de Courtelary (Suíça) da AIT. Possivelmente redigido coletivamente, um de seus autores foi Adhémar Schwitzguébel (1844-1895), um operário gravador, autor de inúmeros escritos. Schwitzguébel foi delegado nos congressos de Genebra (1866), Basileia (1869) e Haia (1872), e, mais tarde, tornou-se uma importante figura da AIT "autonomista", além de ter participado nos congressos de Genebra (1873) e Bruxelas (1874). A versão completa pode ser encontrada em PI, II, p. 123-6.

coletivamente à dominação de um só, deveria ser o meio de contrabalançar a potência do capital em favor do trabalho. As sociedades de resistência não só dispõem do único meio pelo qual os trabalhadores podem ter voz deliberativa na fixação do preço do trabalho como apresentam a grande vantagem de preparar a organização geral do proletariado, habituando os trabalhadores a identificar seus interesses, a praticar a solidariedade e a agir conjuntamente pelo interesse de todos; numa palavra, elas são a base da organização social futura, pois as associações operárias não precisarão fazer mais do que assumir a direção das empresas industriais e agrícolas, enquanto as ferramentas, o solo, as minas etc. ser-lhe-ão concedidos pela coletividade, que terá se apropriado de tudo isso por meio da liquidação social.

Mas permaneçamos no terreno atual.

Enquanto o poder de resistência do trabalho está sendo organizado, o capital – que, com todas as engrenagens da economia operando em seu benefício, incorpora companhias financeiras por meio de grandes empresas – assume o controle de uma grande parte da indústria e de todos os meios de circulação, que se tornam cada vez mais fáceis. A luta entre o capital e o trabalho assume então uma nova face: as associações isoladas não podem mais lutar eficazmente contra o grande capital, e os patrões podem de um dia para o outro importar trabalhadores estrangeiros para substituir os trabalhadores nacionais em greve. A federação de todas as sociedades de trabalhadores torna-se, então, uma necessidade absoluta para a luta presente, mas também a única condição possível da emancipação geral.

A fundação da AIT não é senão o resultado dessa nova necessidade, e chegou a hora de essa Associação, por meio de instituições práticas, pôr-se em condições de realizar algumas das esperanças do proletariado e de aumentar seu poder de ação. Organizar a resistência internacionalmente: eis um dos deveres de nossa Associação; à federação internacional das sociedades operárias deve logicamente corresponder a federação internacional dos fundos de resistência.

Graças à solidariedade internacional que se pratica cada vez mais entre os trabalhadores, pôde-se remediar, até certo ponto, os inconvenientes resultantes da falta de um fundo geral de resistência, mas estamos convencidos de que uma organização regular nos permitiria apoiar as greves mais eficazmente, e as tornaria até mesmo desnecessárias. Quando uma greve é deflagrada, as sociedades envolvidas, depois de terem quase exaurido seu capital, fazem um apelo às sociedades operárias, que, então, organizam subscrições em seu apoio; os fundos se movimentam lentamente e muitas vezes só chegam quando a luta já acabou; se diversas subscrições são abertas paralelamente num curto intervalo de tempo, os membros são desencorajados, o produto das subscrições torna-se mínimo e as greves fracassam por falta de apoio. Se, em vez disso, fundássemos um ou mais fundos centrais, cada um deles dispondo de um capital proveniente de contribuições de todas as sociedades de resistência pertencentes ao fundo e acrescido de uma contribuição extrassemestral ou trimestral (o que substituiria com vantagem as subscrições) de todos os membros da Internacional, teríamos assim um capital considerável, do qual poderíamos dispor a cada instante, as greves poderiam ser sempre sustentadas no momento da luta e as associações operárias adquiririam um poder de resistências que hoje não possuem. Os patrões saberiam da existência de uma organização central e regular para sustentar as greves e, aprendendo pela experiência que ela confere aos trabalhadores um poder invencível de resistência, estariam mais prontamente dispostos a aceitar as reivindicações dos trabalhadores; assim muitas greves seriam evitadas, sem que com isso se abra mão do direito de resistência.

Concluímos:

Na luta que se trava atualmente entre o trabalho e o capital, luta essencialmente internacional, é indispensável organizar internacionalmente a resistência.

Essa organização pode ser realizada por meio de um fundo geral de resistência.

O capital que alimenta esse fundo pode ser formado: de uma cotização de todas as sociedades operárias participantes do fundo geral; de uma cotização suplementar, semestral ou trimestral de todos os membros da Internacional.

Esses fundos servirão para sustentar todas as greves que necessitem do apoio da Associação [...].

21
[Promovendo a solidariedade aos grevistas] [29]
Alfred Herman

Camaradas,

O Conselho Geral acabou de receber uma delegação de engenheiros de Newcastle. Esses trabalhadores, como vós sabeis, estiveram em greve por várias semanas, a fim de obter um corte de uma hora de trabalho por dia, isto é, para reduzir sua jornada de trabalho para nove horas. Esse movimento, como podem perceber, é exatamente o mesmo que aquele iniciado pelos engenheiros de Verviers. Mas os trabalhadores de Newcastle, que se acreditavam a um passo da vitória e da satisfação plena de todas as suas reivindicações, acabam de ser informados de que seus empregadores foram ao continente para recrutar trabalhadores, iludindo-os com falsas promessas, como geralmente o fazem. A informação que nos chega é a de que os empregadores teriam ido recrutar 3 mil trabalhadores, a maioria deles belgas, que chegarão aqui em breve para substituir seus irmãos ingleses. O Conselho Geral não pode permitir que isso ocorra. É preciso naturalmente fazer todo o possível para evitar que os trabalhadores agravem sua própria condição movidos por uma desastrosa concorrência entre si. Por isso, o Conselho decidiu que dois delegados devem ser

---

[29] Em apoio a uma greve dos trabalhadores metalúrgicos de Newcastle em 8 de agosto de 1871, o CG enviou aos trabalhadores na Bélgica um documento intitulado *To the Belgian Federal Council* [Ao Conselho Federal Belga]. Seu autor, o artesão Alfred Herman (1843-1900), foi fundador da AIT na cidade de Liège e delegado no Congresso de Bruxelas (1868). Imigrou para Londres em 1871 e tornou-se membro do CG e secretário correspondente para a Bélgica entre 1871 e 1872. Participou da Conferência de Londres de 1871 e do Congresso de Haia (1872) e, mais tarde, ingressou na AIT "autonomista". Em 1885, Herman foi um dos fundadores do Partido dos Trabalhadores da Bélgica. Este texto foi publicado em Bruxelas, em *L'Internationale*, em 20 de agosto de 1871. A versão completa pode ser encontrada em GC, IV, p. 486-7.

enviados à Bélgica para apelar aos melhores sentimentos dos trabalhadores belgas e tentar fazê-los entender que seu dever é ajudar os trabalhadores ingleses, e não agir para suplantá-los. O Conselho Federal Belga não assistirá a isso de braços cruzados. Portanto, camaradas, esperamos que vós fazei todo o possível para deter essa ação da parte dos belgas. Esperamos, acima de tudo, que entendei que ingratidão seria se os trabalhadores belgas viessem a provocar a derrota das reivindicações justas dos trabalhadores ingleses, tendo em vista que estes últimos deram recentemente tão bom exemplo de solidariedade, apoiando a greve dos operários charuteiros da Antuérpia. [...]

Conclamamos vigorosamente o Conselho Federal Belga a informar a todas as seções do país sobre a chegada dos representantes patronais ingleses, a convocar os engenheiros sem demora, instruí-los sobre a situação de seus irmãos e pedir-lhes que não venham suplantá-los, mas, ao contrário, ofereçam-lhes ajuda e assistência. [...]

22
[Organização sindical internacional][30]
Johann Philipp Becker

Considerando,

que a luta do trabalho contra o capital não é local nem nacional, mas um problema social que abarca todos os países em que existe a sociedade moderna;

que existe uma aliança internacional entre os capitalistas para a exploração e a opressão da classe trabalhadora, e que por essa razão os esforços de resistência dos trabalhadores fracassaram, por falta de solidariedade entre os trabalhadores das diferentes profissões no mesmo país e de união fraternal entre as classes trabalhadores dos diversos países;

que o princípio de solidariedade convoca os trabalhadores a se ajudarem em toda parte;

que a emigração ou exportação das forças de trabalho de um país a outro aumenta necessariamente a concorrência entre os trabalhadores do país de destino.

Por essas razões, o Conselho Geral da Associação Internacional dos Trabalhadores submete às diversas sociedades de resistência (sindicatos) de todos os países o

---

[30] Esta passagem é um excerto do sumário das resoluções adotadas no Congresso de Genebra (1873) da AIT "centralista" e publicadas em 24 de setembro no jornal *Der Volksstaat*, de Leipzig, sob o título *Vom Der Kongress der Internationalen Arbeiterassoziation* [Do Congresso da Associação Internacional dos Trabalhadores]. Seu autor, Johann Philipp Becker (1809-1886), foi editor do *Der Vorbote* e um dos principais líderes da AIT, da qual foi um incansável organizador na Suíça e na Alemanha. Delegado na Conferência de Londres de 1865 e em todos os congressos da AIT, foi também o responsável por promover o Congresso de Genebra (1873) da AIT "centralista". A versão completa pode ser encontrada em PI, IV, p. 222-4.

seguinte plano de organização destinado a expandir a atividade e a prosperidade dos sindicatos em todos os países.

1) Todas as sociedades (de resistência) de uma categoria profissional particular de um país devem reunir-se para eleger uma executiva central de seu país.

2) Na medida em que as leis o permitem, todos esses comitês executivos devem manter comunicações mútuas permanentes, por intermédio de um conselho geral executivo, a fim de permanecerem sempre a par da situação correta da categoria profissional e do trabalho em todos os países.

3) Fundos devem ser criados e controlados pelos órgãos executivos dos diferentes países, a fim de ajudar os membros do sindicato onde quer que isso seja necessário e cobrir as despesas do conselho executivo geral.

4) No caso de uma categoria profissional particular não dispor dos meios para continuar a luta contra seus exploradores, todos os órgãos executivos centrais das diferentes categorias profissionais de cada país devem reunir-se para prestar assistência mútua.

5) No caso de realocação ou migração, cada membro da união internacional deve usufruir em seu novo país de direitos iguais àqueles que usufruem os membros que estejam há mais tempo nesse país.

6) Todo membro de qualquer sociedade internacional, devendo deixar seu país por razões políticas, deve receber no novo país o mesmo suporte que recebia no país que deixou.

7) Por meio de um órgão executivo central, essas uniões internacionais devem impedir tanto quanto possível a exportação e a importação de forças operárias sob contratos concernentes a greves, emigração e imigração.

Movimento e crédito cooperativo

Detalhe do célebre quadro de Giuseppe Pellizza da Volpedo, *Il Quarto Stato* (1901).

23
[O crédito e a emancipação da classe trabalhadora][31]
César de Paepe

A questão submetida ao estudo de vossa comissão era saber *como as classes trabalhadoras podem utilizar para sua emancipação o crédito que dão à burguesia e ao governo.* [...]

"O Congresso conclama urgentemente os membros da Associação Internacional nos diferentes países a usar sua influência para induzir os sindicatos a aplicarem seus fundos na cooperação da produção, pois este é o melhor meio de utilizar para a finalidade da emancipação das classes trabalhadoras o crédito que elas atualmente dão à classe média e aos governos.

Os sindicatos que creem não ser apropriado consagrar seus fundos à formação de estabelecimentos cooperativos por sua própria conta deveriam empregá-los para facilitar o estabelecimento da cooperação produtiva em geral e esforçar-se para estabelecer um sistema nacional de crédito proporcional aos meios daqueles que venham a solicitar sua ajuda, independentemente dos valores metálicos, e estabelecer um sistema de bancos cooperativos."

---

[31] Este texto é uma resolução introduzida por César de Paepe (ver nota 22, p. 146) no mesmo relatório referido na nota 15, p. 132.

24
[Sobre o movimento cooperativo][32]
Ludwig Büchner, César de Paepe, André Murat, Louis Müller e R. L. Garbe

Os esforços atualmente empreendidos pelas associações para a emancipação da classe trabalhadora podem ser resumidos no que se chamou de movimento cooperativo. Ora, o movimento cooperativo, em sua fase atual e nas diferentes formas sob as quais ele se manifestou – como as assim chamadas sociedade de crédito cooperativo[33], cooperativa de consumo, cooperativa de produção –, reconhece ainda o velho princípio da produtividade do capital, isto é, do direito do capital de dispor dos frutos do trabalho, e o põe amplamente em prática.

Assim, nas sociedades de crédito [...] os fundos primeiro produzem um juro, e depois dividendos proporcionais ao aporte de cada associado. Ora, como esse aporte é desigual, o resultado é necessariamente que aqueles cujo aporte é maior não tardarão a enriquecer [...] e que todos acabarão conjuntamente por melhorar um pouco sua situação à custa da massa dos proletários, sobre os quais o pagamento desses juros e dividendos recai em última instância.

---

[32] Este texto é um excerto de um dos relatórios apresentados na nota 10, p. 118. O relatório foi produzido por uma comissão, cujo tópico era a emancipação do Quarto Estado, mutualismo e solidariedade entre os trabalhadores. Seus membros eram: Ludwig Büchner (1824-1899), conhecido filósofo e fisiologista alemão; César de Paepe (ver nota 22, p. 146); André Murat (1833-1893), um dos fundadores da câmara sindical dos trabalhadores mecânicos de Paris e delegado em todos os congressos da AIT (exceto o de Haia, em 1872); Louis Müller, sapateiro e membro da seção de Stuttgart, foi delegado no Congresso de Genebra (1866); e R. L. Garbe, encanador de Paris. Publicado em L1867, o texto completo pode ser encontrado em PI, I, p. 201-5.

[33] A criação de sociedades de poupança e de crédito cooperativos, inspiradas na ideia proudhoniana do Banco Popular, foi uma das principais soluções defendidas pelos mutualistas para estabelecer o socialismo. Essa posição política foi hegemônica entre os internacionalistas franceses e belgas até 1869.

Nas cooperativas de consumo, ou os associados compram os produtos para revendê-los ao público consumidor e assim obter um lucro ou repartem apenas entre eles os produtos comprados. No primeiro caso, um intermediário coletivo simplesmente substitui o comerciante individual. No segundo caso, duas situações são possíveis: ou as cooperativas serão restritas a poucos homens, que não terão influência alguma sobre a situação da massa e se limitarão a melhorar a condição de alguns; ou essas cooperativas se estenderão à massa, e então seu efeito final será nulo, pois elas não tardarão a produzir uma redução de salário proporcional à redução de preço dos objetos de consumo, uma vez que a concorrência entre os trabalhadores – a oferta de mão de obra sendo cada vez maior que a demanda na sociedade atual – faz que, para a maior parte dos trabalhadores, o salário tenda sempre a reduzir-se ao mínimo para obter o estritamente necessário.

Nas associações de produção, há geralmente, para a alocação dos benefícios, a parte do capital e a parte do trabalho [...]. A parte do capital se compõe, primeiramente, de um juro fixado de antemão e, em seguida, de um dividendo proporcional ao volume dos negócios realizados e ao aporte de cada um em capital. Ora, como esse aporte varia geralmente entre os associados, ao lado de um associado cuja parte devida ao trabalho seja, por exemplo, representada por dez e a parte devida ao capital por um (ou mesmo por zero), há outro associado cuja *parte do trabalho* é um e a *parte do capital* vinte, por exemplo, cinco a título de juro e quinze a título de dividendos; disso resulta que aqueles associados cuja parte do capital torna-se cada vez maior veem-se em pouco tempo na possibilidade de viver de sua renda, e é o que realmente ocorreu em muitas associações.

Em outros casos, não há parte do trabalho na alocação, e tão logo os salários e os juros tenham sido pagos, os benefícios são repartidos proporcionalmente ao número de ações, ou, de uma maneira mais geral, proporcionalmente à cota do capital de cada um na empresa – em suma, o mesmo resultado que no caso precedente. Além disso, a maior parte das associações de produção empregam, sob o nome de *auxiliares*, verdadeiros *trabalhadores assalariados*, com a diferença de que aqui o patrão, em vez de ser um indivíduo, é uma coletividade. Ademais, a maior parte das associações de produção atuais consiste de alguns trabalhadores privilegiados que se distanciam sistematicamente de seus colegas; elas não pretendem se ampliar até englobar categorias profissionais inteiras, o que já denota uma divisão do proletariado.

Enfim, para concluir essa crítica, acrescentaremos que, deixadas de lado as desigualdades que acabamos de assinalar na constituição interior desses três tipos de associações, o vício fundamental dessas sociedades está em sua maneira de agir em relação ao resto da sociedade, e esse vício consiste no seguinte: em vez de intercambiar serviços e produtos a *preço de custo*, todas elas visam obter benefícios, aumentar seu capital social, engordar seus fundos: e quanto mais uma associação assim aumenta seu capital e seus benefícios, mais os economistas burgueses a encorajam e mais pessoas de visão estreita se extasiam. Mas esses benefícios não caem do céu, como o maná do Senhor; eles precisam ser extraídos de alguém, e esse alguém é o público; ora, a parte desse público que vive ela mesma de lucros, de juros, de renda fundiária e de aluguéis cuida devidamente de apoiar-se no trabalho, de modo que, por fim, os benefícios realizados pelas associações são extraídos da massa dos proletários que se encontra fora dessas associações. É assim que esses benefícios constituem uma nova exploração do trabalho, que se acrescenta à velha exploração burguesa. Se essas associações se generalizam, o resultado deve ser necessariamente: de um lado, a criação de uma nova classe, constituída dos societários que compartilham esses lucros entre si; de outro, a criação de nova classe formada por aqueles dos quais esses lucros são extraídos – e que seria evidentemente mais miserável que nunca, porquanto mais explorada. Existe, pois, uma tendência real para a formação de um novo Estado privilegiado, um *Quarto Estado*, ao lado do *Terceiro Estado* ou burguesia. [...]

Antes de tudo, observemos que a questão que nos foi colocada pelo Congresso é dupla.

1. A questão refere-se a um Quarto Estado, que seria intermediário entre o Terceiro Estado ou burguesia e o proletariado, convertido então em Quinto Estado.

2. Pergunta-se se esse Quinto Estado não seria ainda mais miserável do que antes.

Para evitar a realização daquilo de que fala a segunda parte da questão, basta que as associações de crédito, de consumo, de produção, em vez de obter os lucros extraídos continuamente da massa dos proletários, não obtenham lucros e, por conseguinte, não empobreçam o proletariado; para isso, no entanto, é preciso que essas associações se baseiem no princípio de mutualidade, que os membros pratiquem entre si a reciprocidade do empréstimo, do desconto, das garantias, dos serviços e dos produtos, intercambiando todos os produtos e serviços por aquilo que valem, isto é, por aquilo que custaram como trabalho e como despesas, ou, mais claramente, como custos de consumo do produtor e custos de ferramentas e matérias-primas.

Quanto à primeira parte da questão, devemos confessar que mesmo que todas as associações existentes se baseassem no princípio da reciprocidade, os membros dessas associações, encontrando na aplicação desse princípio uma melhoria de suas condições, nem por isso deixariam de constituir não uma nova classe exploradora (pois não colheriam tributos sobre o trabalho de ninguém), mas uma nova classe intermediária entre a burguesia capitalista e a imensa plebe situada fora dessas associações – numa palavra, um Quarto Estado, tendo abaixo de si um Quinto Estado. Para evitar a formação desses Quarto e Quinto Estados, cremos que não basta pôr em prática nem mesmo os mais puros princípios de justiça de uma maneira isolada, numa escala cada vez mais restrita, em alguns grupos particulares ou em algumas poucas áreas da sociedade, mas que é absolutamente necessário empregar medidas gerais, que atinjam diretamente o conjunto da sociedade e cuja ação se faça sentir imediatamente em toda a coletividade social. [...]

É sempre bom ver os trabalhadores se agruparem, vê-los buscar praticamente e por conta própria uma melhoria de sua condição, mesmo que eles se enganem em suas tentativas; desse ponto de vista, pensamos que o movimento cooperativo é a grande escola em que o trabalhador se inicia nas questões econômicas; é a mais poderosa alavanca do progresso social.

25
[Quarto Estado e produção moderna][34]
Johann Georg Eccarius e Henri-Louis Tolain

1. O Congresso acredita que os esforços atualmente realizados pelas associações operárias (se estas últimas se generalizam, conservando sua forma atual) tendem a constituir um Quarto Estado, sob o qual se encontra um Quinto Estado, ainda mais miserável.

O suposto perigo de que os atuais esforços das associações operárias levarão à criação de um Quinto Estado desaparecerá à medida que o desenvolvimento da indústria moderna torne impossível a produção em pequena escala. A produção moderna em grande escala amalgama os esforços individuais e faz do trabalho cooperativo uma necessidade para todos.

2. Para evitar esse perigo, o Congresso acredita que é necessário que o proletariado se convença desta ideia: que a transformação social só poderá realizar-se de maneira radical e definitiva por meios que operem sobre o conjunto da sociedade de acordo com os princípios de reciprocidade e justiça.

---

[34] Este texto é um excerto do mesmo relatório descrito na nota 15, p. 132. Os principais autores desta parte foram Johann Georg Eccarius (1818-1889) e Henri-Louis Tolain (1828-1897). Eccarius, um alfaiate da Turíngia emigrado para Londres, foi um membro do CG desde sua criação até 1872, seu secretário-geral de 1867 a 1871 e seu secretário correspondente para os Estados Unidos de 1867 a 1871. Foi delegado em todos os congressos e conferências da AIT. Após 1872, aderiu à AIT "autonomista" e participou do Congresso de Genebra em 1873. Tolain, um operário gravador, era mutualista e foi um dos fundadores da AIT na França. Delegado em todas as conferências e congressos da organização (exceto a de Haia, em 1872), foi dela expulso em abril de 1871, após expressar seu apoio ao governo de Versalhes contra a Comuna de Paris, em seguida à sua eleição para o Senado francês. O texto completo pode ser encontrado em PI, I, p. 208-9.

3. Todavia, o Congresso acredita que todos os esforços das associações operárias devam ser encorajados, desde que a supremacia do capital sobre o trabalho seja eliminada tanto quanto possível do seio dessas associações, isto é, que nelas penetre a ideia de mutualidade e federação.

26
[A questão do crédito cooperativo entre os trabalhadores][35]
Vários autores

Considerando:

1. Que os juros e os lucros de todos os tipos obtidos pelo capital, qualquer que seja a forma em que se apresentem, são um valor extraído do trabalho de hoje em benefício daquele que o trabalho de ontem já enriqueceu, e que este último, se tem o direito de acumular, não tem o direito de fazê-lo às expensas dos outros.

2. Que, por conseguinte, o juro é uma fonte permanente de injustiça e de desigualdade, e que as associações cooperativas que o conservam não fazem mais do que transferir o princípio do egoísmo – o verme que devora a sociedade atual – da individualidade à coletividade.

3. Que a aplicação do princípio da solidariedade numa vasta escala é o único meio prático de que atualmente dispõem os trabalhadores para lutar contra o feudalismo financeiro.

O Congresso declara-se a favor da fundação de bancos de intercâmbio baseados no preço de custo, tendo por finalidade tornar o crédito democrático e igualitário e simplificar as relações do produtor e do consumidor, isto é, subtrair o trabalho à dominação do capital e recolocar este último em seu papel natural e legítimo, o de agente do trabalho.

---

[35] Este texto corresponde à conclusão do debate sobre a questão do crédito. O relatório, escrito coletivamente pelos membros da comissão sobre questões de educação e crédito, foi aprovado em 12 de setembro de 1868 no Congresso de Bruxelas. Publicada em B1868, a versão completa também pode ser encontrada em GC, III, p. 293-4.

27
[Cooperativa e emancipação dos trabalhadores][36]

Aimé Grinand

Nos últimos anos, os trabalhadores imaginaram que havia alguma coisa a fazer para atenuar a horrível calamidade do pauperismo que os devora; não contando mais com governantes e salvadores da humanidade, eles tentaram encontrar por conta própria a solução dessas questões econômicas e não tardaram a soltar seu grito de "guerra ao capital".

Porém, carecendo inicialmente de experiência – e entregues aos apetites de lucro e de gozo, que estão sempre no coração do homem quando o sentimento do certo e do justo não lhes vem fazer equilíbrio –, eles criaram sociedades de produção e de consumo em que os trabalhadores, em protesto contra os estrangulamentos do capital, esforçaram-se por criar seu próprio capital e obter lucros. Formação de um capital em suas mãos, captação de dividendos sobre os consumidores, sentimentos conservadores e apetites de gozos, constituição de rendas, eis os pensamentos e os desejos que tal concepção de cooperativas desenvolveu, legitimando assim todas as acusações que os trabalhadores lançam diariamente contra os detentores de capitais. Tais práticas terminam rapidamente por criar uma quarta classe burguesa e imobilista, que, no momento decisivo, passará às fileiras da reação e ainda empurrará para trás os desafortunados que não tiveram condições de entesourar.

As associações contidas nos princípios da Internacional não têm outro objetivo senão arrancar das mãos dos capitalistas os instrumentos de produção e devolvê-los a seus legítimos proprietários, os trabalhadores-produtores.

---

[36] Este texto corresponde ao relatório preparado pela Comissão sobre Cooperação, submetido ao Congresso de Bruxelas em 13 de setembro de 1868. Seu relator foi Aimé Grinand (1842-?), da seção de Lyon. Publicada em B1868, a versão completa também pode ser encontrada em PI, I, p. 407-8.

A Internacional quer fazer a guerra aos estrangulamentos promovidos pelos interesses do capital. A velha sociedade está fundada no antagonismo dos interesses: é a guerra?, pois que assim seja!, faremos a guerra! Uniremos nossas forças, e dessa coletividade de esforços resultará talvez uma humanidade menos lamentável que aquela cujo longo cortejo desfila atualmente diante de nós. Arrancaremos de suas mãos esses instrumentos de morte, as máquinas, para fazer deles instrumentos de vida; esmagaremos essas instituições, que fazem com que de um metal inerte derive uma renda, uma fortuna, toda uma vida ociosa. Viver e trabalhar livremente, eis o nosso direito; deixar viver e trabalhar livremente, eis o nosso dever. A Internacional não falhará em sua missão: os trabalhadores devem se organizar.

Como se podem estabelecer associações que não despertem nos homens o desejo de possuir sem trabalhar? A resposta é: criando-as de maneira que jamais se possa receber um juro monetário. Como todo preço demandado acima do preço de custo do trabalho é uma forma de roubo, todo juro cobrado deve retornar ao trabalhador, ao consumidor. O que é uma associação cooperativa? Uma associação em que todos os seus membros só vendem e negociam entre eles mesmos. É preciso alargar o círculo, vender para todo mundo, mas sem jamais receber outro salário que a recompensa pelo trabalho realizado. De outro modo, caso se extraia do mercado todos os lucros que tais transações dão aos capitalistas, não haverá aí nada que diferencie a associação de pequenos capitais dos trabalhadores daquelas dos atuais empreendedores, diretores e gatunos de empresas.

Que os trabalhares recolham as migalhas que lhes restam; que se agrupem e criem imediatamente essas associações de consumo, que não requerem um grande volume de capital; mais tarde, poderão criar associações de produção, e então teremos em nossas mãos todos os recursos da riqueza da humanidade.

A Comissão da associação cooperativa propõe as seguintes resoluções: toda sociedade baseada em princípios democráticos rejeita qualquer extração realizada em nome do capital, sob qualquer forma em que ela se apresente – renda, juro, lucro –, e deixa assim ao trabalho todo seu direito, toda sua remuneração justa.

Assim, pouco a pouco o trabalhador, por meio da redução das horas de trabalho, da justa remuneração do fruto de seus sofrimentos, da educação que uma vida segura lhe terá permitido adquirir, do desaparecimento daqueles vampiros desalmados que o asfixiavam – esse trabalhador, o trabalhador livre, o trabalhador por conta própria, sozinho, terá então modificado a face do Velho Mundo.

28
[Associações cooperativas como modelo da sociedade futura][37]
Eugène Hins

A questão é a seguinte: conferir a essas sociedades cooperativas um meio de emancipação para a classe trabalhadora. Mas isso depende da organização dessas associações que, tal como são constituídas, tornam-se muitas vezes uma moléstia, em vez de serem um remédio.

Além disso, apenas poucas categorias profissionais permitem estabelecer imediatamente tais associações; em muitas outras, isso é totalmente impossível. [...]

Esses trabalhadores constituem, então, uma nova casta, tanto mais perigosa porque mantêm um pé no campo dos burgueses e o outro no campo dos trabalhadores, e que, no fim das contas, não faz mais do que perpetuar a exploração destes últimos.

Em todas as associações cooperativas fundadas entre os trabalhadores, é necessário que a distribuição se faça de acordo com o trabalho executado, e de modo algum de acordo com o capital investido.

Que se fixe de antemão uma soma a ser atingida, mas que se garanta a possibilidade de pagá-la à vista ou em prestações, e que, tão logo a soma esteja completa, que cada um tenha o direito à totalidade dos lucros produzidos pelo seu trabalho.

Enfim, essas associações, como dissemos, não poderão se estender demais, e ficarão inevitavelmente restritas a certas categorias profissionais, nas quais seu estabe-

---

[37] Este texto é um excerto da sinopse de um discurso proferido por Eugène Hins (ver nota 11, p. 120), em seguida à submissão do relatório referido na nota 36, p. 175. A versão completa pode ser encontrada em PI, I, p. 410.

lecimento será pouco custoso. Quanto às minas, carvoarias etc., primeiro será necessário modificar inteiramente a organização social, seja estabelecendo a propriedade coletiva, seja tornando o crédito gratuito.

A cooperação não é, portanto, um meio de atingir a emancipação total da classe trabalhadora. Ela pode ser considerada apenas como o tipo da oficina do futuro, quando, juntamente com o patronato, também as outras causas da exploração tiverem sido definitivamente abolidas.

Sobre a herança

Mikhail Bakunin (1814–1876).

29
[Sobre a herança] [38]
Karl Marx

A classe trabalhadora, que nada tem a herdar, não tem interesse nenhum na questão.

A Aliança Democrática propõe começar a revolução social com a abolição do direito de herança. Ele [Marx] pergunta se isso seria adequado.

A proposta não é nova. Saint-Simon a havia levantado em 1830.

Como medida econômica, ela não seria de nenhum proveito. Só causaria uma irritação tão grande que certamente provocaria uma oposição quase invencível, levando inevitavelmente à reação. Se tal medida fosse proclamada no momento de uma revolução, ele não acredita que o estado geral de inteligência conseguiria sustentá-la. Além disso, se a classe trabalhadora tivesse poder suficiente para abolir o direito de herança, ela seria poderosa o suficiente para efetuar a desapropriação, que seria um processo muito mais simples e mais eficiente.

Abolir o direito de herança da terra na Inglaterra envolveria as funções hereditárias conectadas à terra, a Câmara dos Lordes etc., e 15 mil lordes e 15 mil *ladies* teriam de morrer antes que suas terras estivessem disponíveis. Se, ao contrário, um parlamento operário decretasse que a renda deve ser paga ao tesouro, em vez de ao proprietário fundiário, o governo obteria um fundo imediatamente, sem qualquer perturbação social, ao passo que abolindo o direito de herança tudo seria perturbado e nada obtido.

---

[38] Este texto é a sinopse de um discurso de Karl Marx (ver nota 1, p. 93) ao CG em 20 de julho de 1869, durante o debate sobre a pauta para o Congresso da Basileia. A versão completa encontra-se em GC, III, p. 128-32.

182 | Trabalhadores, uni-vos!

A meta de nossos esforços deve ser a de que nenhum instrumento de produção seja propriedade privada. A propriedade privada nessas coisas é uma ficção, já que os proprietários não podem usá-las eles próprios; eles forçam outras pessoas a trabalhar para eles, conferindo-lhes apenas o domínio sobre essas coisas. Num estado semibárbaro, isso pode ter sido necessário, mas não o é mais. Todos os meios de trabalho devem ser socializados, de modo que todo homem detenha o direito e os meios de exercer sua força de trabalho. Se tivéssemos tal estado de coisas, o direito de herança seria inútil. Enquanto não o tivermos, o direito familiar de herança não poderá ser abolido. O principal objetivo das pessoas, ao poupar para seus filhos, era assegurar-lhes os meios de subsistência. Se as crianças fossem sustentadas por alguém após a morte dos pais, estes não precisariam se preocupar com deixar para elas algo com que se manter, mas enquanto este não for o caso, essa medida resultaria apenas em sofrimentos, irritaria e amedrontaria as pessoas e não traria benefício algum. Em vez de o começo, ela poderia ser apenas o fim da revolução social. O começo tem de ser a obtenção dos meios de socializar os meios do trabalho.

O direito testamentário de herança é odioso para a classe média; nisso o Estado poderia intervir com segurança a qualquer momento. Já temos os tributos sobre a herança; tudo o que temos de fazer é aumentá-los, torná-los progressivos, assim como o imposto de renda, deixando isentos os pequenos valores, por exemplo, de 50 libras. É apenas nesse sentido que a questão interessa à classe trabalhadora.

Tudo o que se relaciona com o presente estado de coisas precisa ser transformado, mas se os testamentos fossem suprimidos, seriam substituídos por doações durante a vida, razão pela qual é melhor tolerá-lo sob certas condições do que fazer pior. Primeiramente, é preciso obter os meios para a transformação do estado de coisas; então, o direito à herança desaparecerá por si só. [...]

Se o Estado tivesse o poder de se apropriar da terra, a herança desapareceria. Declarar a abolição da herança seria uma tolice. Quando ocorrer uma revolução, a expropriação poderá ser realizada; se não há poder para fazê-lo, então o direito de herança não será abolido.

30
[Sobre a abolição da herança] [39]
Mikhail Bakunin

Há uma diferença entre coletivistas que pensam ser *insensato* votar pela abolição dos direitos de herança, e coletivistas que pensam ser *necessário* fazê-lo: os primeiros tomam o futuro como seu ponto de partida – isto é, uma situação em que a propriedade coletiva da terra e dos instrumentos de trabalho já foi alcançada –, ao passo que nós, os últimos, partimos do presente, quer dizer, da propriedade individual herdada funcionando em sua plenitude.

Eccarius disse que o direito é apenas um resultado dos fatos, e que tão logo o fato da propriedade individual tiver sido abolido, o direito de herança morrerá por si mesmo. É certo que, na história, os fatos sempre precederam os direitos legais: estes últimos sempre resguardaram os primeiros. Mas é também inquestionável que, tendo sido um efeito, o direito se torna, por sua vez, uma causa de outros efeitos; e que primeiro ele tem de ser revertido, se queremos alcançar efeitos diferentes. Assim, o direito de herança tornou-se a base e a condição principal para a propriedade individual garantida pelo Estado.

Alguns disseram que não seria proveitoso abolir esse direito, porque, quando os trabalhadores forem poderosos o bastante para abolir o direito de herança, eles se

---

[39] Este texto é a sinopse de um discurso proferido a 10 de setembro de 1869 no Congresso de Basileia. Esta intervenção encerrou o debate sobre a questão da herança e, ainda que não aprovada por não ter obtido os votos da maioria dos delegados, recebeu 32 votos a favor, 23 contra e 13 abstenções. Mikhail Bakunin (1814-1876), um dos principais expoentes do anarquismo, ingressou na AIT em 1869 e, no mesmo ano, foi delegado no Congresso de Basileia. Expulso em 1872, foi um dos pais da AIT "autonomista". Originalmente publicado em B1869, o texto também pode ser encontrado em PI, II, p. 94-5.

aproveitarão desse poder para proclamar e efetuar a liquidação social. Mas é em nome da prática que vos conclamo à abolição do direito de herança. Muito se falou da dificuldade de se desapossar pequenos proprietários camponeses, e certamente uma tentativa de fazê-lo jogaria esses proprietários nos braços da contrarrevolução. Isso deve ser evitado. Assim, eles provavelmente permanecerão por algum tempo com a posse *de facto* das áreas de terra que possuem atualmente. E se o direito de herança for mantido, eles conservarão não só a posse daquelas áreas, mas serão seus proprietários efetivos e transmitirão esses títulos de propriedade a seus filhos.

Mas se o direito de herança for abolido, e com ele todos os direitos jurídicos e políticos vinculados à terra em geral, tudo o que lhes restará será o fato da posse – um fato que, não mais protegido pelo Estado, será facilmente transformado e superado pela força dos eventos revolucionários.

31
[Sobre o direito de herança] [40]
Karl Marx

O direito de herança só tem relevância social na medida em que deixa ao herdeiro o poder que o falecido acumulou *durante seu tempo de vida* – especialmente o poder de transferir a si mesmo, por meio de sua propriedade, o produto do trabalho de outrem. Por exemplo, a terra dá ao proprietário vivo o poder de transferir a si mesmo, sob o nome de renda, sem qualquer equivalente, o produto do trabalho de outrem. O capital lhe confere o poder de fazer o mesmo, sob o nome de lucro e juro. A propriedade de fundos públicos lhe dá o poder de viver sem trabalhar, à custa do trabalho de outrem etc.

A herança não *cria* esse poder de transferir o produto do trabalho de um homem para o bolso de outro homem – ela diz respeito apenas à mudança dos indivíduos que dispõem desse poder. Como qualquer outra legislação civil, as leis de herança não são a causa, mas o efeito, a consequência jurídica da atual organização econômica da sociedade, baseada na propriedade privada dos meios de produção, isto é, da terra, da matéria-prima, da maquinaria etc. Do mesmo modo, o direito de se herdar escravos não é a causa da escravidão, mas, ao contrário, a escravidão é a causa do direito de se herdar escravos.

---

[40] Este texto é um excerto do *Report of the General Council on the Right of Inheritance* [Relatório do Conselho Geral sobre o direito de herança]. Foi escrito por Karl Marx (ver nota 1, p. 93) nos dias 2 e 3 de agosto de 1869, e apresentado por Johann Georg Eccarius (ver nota 34, p. 172) em 10 de setembro de 1869, numa sessão do Congresso de Basileia. O relatório recebeu 19 votos a favor e 37 contra, tornando-se o primeiro relatório do CG a não ser aprovado num congresso da AIT. Originalmente publicado em B1869, encontra-se em GC, III, p 322-4.

O que temos de atacar é a causa, e não o efeito – a base econômica, não a superestrutura jurídica. Se os meios de produção forem transformados de prosperidade privada em prosperidade social, então o direito de herança (na medida em que ele tem alguma importância social) morrerá naturalmente, porquanto um homem, ao morrer, só deixa aquilo que ele possuía enquanto estava vivo. Nosso grande objetivo deve ser, portanto, o de superar aquelas instituições que dão a algumas pessoas, *durante sua vida*, o poder econômico de transferir para si mesmos os frutos do trabalho de muitos. Onde a sociedade está avançada o bastante, e a classe trabalhadora possui poder suficiente para ab-rogar tais instituições, ela deve fazê-lo de *maneira direta*. Por exemplo, ao eliminar a dívida pública ela evidentemente elimina, ao mesmo tempo, a herança nos fundos públicos. No entanto, se não dispõe de poder suficiente para abolir a dívida pública, seria uma tolice abolir o direito de herança nos fundos públicos.

A desaparição do direito de herança será o resultado natural de uma mudança social que superará a propriedade privada dos meios de produção; mas a abolição do direito de herança jamais pode ser o ponto de partida de tal transformação social.

Um dos grandes erros cometidos há cerca de quarenta anos pelos discípulos de Saint-Simon consistiu em tratar o direito de herança não como o efeito legal, mas como a causa econômica da atual organização social. Mas isso não os impediu em absoluto de, em seu sistema de sociedade, perpetuar a propriedade da terra e de outros meios de produção. Evidentemente, eles pensavam que proprietários eletivos e vitalícios poderiam existir, do mesmo modo como existiram reis eletivos.

Proclamar a abolição do direito de herança como o ponto de partida da revolução social tenderia apenas a afastar a classe trabalhadora de seu verdadeiro alvo de ataque contra a sociedade atual. Seria algo tão absurdo quanto abolir as leis contratuais entre comprador e vendedor, ao mesmo tempo que se dá continuidade à situação atual de troca de mercadorias.

Seria algo falso na teoria e reacionário na prática.

Ao tratarmos das leis de herança, supomos necessariamente que a propriedade privada dos meios de produção continua a existir. Se não existisse mais entre os vivos, ela não poderia ser transferida deles, e por eles, após sua morte. Portanto, todas as medidas relacionadas ao direito de herança só podem dizer respeito a uma situação de transição social, em que, por um lado, a base econômica atual da sociedade ainda não está transformada, mas que, por outro, as massas

Sobre a herança | 187

trabalhadoras reuniram forças suficientes para impor medidas transitórias calculadas para produzir uma mudança radical definitiva da sociedade.

Considerada desse ponto de vista, mudanças das leis de herança constituem somente uma parte de muitas outras medidas transitórias que apontam para o mesmo fim.

Essas medidas transitórias, quanto à herança, podem ser apenas:

a) a ampliação dos tributos sobre a herança já existentes em muitos Estados e a aplicação dos fundos daí derivados para propósitos de emancipação social;

b) a limitação do direito testamentário de herança, que, diferentemente do intestado ou do direito familiar de herança, aparece como arbitrário e um exagero supersticioso até mesmo dos próprios princípios da propriedade privada.

A propriedade coletiva e o Estado

Mikhail Bakunin discursando no Congresso da Basileia, 1869
(gravura de Rafael Farga i Pellicer).

32
[Definição e papel do Estado] [41]
Jean Vasseur

1) O Estado é ou deveria ser apenas o estrito executor das leis ordenadas e reconhecidas pelos cidadãos.

2) Os esforços das nações devem visar à propriedade estatal dos meios de transporte e de circulação, a fim de abolir o poderoso monopólio das grandes companhias, que, submetendo a classe trabalhadora a suas leis arbitrárias, atacam tanto a dignidade humana como a liberdade individual. Dessa maneira, tanto o interesse coletivo como o interesse individual serão contemplados.

3) Manifestamos nossa esperança de que todo réu seja julgado por cidadãos nomeados pelo sufrágio universal; que os cidadãos do júri conheçam a fundo o réu e que investiguem as principais causas que o conduziram ao crime e ao erro.

Pedimos igualmente que nenhum acusado seja julgado fora de seu país, a fim de que se possa examinar, como acabamos de dizer, as principais causas que o desviaram de suas obrigações; pois a sociedade inteira é, com muita frequência, a única culpada. A falta de instrução leva à miséria, a miséria ao embrutecimento, o embrutecimento ao crime, o crime à prisão e a prisão ao aviltamento, que é pior que a morte.

---

[41] Este texto é uma resolução apresentada durante a discussão sobre os relatórios referidos na nota 10, p. 118, pela comissão sobre o Estado. Seu relator foi Jean Vasseur (1838-1868), trabalhador fabril e correspondente pelo CG para o Comitê Interacional de Marselha. O texto pode ser encontrado em PI, I, p. 233.

33
[Sobre a coletivização da terra][42]
César de Paepe

Mas qual é, para Proudhon, essa missão social da propriedade fundiária individual? É a de servir de garantia de independência e de liberdade do indivíduo em face da sociedade, em face do Estado? [...] Mas, ao buscar estabelecer uma garantia tão forte de independência individual, que garantia se dá à sociedade em face do absolutismo da propriedade privada?

Além disso, numa sociedade baseada na justiça, seria necessário que essa garantia de independência individual existisse para todos, de modo que cada um tivesse sua parte de propriedade fundiária, o que não é admissível numa sociedade como a nossa, onde ao lado da indústria agrícola existem as indústrias extrativa, de transportes de mercadorias, comercial, manufatureira etc. [...]

Alguém poderá dizer, talvez, que não se trata de fornecer a cada indivíduo uma garantia independente em face do Estado, atribuindo a ele o domínio eminente sobre uma porção do solo, mas de criar um grande corpo social, o dos camponeses-proprietários, o qual, em virtude de seu direito de propriedade sobre o solo, possa contrabalançar a influência do Estado; trata-se, numa palavra, de fazer da propriedade fundiária um tipo de função política servida pelo corpo dos cultivadores-proprietários. Mas a isso se pode replicar que a independência desse grande corpo social não exige necessariamente a apropriação individual do solo e harmoniza-se igualmente bem com a apropriação

---

[42] Este texto é um excerto do *Report of the Brussels Sections on the Issue of Land Ownership*. Foi lido por César de Paepe (ver nota 22, p. 146) durante a sessão de 11 de setembro de 1868 no Congresso de Bruxelas. A versão completa pode ser encontrada em PI, I, p. 365-79.

coletiva do solo por associações agrícolas, ou mesmo pelo conjunto inteiro dos grupos de trabalhadores rurais [...]

Portanto, não é na existência da propriedade individual do solo que devemos buscar uma garantia de independência e de liberdade individuais; para nós, essa independência relativa de cada um em face de todos só pode resultar da dependência relativa, mútua, de cada um em face de todos (isto é, da solidariedade de cada indivíduo de um grupo qualquer para com seus confrades do mesmo grupo, e de cada grupo para com os outros grupos), e não da independência completa de um corpo qualquer em face do restante da sociedade. [...]

Assim, de qualquer lugar que encaremos a questão – seja colocando-nos do ponto de vista econômico de uma melhor produção das riquezas, do ponto de vista socialista de uma melhor distribuição das riquezas, do ponto de vista agronômico ou do ponto de vista igualitário; seja falando da grande propriedade territorial ou da pequena, da concentração do solo em poucas mãos ou de seu parcelamento, da alienação do solo a algumas famílias privilegiadas ou de sua mobilização financeira, com ou sem o consentimento do proprietário, e com ou sem o consentimento do camponês, lenta ou bruscamente, pacífica ou violentamente – desembocamos invariavelmente na propriedade coletiva. Nossas tendências econômicas nos impelem a isso, a lógica e os fatos nos conduzem a esse resultado. A *propriedade coletiva* – tal é, portanto, a forma que a apropriação territorial assumirá na sociedade futura. Eis o que a observação atenta e imparcial dos fenômenos sociais nos permite prever.

Mas como devemos conceber essa propriedade coletiva? Até onde se estenderá essa coletividade? Dirá ela respeito unicamente a grupos agrícolas, ou à sociedade inteira? Em outras palavras, o solo pode pertencer coletivamente a uma associação agrícola independente; pode pertencer de maneira indivisa a todo o conjunto dos grupos agrícolas, inicialmente de uma nação e, posteriormente, de uma federação de nações; ou, então, pode pertencer à sociedade inteira e ser cedido *condicionalmente* às associações agrícolas, ou ainda, enquanto aguarda a criação de tais associações, aos agricultores existentes. Nas circunstâncias atuais, é difícil, se não impossível, afirmar *a priori* que a propriedade coletiva existirá de tal maneira, e não de outra; não há nada na observação dos fenômenos econômicos que nos mostre que a sociedade, tomada em seu conjunto, tende mais a um modo que a outro; o máximo que poderíamos dizer é que um modo particular é mais adequado ao espírito e às tradições de uma raça particular. [...]

Antes de tudo, o sistema mais elementar, aquele em que a propriedade rural pertence a associações agrícolas livres e independentes, tem a seu favor, sobretudo, duas vantagens:

1. coloca o trabalhador agrícola, coproprietário de uma grande exploração rural, na mesma posição que, na nova sociedade, será ocupada pelos trabalhadores da indústria, coproprietários da usina ou da oficina;

2. subtrai a associação a toda influência do Estado ou do poder comunal, influência que poderia ser fonte de privilégio e de despotismo.

Nesse sistema, a renda fundiária não existiria mais, ou pelo menos se confundiria com o reembolso dos investimentos que o agricultor fez na terra; isto é, os produtos líquido e bruto se amalgamariam num só. [...]

O segundo sistema apresenta-nos um estado de propriedade coletiva do solo estabelecido numa escala maior; ele consistiria em atribuir toda a propriedade arável do solo, as pradarias etc. ao conjunto das associações agrícolas da nação ou de uma confederação de nações, e a centralizar a direção da exploração territorial nas mãos de um conselho nomeado pelas diversas associações de agricultores. Em comparação com o primeiro sistema, ele teria a vantagem de ser ainda mais favorável aos grandes trabalhos de dragagem, desmatamento, canalização e irrigação. [...]

Nesse sistema, ou a renda fundiária seria abolida, como no sistema precedente, ou ela poderia ser mantida e paga, não ao Estado, nem à comuna, tampouco aos grupos industriais, mas ao conjunto dos grupos agrícolas representados pelo seu conselho central; a renda serviria, então, para custear os grandes trabalhos de utilidade geral realizados pelo citado conselho.

Ademais, é fácil prever que o primeiro sistema – aquele da propriedade fundiária nas mãos de associações independentes – tenderia gradualmente a estabelecer entre essas diversas associações toda uma série de instituições, garantias mútuas, intercâmbio de serviços, aliança para a alocação dos produtos e dos produtores e solidariedade para os grandes trabalhos a serem realizados em comum, e assim desembocaria numa situação análoga àquela que o segundo sistema pretende introduzir de uma só vez.

Mas é aqui que intervêm os partidários de um terceiro tipo de propriedade coletiva, estabelecido sobre uma escola mais elevada que os dois anteriores. Nos dois sistemas que acabamos de examinar, há sempre alienação do solo a um ou mais grupos; no terceiro sistema, de que falaremos agora, o solo é inalienável.

A propriedade coletiva e o Estado | 195

Partindo do fato de que o solo é, direta ou indiretamente, a matéria-prima de todos os produtos, a fonte passiva de todas as riquezas, os partidários deste último sistema temem que a propriedade fundiária, nas mãos do conjunto dos grupos agrícolas – ou de associações distintas, entre as quais uma coalizão é fácil de ser estabelecida –, não constitui um monopólio perigoso para o restante da humanidade. Suponhamos, dizem eles, que a terra seja habitada apenas por duas famílias, das quais uma possui o solo inteiro, enquanto a outra é despossuída; não está claro que a família proprietária, tendo à sua disposição a fonte permanente de todas as riquezas mobiliárias e imobiliárias, poderá, se necessário, prescindir dos serviços da família despossuída, ao passo que esta última, dispondo apenas dos capitais que desaparecem mediante o uso, só poderá prescindir do solo e de seus produtos por muito pouco tempo? E não podemos dizer que a família proprietária tem em suas mãos o destino das famílias despossuídas? Ora, substituí nossas duas famílias por duas classes, a dos agricultores-proprietários e a dos trabalhadores, e vós tereis em relação a essas duas classes a mesma situação que antes em relação às duas famílias.

A isso se responde que se é verdade que o trabalhador industrial necessita dos produtos do agricultor, também este último necessita dos produtos que lhe são fornecidos pelo trabalhador industrial, isto é, roupas, móveis, ferramentas etc. Ao que se replica, porém, que o proprietário-agricultor, uma vez munido de ferramentas, roupas, móveis etc., pode, se necessário, passar toda sua vida sem renová-los, ao passo que o trabalhador industrial não pode prescindir um único dia dos produtos da terra; e, além disso, que o trabalhador industrial, ao produzir ferramentas, roupas e outros objetos úteis ao agricultor, depende daqueles que detêm a matéria-prima indispensável para a confecção daqueles objetos, isto é, a terra.

Essa linha de pensamento nos leva à conclusão de que o domínio eminente sobre o solo deveria ser atribuído à sociedade inteira (à nação e, em seguida, à confederação de nações), sob a gestão seja do Estado, seja da comuna local; e que a concessão do solo deveria ser feita às diversas associações agrícolas, assegurando a essas associações o direito ao produto de seu trabalho e ao mais-valor que elas tiverem conferido ao solo, com certas garantias dadas à sociedade – por exemplo, garantias relativas ao modo de cultivo, ao preço de venda dos produtos etc.

Desse modo, as associações agrícolas não fariam mais do que ocupar a terra, seja por meio de uma concessão gratuita (é o sistema dos *anti-renters* da América ou da *posse eslava* de Herzen e Bakunin), seja por meio de um sistema de arrendamento (sistema adotado pela escola de Colins e de Louis de Potter).

Nesse último caso, a renda fundiária seria paga à sociedade; ela seria considerada como um instrumento de igualdade para restabelecer uma compensação entre os grupos agrícolas que ocupam terras de fertilidade desigual ou de situação topográfica mais ou menos favorável, e poderia substituir total ou parcialmente o imposto.

A principal censura que se faz a esse sistema da propriedade coletiva atribuída à sociedade inteira (e essa censura é grave) é a de que, querendo salvaguardar a sociedade contra a coalizáo dos proprietários-agricultores, ele coloca os trabalhadores rurais – e, com eles, toda a sociedade –, sob o jugo do Estado, abrindo a porta para a mais abominável autocracia governamental. Ressalte-se, no entanto, que nenhum dos partidários desse sistema reivindica que ele seja introduzido na sociedade presente, com o Estado tal como ele é atualmente constituído. Eles esperam que o Estado, de puramente político que é em nossos dias, torne-se econômico, isto é, não seja mais que a federação dos diversos grupos de trabalhadores representados por seus delegados. E, de resto, essa grande transformação da propriedade fundiária é, para eles, inseparável de toda uma série de outras reformas econômicas relativas ao capital ou propriedade imobiliária, e de uma reforma radical nos espíritos.

Tais são, esboçadas em linhas gerais, as diferentes formas de apropriação coletiva do solo. [...] Quanto à pequena propriedade parcelada, ela é condenada em nome da ciência; e quanto à grande propriedade individual, ela é condenada em nome da justiça. Para nós, portanto, não há meio-termo: a terra deve ser ou a propriedade de trabalhadores rurais associados ou a propriedade da sociedade inteira. O futuro decidirá.

34
[Sobre a propriedade fundiária][43]

Karl Marx

[...] O pequeno campesinato não participa dos congressos, mas seus representantes ideológicos, sim. Os proudhonistas são muito fortes atualmente, e estavam presentes em Bruxelas. [...] O homem de condição modesta [*the small man*] é apenas um proprietário nominal, porém é o mais perigoso, pois ainda imagina que é um proprietário. Na Inglaterra, uma lei do Parlamento poderia transformar a terra em propriedade comum da noite para o dia. Na França, ela deve ser realizada por meio do endividamento e da tributação dos proprietários. [...]

---

[43] Este texto é um curto excerto da sinopse de uma intervenção de Karl Marx (ver nota 1, p. 93) em 6 de julho de 1869 durante a sessão do CG em preparação para o Congresso de Basileia. Ele apresenta uma resposta de Marx às preocupações manifestadas por Élisée Reclus acerca da ausência de agricultores nos congressos da AIT. A versão completa encontra-se em GC, III, p. 120-3.

35
[Sobre a questão da propriedade fundiária][44]
Mikhail Bakunin

Bakunin diz que a ausência de delegados agrícolas não é uma razão para contestar o direito do Congresso de tomar uma decisão sobre a questão da propriedade. O Congresso é apenas uma minoria, mas em todas as épocas históricas foram as minorias a representar os interesses de toda a humanidade. Em 1789, a minoria da classe média representou os interesses da França e do mundo; isso trouxe o reino da classe média. Em nome do proletariado, Babeuf e seus amigos protestaram contra a dominação do capital. Nós somos apenas seus continuadores; nossa minoria, que será em breve uma maioria, representa toda a população operária da Europa.

Contrariamente ao que foi dito, a coletividade é a base do indivíduo. É a sociedade que forma os indivíduos; homens isolados não teriam aprendido a falar, a pensar. Os homens de gênio, os Galileu, os Newton etc. nada teriam inventado, nada teriam descoberto, sem as aquisições das gerações precedentes. Existe alguém dotado de mais espírito que Voltaire; este alguém é todo o mundo. Mesmo o maior gênio, tivesse ele vivido num deserto desde os cinco anos de idade, não teria produzido coisa alguma. A propriedade privada sempre foi e continua a ser apenas a apropriação individual do trabalho da coletividade.

Ele defende, em particular, a propriedade coletiva do solo e, em geral, a riqueza coletiva mediante uma liquidação social. Por liquidação social ele entende a

---

[44] Este texto reproduz parcialmente uma intervenção de Mikhail Bakunin (ver nota 39, p. 183) durante uma sessão de 10 de setembro de 1869 no Congresso de Basileia. Foi incluído em B1869 e sua versão completa também pode ser encontrada em PI, II, p. 67.

abolição do Estado político e jurídico, que é a sanção e a garantia por meio das quais um pequeno número de homens se apropria dos produtos do trabalho de todos os outros. Todo trabalho produtivo é, antes de tudo, um trabalho social: como a produção só é possível mediante a combinação do trabalho das gerações passadas com o da geração presente, jamais houve trabalho que pudesse ser chamado de trabalho individual. [...]

O orador demanda a destruição de todos os Estados nacionais e territoriais, e, sobre suas ruínas, a construção do Estado internacional de milhões de trabalhadores, Estado cuja construção caberá à Internacional.

36
[Sobre a reorganização da propriedade fundiária][45]

César de Paepe

[...]

O antagonismo de classe, a luta do trabalho contra o capital, deu origem às sociedades de resistência ou *sindicatos*; estas, por meio de sua federação ou agrupamento, organizam o proletariado e terminam por constituir um Estado no Estado, um Estado econômico, operário, no meio do Estado político, burguês. Esse Estado se encontra naturalmente representado pelos delegados das organizações operárias, que, provendo às necessidades básicas, constituem também o embrião da administração do futuro; pois à medida que novas categorias de trabalhadores abandonem seu atual isolamento e se organizem em associações, aquela delegação abrirá suas fileiras aos novos membros. Sendo assim, é perfeitamente possível que um belo dia esse novo Estado venha a declarar a dissolução do velho Estado, e que, com relação às instituições da velha sociedade – centralização política, sistema judiciário, exército, cultos, educação pública, sistema bancário, comércio, organização industrial, propriedade fundiária etc. –, tome todas as medidas necessárias para assegurar o fim dos privilégios e da miséria, o reino da igualdade e do bem-estar para todos. Ou, com relação à propriedade fundiária, esse Estado, encarregado pelos trabalhadores de operar a liquidação e a reorganização sociais, poderia muito bem fazer algumas pequenas declarações, como as seguintes:

---

[45] Este texto é um excerto do *Report of the Brussels Section*, apresentado por César de Paepe (ver nota 22, p. 146) durante uma sessão do Congresso de Basileia, em 10 de setembro de 1869, dedicada à discussão sobre a propriedade fundiária. Publicada em B1869, a versão completa também pode ser encontrada em PI, II, p. 79-88.

1) A propriedade fundiária individual está abolida; o solo pertence à coletividade social e é inalienável.

2) Os agricultores pagarão doravante ao Estado a renda que até então pagavam ao proprietário; essa renda assumirá o lugar dos impostos e servirá como pagamento para os serviços públicos, tais como educação, seguridade etc.

3) Como medida de transição, aceita-se que os pequenos proprietários, que exploram sua terra com seu próprio trabalho pessoal, possam permanecer de posse dessa terra ao longo de sua vida, sem pagar renda; depois de sua morte, o imposto sobre sua terra será aumentado proporcionalmente até o nível da renda das outras terras de mesmo valor, e será consequentemente transformado em renda fundiária: a partir de então, o imposto fundiário será abolido para essas terras, como hoje já está abolido para aquelas que pagam renda.

4) Os arrendamentos serão vitalícios para os agricultores individuais; eles serão fixados por um período de ... no caso das associações agrícolas (um período mais longo que o do tempo médio de vida).

5) Os arrendamentos podem, no entanto, ser rescindidos pelos indivíduos ou associações agrícolas, por razões determinadas de utilidade particular.

6) Os arrendamentos são pessoais; a sublocação é proibida.

7) A terra é avaliada no começo e no fim de cada arrendamento. Se no fim do arrendamento houve ganho de valor, a sociedade deve pagá-lo; se houve perda de valor, quem deve pagar é a herança; se a herança não tem valor, a sociedade perde.

8) Para simplificar a gestão do domínio fundiário, em cada comuna a administração será confiada ao Conselho Comunal (ou municipal) escolhido diretamente por todos os habitantes adultos da comuna; esse conselho proverá, em particular, à reunião das parcelas individuais e à delimitação da propriedade, de modo a deter a fragmentação.

9) O Estado, em acordo com as comissões agrícolas nomeadas pelos agricultores, deve ocupar-se com os grandes projetos de clareamento, reflorestamento, dragagem e irrigação. Ele deve entrar em acordo com grupos de trabalhadores rurais, que podem ser formados para executar essas obras de grande porte.

Se o proletariado organizado e triunfante tomar essas medidas, acrescentando a elas as modificações necessárias e todas as melhorias que a prática indicar, então a revolução agrária será realizada, e a propriedade fundiária será constituída de acordo com a justiça.

37
[Sobre a capacidade dos trabalhadores de administrar a sociedade][46]

Emile Aubry

As classes dominantes, como elas mesmas se chamam, em vez de se esforçarem para tornar fácil e pacífico o avanço do povo, como exigem as leis morais mais elementares, declaram, ao contrário, que farão todo o possível para perpetuar a escravidão moderna; afirmam que jamais o trabalho assalariado será abolido: ele é indispensável para a civilização! Assim argumentavam os escravocratas da Antiguidade!

A ideia de que o proletariado não tardará a se emancipar perturba aquela parcela do povo que, diz-se, obteve o sucesso unicamente graças à sua inteligência, e faz avançar o movimento.

Profundamente ignorante das causas que apressam a ruína da sociedade, essa parcela do povo continua a acelerar o movimento, em vez de freá-lo por meio de alguns sacrifícios.

Sustentada pela ignorância de uma grande parte de nossa classe, a burguesia, mais preparada para aumentar seu desfrute do que para diminuí-lo, caminha a passos largos para a destruição.

A cupidez faz aumentar a dívida e o poder de monopólio a um ponto em que a desordem já considerável na organização de sua economia degenerada aumenta incessantemente. [...]

---

[46] Este texto é um excerto do *Report of the Rouen Federation* [Relatório da Federação de Rouen], enviado ao Congresso de Haia (1872). Foi escrito por Hector Emile Aubry (1829-1900), um litógrafo, delegado nos congressos de Genebra (1866) e Bruxelas (1868) e secretário da AIT em Rouen. A versão completa pode ser encontrada em HAGUE, p. 248-56.

A desordem moral, reinante em toda parte, confirma a iminência de nosso triunfo, pois ela é o prenúncio da transformação, e a ignorância mais crassa domina todas as medidas econômicas que nossos adversários tomarão; parecem ter feito um pacto com a contradição, a fim de acelerar a desintegração dos átomos sociais. [...]

O trabalhador possui as qualidades necessárias para administrar a sociedade? Acreditamos, após o curto período de sua atividade na Comuna, que hoje os trabalhadores podem, sem medo de criar o caos, assumir o lugar daqueles que realmente constituem a desordem em todos os ramos da sociedade; para convencermo-nos disso, basta considerar os votos da Assembleia de Versalhes. Sabemos que, além disso, objetar-se-á que o fato de termos sido derrotados é uma prova de que não possuímos as qualidades necessárias para dirigir uma sociedade tal como a entendemos.

A isso podemos responder dizendo que o trabalho é o antípoda da guerra; que o único modo de ele defender a si mesmo é produzindo e que, se foi derrotado, é porque foi ingênuo o suficiente para confiar seus batalhões àqueles que se diziam especialistas em defesa, e porque o trabalho, com sua confiança habitual, acreditou naquilo que esses homens diziam com o objetivo de aumentar cada vez mais seu poder. [...]

Convocamos a todos para que, em nome da liberdade e da justiça, o fruto de nosso imortal ano de 1789, proclamemos veementemente que o proletariado só se considerará emancipado sob as seguintes condições:

1) Que a propriedade individual do produto esteja disponível a todos aqueles que trabalham, e não seja um privilégio garantido àqueles que não produzem nada.

2) Que a propriedade que não puder ser dividida sem violar a harmonia social seja colocada sob o controle da corporação, da comuna, do cantão, do departamento e da zona e sob a administração nacional.

Por propriedade coletiva, entendemos as ferrovias, estradas e vias fluviais que conectam a comuna com o cantão e a zona, e todas as divisões territoriais.

O correio, o telégrafo e todos os serviços públicos, assim como os equipamentos – sob a condição, é claro, de que cada uma dessas propriedades esteja sob o controle das respectivas autoridades.

Por exemplo, o equipamento que desempenha o papel mais importante na organização social deve pertencer às corporações ou empresas operárias que os utilizam para confeccionar materiais.

3) Que todos os interesses privados e coletivos sejam protegidos pela aplicação de princípios federativos.

38
[Crítica da política de Bakunin][47]
Karl Marx, Friedrich Engels e Paul Lafargue

[...]

Vejamos agora o programa dele [de Bakunin].

"[...] Com o grito de paz aos trabalhadores, de liberdade a todos os oprimidos e de morte aos dominadores, exploradores e patrões de todo tipo, queremos destruir todos os Estados e todas as igrejas, com todas as suas instituições e leis religiosas, políticas, jurídicas, financeiras, policiais, universitárias, econômicas e sociais, para que todos esses milhões de pobres seres humanos, ludibriados, subjugados, atormentados, explorados, libertos de todos os seus diretores e benfeitores oficiais e oficiosos, essas associações e indivíduos possam, enfim, respirar com uma liberdade completa."[48]

---

[47] Extrato de um texto escrito por Karl Marx (ver nota 1, p. 93), Friedrich Engels e Paul Lafargue. Engels (1820-1895) tornou-se membro do CG em 1870, após sua mudança de Manchester para Londres. Atuou como secretário correspondente para diversos países e, em 1871, participou da Conferência de Londres, além de ser delegado no Congresso de Haia (1872). Lafargue foi membro do Conselho Geral de 1866 a 1872, secretário correspondente para a Espanha de 1866 a 1869 e para Portugal de 1871 a 1872, e delegado no Congresso de Haia (1872). O texto, intitulado *L'Alliance de la democratie socialiste et l'Association Internationale des Travailleurs* [A Aliança da Democracia Socialista e a Associação Internacional dos Trabalhadores], foi escrito entre abril e julho de 1873 e publicado em agosto daquele mesmo ano em francês, como uma brochura (Londres, A. Darson, 1873). O texto original completo pode ser encontrado em PI, II, p. 383-478, e, em tradução inglesa, em HAGUE, p. 505-639.

[48] Esta citação, assim como as outras que seguem, são extraídas de *Programme et objet de l'organisation revolutionnaire des Frères Internationaux* [Programa e objetivos da organização revolucionária da Fraternidade Internacional], de Bakunin, que também contém os artigos citados e foi incluído como apêndice do panfleto.

Eis o revolucionarismo revolucionário! Para chegar a esse fim abracadabrante, a primeira condição é a de não combater os Estados e governos existentes pelos meios usuais dos revolucionários vulgares, mas, ao contrário, de atacá-los com fraseologias pomposas e doutorais, tais como "a instituição do Estado e aquilo que é sua consequência e base: a propriedade privada". Não se trata de derrubar o Estado bonapartista, prussiano ou russo, mas sim o Estado abstrato, o Estado como tal, o Estado que não existe em parte alguma. [...]

Tampouco a polícia se mostra preocupada com a "Aliança ou, para falar francamente, a conspiração" do cidadão B.[49] contra a ideia abstrata do Estado.

O primeiro ato da revolução deve ser o de decretar a abolição do Estado, como Bakunin fez em 28 de setembro em Lyon[50], ainda que essa abolição do Estado seja necessariamente um ato autoritário. Por Estado ele entende todo poder político, revolucionário ou reacionário, "pois pouco nos importa que essa autoridade se chame igreja, monarquia, Estado constitucional, república burguesa ou mesmo ditadura revolucionária. Nós as detestamos e as rejeitamos todas igualmente como as fontes infalíveis da exploração e do despotismo". E ele declara que todos os revolucionários que, no dia seguinte à revolução, queiram "a construção do Estado revolucionário", são bem mais perigosos que todos os governos existentes, e que "nós, a fraternidade internacional, somos os inimigos naturais desses revolucionários", pois desorganizar a revolução é o primeiro dever da fraternidade internacional. [...]

Sigamos, no entanto, o evangelho anarquista até suas consequências. Suponhamos o Estado abolido por decreto. Segundo o artigo 6, as consequências desse ato serão: a falência do Estado, a interrupção do pagamento das dívidas privadas pela intervenção do Estado, a interrupção do pagamento de todo imposto e de toda contribuição, a dissolução do exército, da magistratura, da burocracia, da polícia e do clero (!); a abolição da justiça oficial, acompanhada de um auto de fé de todos os títulos de propriedade e de toda a papelada jurídica e civil, a confiscação de todos os capitais produtivos e instrumentos de trabalho em favor das associações operárias e a aliança dessas associações que "constituirá a comuna". Essa comuna

---

[49] Referência sarcástica de Marx a Bakunin.

[50] O povo de Lyon estabeleceu sua própria comuna no início de setembro de 1870, declarando a França uma república antes mesmo que o povo de Paris. Bakunin tentou transformá-la numa comuna revolucionária, de acordo com sua política anarquista, mas sofreu uma desonrosa derrota, como é descrito no fim deste fragmento.

dará aos indivíduos assim despojados o estritamente necessário, deixando-os livres para que possam ganhar mais pelo seu próprio trabalho.

Os acontecimentos de Lyon provaram que o simples decreto da abolição do Estado está longe de bastar para o cumprimento de todas essas belas promessas. Ao contrário, duas companhias de guardas nacionais burguesas foram suficientes para destruir esse sonho brilhante e mandar Bakunin correndo de volta para Genebra, levando no bolso o decreto mirífico. Naturalmente ele não podia imaginar que seus apoiadores fossem tão estúpidos ao ponto de não haver necessidade de lhes fornecer um plano qualquer de organização, a fim de assegurar a execução de seu decreto na prática. Eis o plano:

"Para a organização da comuna, a federação permanente das barricadas e a função de um Conselho da Comuna revolucionário pela delegação de um ou dois deputados por cada barricada, um por rua ou por quarteirão, deputados investidos de mandatos imperativos, sempre responsáveis e sempre revogáveis" (estranhas essas barricadas da Aliança, nas quais se redigem mandatos em vez de se combater). "O *Conselho Comunal*, assim organizado, poderá escolher em seu seio *comitês executivos*, separados conforme cada ramo da administração revolucionária da comuna." A capital insurreta, assim constituída em comuna, declara então às outras comunas do país que ela renuncia a toda pretensão de governá-las; ela as convida a se reorganizar revolucionariamente e a delegar seus deputados revogáveis, responsáveis e portadores de mandatos imperativos, a um ponto de reunião determinado para lá constituir a federação das associações, comunas e províncias insurretas, e para organizar uma *força* revolucionária capaz de triunfar contra a reação. Essa organização não será limitada às comunas do país insurreto; outras províncias ou países poderão fazer parte dela, ao passo que "províncias, comunas, associações e indivíduos que tomarem o partido da reação *serão dela excluídos*". A abolição das fronteiras anda aqui, portanto, de mãos dadas com a mais benigna tolerância em relação às províncias reacionárias que não tardariam a recomeçar a guerra civil.

Temos, pois, nessa organização anárquica das barricadas-tribunas, primeiramente o Conselho Comunal, depois os comitês executivos, que, para poder executar o que quer que seja, devem ser investidos de um poder qualquer e sustentados pela força pública; temos, em seguida, todo um *parlamento* federal, cuja função principal será de organizar essa *força pública*. Esse parlamento, assim como o Conselho Comunal, deverá delegar o *poder executivo* a um ou mais *comitês*, os quais, por

A propriedade coletiva e o Estado | 207

sua própria natureza, são investidos de um caráter autoritário, que as necessidades da luta acentuarão cada vez mais. Reconstituímos, assim, o mais belo de todos os elementos do "Estado autoritário", e que chamemos essa máquina de "comuna revolucionária organizada de baixo para cima" é algo que importa pouco. O nome não muda em nada a questão; a organização de baixo para cima existe em toda república burguesa, e os mandatos imperativos datam da Idade Média. De resto, o próprio Bakunin o reconhece, quando (artigo 8) qualifica sua organização com o nome de "novo Estado revolucionário". [...]

Agora trataremos do segredo de todas as caixas de duplo e triplo fundo da Aliança. Para que o programa ortodoxo seja observado e que a anarquia se conduza corretamente, "é necessário que, no meio da anarquia popular que constituirá a vida mesma e toda a energia da revolução, *a unidade do pensamento e da ação revolucionária encontre um órgão*. Esse órgão deve ser a *associação secreta e universal dos confrades internacionais*.

Essa associação parte da convicção de que as revoluções jamais são feitas pelos indivíduos ou pelas sociedades secretas. Elas se fazem como por si mesmas, são produzidas pela força das coisas e pelo movimento dos eventos e dos fatos. Elas se preparam durante um longo tempo, nas profundezas da consciência instintiva das massas populares, e depois estouram... Tudo o que uma sociedade secreta bem organizada pode fazer é inicialmente ajudar no nascimento de uma revolução, difundindo entre as massas ideias correspondentes aos instintos destas últimas, e organizar, não o exército da revolução – o exército deve ser sempre o povo" (bucha de canhão), "mas um *estado-maior revolucionário*, composto de indivíduos devotados, enérgicos, inteligentes e sobretudo amigos sinceros do povo, não ambiciosos, nem vaidosos, capazes de servir de intermediários entre a ideia revolucionária" (monopolizada por eles) "e os instintos populares.

O número desses indivíduos não deve, pois, ser imenso. Para a organização internacional em toda a Europa, *bastam cem revolucionários séria e fortemente aliados*. Duas, três centenas de revolucionários serão suficientes para a organização do maior país."

Assim, tudo se transforma. A anarquia, a "vida popular desagrilhoada", as "más paixões" e o resto não bastam mais. Para assegurar o sucesso da revolução, é necessária *a unidade do pensamento e da ação*. As organizações internacionais procuram criar essa unidade pela propaganda, pela discussão, e a organização pública do proletariado – para Bakunin, é preciso apenas uma organização secreta de cem homens, representantes privilegiados da *ideia revolucionária*, estado-maior à disposição da revolução, nomeado por ele mesmo e comandado pelo permanente cidadão B. A unidade do pensamento e da ação não quer dizer outra coisa senão a ortodoxia e a obediência cega. *Perinde ac cadaver*[51]. Estamos em plena Companhia de Jesus.

Dizer que os cem confrades internacionais devem "servir de intermediários entre a ideia revolucionária e os instintos populares" é abrir um abismo intransponível entre a ideia revolucionária aliancista e as massas proletárias; é proclamar a impossibilidade de recrutar esses cem guardas em outro lugar que não seja em meio às classes privilegiadas.

[...] O movimento revolucionário de Lyon acabava de ser deflagrado. [...] Em 28 de setembro, no dia de sua chegada, o povo havia ocupado a prefeitura municipal. Bakunin se instalou ali: então chegou o momento crítico, o movimento esperado desde há muitos anos, no qual Bakunin pôde realizar o ato mais revolucionário que o mundo já viu – ele decretou a *abolição do Estado*. Mas o Estado, sob a forma e a espécie de duas companhias de guardas nacionais burgueses, entrou por uma porta que os ocupantes haviam se esquecido de resguardar, esvaziou a sala e forçou Bakunin a tomar às pressas o caminho de volta para Genebra.

---

[51] "Como se fosse um cadáver": expressão usada pelos jesuítas para descrever a obediência absoluta exigida de seus membros.

39
[Sobre a organização dos serviços públicos na sociedade futura][52]

César de Paepe

Um grande número de socialistas clamou: guerra ao Estado! Eles não querem ouvir falar do Estado sob qualquer forma, não importando como este é interpretado. Declaram muito francamente que seu objetivo é a destruição absoluta do Estado, de todos os Estados: e os mais lógicos dentre eles, percebendo corretamente que a comuna é, em última análise, meramente um Estado mínimo, um Estado com um território diminuto, cujas funções são desempenhadas numa escala menor que nos Estados ordinários, declaram que o Estado comunal lhes interessa tão pouco quanto o Estado propriamente dito. Em seus estandartes, escreveram: an-arquia! Não "anarquia" no sentido de desordem, já que, ao contrário, eles acreditam na possibilidade de chegar à verdadeira ordem por meio da organização espontânea das forças econômicas, mas anarquia tal como a entendia Proudhon, isto é, como ausência de poder, ausência de autoridade e, em suas mentes, no sentido da abolição do Estado, sendo os termos autoridade e poder entendidos como sinônimos absolutos para a palavra Estado.

Mas juntamente com essa noção histórica tradicional do Estado – que, de fato, até hoje não passou de autoridade, poder e, mais ainda, despotismo (e o pior dos despotismos, pois foi sempre exercido por uma minoria ociosa sobre uma maioria trabalhadora) –, esses socialistas perceberam um fato verdadeiro, que se tornará

---

[52] Este texto de César de Paepe (ver nota 22, p. 146) é um excerto de um panfleto (Bruxelas, Brismée, 1874) publicado pouco antes do congresso da AIT "autonomista" em Bruxelas (1874), e foi também apresentado neste mesmo congresso, numa sessão de 12 de setembro. A versão completa pode ser encontrada em PI, IV, p. 292-338.

cada vez mais verdadeiro; um fato que é um dos maiores fenômenos econômicos dos tempos modernos: eles viram, nos principais ramos da produção moderna, a grande indústria substituir progressivamente a indústria em pequena escala, a centralização do capital, a aplicação cada vez mais intensa do esforço coletivo e da divisão do trabalho, a incessante introdução de uma poderosa maquinaria a vapor para mover um conjunto de ferramentas e máquinas, ferramentas que antes estavam isoladas e agora exigem que grandes massas de trabalhadores sejam reunidas em fábricas enormes, e que tudo isso deve ser integrado dia após dia ao domínio da grande indústria. Eles viram que, nessa grande produção moderna, o trabalhador ou artesão isolado cede lugar à força coletiva de trabalho, aos coletivos de trabalhadores; viram que esses coletivos de trabalhadores, confrontados com os capitalistas, cujos interesses são diametral e abertamente opostos aos seus, precisam formar grupos de resistência, sindicatos e, de fato, incluir os trabalhadores das pequenas indústrias nesse movimento: que a associação por categoria profissional deve expandir-se, e sua conclusão é de que tal agrupamento espontâneo não se diferencia da formação espontânea das comunas burguesas na Idade Média: uma comunidade de interesses que inevitavelmente impele os sindicatos a se expandirem, a fim de se prestarem auxílio mútuo, disso nascendo todo um conjunto de federações – inicialmente no plano local, depois regional e, por fim, internacional. Além disso, não se contentando com essas observações teóricas, eles passaram à prática: como os trabalhadores ingleses, fundaram sindicatos, uniram-se em federações e, com absoluta correção, criaram a Internacional sobre essa base econômica federativa. Assim, eles promoveram esse agrupamento de organizações operárias que está enraizado nas profundezas da vida moderna como uma contraposição ao agrupamento mais ou menos artificial e obsoleto em comunas e Estados puramente políticos e previram o futuro declínio destes últimos.

Até aí, tudo bem. Mas nos perguntamos se as organizações de trabalhadores, as organizações laborais associadas da mesma localidade, em suma, se essa comuna de proletários, no dia em que vier a substituir a comuna oficial atual, ou comuna burguesa, não agirá exatamente do mesmo modo que esta última com relação a certos serviços públicos, cuja sobrevivência é essencial à vida da sociedade. Perguntamo-nos se, na nova comuna, não haverá necessidade alguma de segurança, de um Estado civil, da manutenção de ruas e praças públicas, de iluminação pública, de água potável nas casas, de manutenção de esgotos e de todo um conjunto de serviços públicos que listamos anteriormente. Não haveria a necessidade de que os grupos de trabalhadores, as organizações profissionais da comuna, selecio-

A propriedade coletiva e o Estado | 211

nassem entre seus membros delegados encarregados de operar cada um desses vários serviços, ou então, caso preferissem agir como um bloco, que escolhessem uma delegação para compartilhar a gerência desses serviços? Em qualquer um dos casos, não existirá uma administração pública local, uma administração comunal?

Mas todos os serviços públicos não podem ser executados por uma administração puramente local, uma vez que muitos deles – e os mais importantes dentre eles – são, por natureza própria, destinados a operar sobre um território mais amplo que o da comuna: seria uma comuna capaz de operar as ferrovias, manter as estradas, represar os rios, abrir canais, gerir a entrega de correspondência e o despacho de telegramas a outras localidades etc.? Obviamente não! Assim, as comunas precisam chegar a algum tipo de acordo, precisam se organizar numa federação de comunas e escolher uma delegação para cuidar dos serviços públicos. Se essa delegação será nomeada com um mandato geral para operar todos os grandes serviços públicos regionais ou com uma instrução especial aplicável a um serviço particular é algo que não importa: seja como for, esses delegados têm de manter um contato direto e contínuo entre si, de modo que eles ainda representem uma administração pública regional ou nacional, independentemente do nome que se dê à coisa. [...]

E o que será, em essência, essa federação regional ou nacional de comunas, senão um Estado? Sim, um Estado, pois devemos chamar as coisas pelo seu nome. Exceto o fato de que este será um Estado federativo, um Estado formado a partir de sua base. Um Estado que terá em seus alicerces, em suas origens, uma associação econômica, o agrupamento de organizações profissionais que formam a comuna, e, além disso, que, juntamente com sua grande administração pública – diretamente emanada das comunas federais –, terá uma Câmara do Trabalho, diretamente emanada das uniões gerais (que, na Inglaterra, são chamadas de *amalgamated unions* [uniões amalgamadas]), formadas de uniões locais da mesma categoria profissional federadas em nível regional.

Objetar-se-á, talvez, que o que aqui chamamos de Estado não tem nada em comum com o que até então foi designado como tal; até então, o Estado não representou senão a organização do despotismo, em vez de uma livre associação baseada em forças econômicas. Ora, se essa livre associação tem precisamente como seu principal objetivo e efeito a prestação de serviços públicos por meio de uma administração *ad hoc*, que é a principal função de todos os Estados (abstraindo-se das muitas formas viciosas assumidas pelos Estados existentes e pelas muitas superfluidades com que as classes dominantes sobrecarregaram os Estados no passado e no presente), por que não deveríamos chamá-la de Estado? Porque foi sempre defeituosa em sua organização, porque até hoje serviu apenas como instrumento para a exploração das massas, devemos então procurar abolir essa instituição, ao mesmo tempo que reconhecemos a necessidade de reconstruí-la sobre uma base que corresponda a novas ideias? Porque a educação pública teve até hoje o escopo de instilar o preconceito nas massas enquanto provê as classes privilegiadas dos meios de opressão e exploração, devemos por isso desejar sua eliminação? Porque a indústria foi até hoje um meio de enriquecer os ricos e empobrecer os pobres devemos preconizar sua aniquilação?

Não muito tempo atrás, os trabalhadores, vendo-se progressivamente suplantados pela maquinaria em suas oficinas, voltaram-se violentamente contra essas máquinas e as destruíram. Os luditas clamavam: guerra às máquinas! Hoje, eles dizem que a maquinaria é útil, até mesmo necessária para uma sociedade que não poderia sobreviver sem a produção em grande escala, e exclamam: as máquinas pertencem a nós! O Estado é uma máquina, o instrumento dos grandes serviços públicos.

Como qualquer outra máquina, também esta é essencial para a produção moderna de grande escala e para a circulação substancial dos produtos que dela resultam: como qualquer outra máquina, também esta foi assassina para os trabalhadores e funcionou até hoje para o benefício exclusivo das classes privilegiadas. Se isso precisa ter um fim, os trabalhadores precisam assumir o controle sobre essa máquina. Mas, ao assumirmos seu controle, vejamos se a máquina estatal não necessita de importantes modificações, de modo que não possa ferir alguém: vejamos se certas engrenagens impostas pela exploração burguesa não precisam ser removidas, enquanto outras, negligenciadas pela burguesia, não precisam ser adicionadas: vejamos, de fato, se ela não precisa ser estabelecida sobre bases inteiramente novas. Com essas reservas, podemos dizer, trabalhadores, que a máquina pertence a nós, e que o Estado pertence a nós! [...]

Há algo de muito autoritário em expressões como serviço postal estatal, ferrovias estatais, clareamento de matas promovido pelo Estado etc.? Não temos nenhuma dificuldade em conceber termos para um Estado não autoritário. [...]

E assim, para a comuna, os serviços públicos meramente locais e comunais ficam ao encargo da administração local, escolhida pelas organizações profissionais da localidade e operando sob a supervisão dos habitantes locais. Ao Estado competem os serviços públicos regionais ou nacionais mais abrangentes, sob a gerência de uma administração regional escolhida por uma federação de comunas e operando sob a supervisão da Câmara do Trabalho regional. Isso é tudo? Não: há e haverá cada vez mais serviços públicos que, por sua própria natureza, são internacionais ou inter-regionais (o nome que se dá a eles importa muito pouco aqui). [...]

À concepção jacobina do Estado onipotente e da comuna subordinada opomos a ideia da comuna livre, que escolhe ela mesma todos os seus administradores, sem exceção, e encarrega-se ela mesma das leis, da justiça e da polícia. À concepção liberal do Estado-gendarme contrapomos a noção do Estado desarmado, porém encarregado de educar os jovens e centralizar todas as obras de grande porte. A comuna se torna essencialmente o órgão das funções políticas, ou daquelas descritas como tais: lei, justiça, segurança, garantia de contratos, proteção dos incapazes, sociedade civil, mas, ao mesmo tempo, é o órgão de todos os serviços públicos e locais. O Estado se torna essencialmente o órgão da unidade científica e das grandes obras necessárias à sociedade.

Descentralização política e centralização econômica: tal é, ao que nos parece, a situação a que conduz esse novo entendimento do duplo papel da comuna e do Estado, um entendimento baseado no exame dos serviços públicos que recaem logicamente sobre os poderes de cada um desses órgãos da vida coletiva.

40
[Sobre a abolição do Estado] [53]
James Guillaume

Sobre esse assunto, concebeu-se todo tipo de fantasias; afirmou-se que os *anarquistas* ou os *bakuninistas* – é assim que somos geralmente chamados – buscam suprimir todo laço social entre os homens, toda ação coletiva; que eles visam não só à destruição das instituições políticas, tais como o exército, a magistratura, a polícia, o clero etc., mas também à supressão daquilo que se chamam "serviços públicos". Como pôde alguém atribuir a nós tais absurdidades?

Quando falamos da "abolição do Estado", entendemos com isso a abolição dessa organização autoritária que, em vez de ser a forma natural da sociedade, é uma instituição artificial, criada com o único propósito de assegurar a supremacia de uma classe sobre o restante do povo; a abolição do Estado é, para nós, a abolição do governo de uma classe.

Não é esse o mesmo objetivo perseguido pelos socialistas alemães? Não buscam eles a abolição daquilo que chamam de *Klassenstaat*, Estado de classes? Sim. Pois bem, vemos que, com relação ao que é negado, longe de diferirmos, como se pretende, estamos de acordo: os alemães querem abolir o *Klassenstaat*; nós queremos abolir o *Estado*, e se dizemos simplesmente *Estado* é porque, segundo nossa

---

[53] Este texto é um excerto da sinopse de um discurso proferido em 27 de outubro de 1876 no Congresso de Berna da AIT "autonomista". James Guillaume (1855-1916), tipógrafo, professor e autor de uma história da AIT, foi um dos principais líderes da Federação do Jura. Delegado em todos os congressos da AIT, foi expulso da associação em 1872. Posteriormente, foi o principal organizador da AIT "autonomista" e participou de todos os seus congressos. Essa intervenção foi publicada em B1876 e sua versão completa também pode ser encontrada em PI, IV, p. 466-7.

definição, todo Estado é a organização do governo de uma classe sobre as outras: todo Estado é um *Klassenstaat*. Assim, ao falarmos da abolição do *Estado*, falamos necessariamente da abolição de um *Klassenstaat*.

Mas resta examinar o lado positivo da questão, e aí começam as dissidências, dissidências sérias desta vez, e que não se resumem a uma querela de palavras. Os alemães, falando da sociedade reorganizada, concebem-na sob a forma de um *Volksstaat*, de um "Estado popular"; e nós lhes dizemos: "Se instituíres um novo Estado, um novo governo, tereis ao mesmo tempo criado uma nova classe privilegiada, uma classe de governantes que dominará sobre a massa, tal como atualmente a burguesia sobre o proletariado, e os governantes socialistas terão em mãos um poder ainda maior que aquele possuído pelos governos burgueses, pois terão à disposição todo o capital social, e o povo trabalhador, nominalmente soberano, estará na realidade à sua mercê. O *Volksstaat* com que sonhais será então um *Klassenstaat*, tanto quanto o Estado burguês; e eis a razão pela qual não o queremos".

A concepção de futuro que nós, coletivistas (isto é, comunistas antiautoritários), opomos à ideia do *Volksstaat* é a da livre federação das livres associações industriais e agrícolas, sem fronteiras artificiais e sem governo.

41
[Sobre o Estado popular (*Volksstaat*)] [54]
César de Paepe

[...] As instituições que Guillaume, seguindo as ideias de Proudhon em seu *Idée générale de la révolution au XIXe siècle*, considera como constitutivas de todo o Estado parecem-nos ser apenas atribuições particulares do Estado, próprias unicamente a formas sociais transitórias; elas constituem um aspecto especial do papel do Estado, considerado como gestão dos interesses sociais; numa sociedade que tem necessidade de se proteger contra as outras sociedades e contra o que está acima e fora de toda sociedade, a instituição encarregada dos interesses gerais, o Estado, precisa ter à sua disposição os meios de defesa (exército, clero, polícia, juízes, carcereiros, verdugos etc.). Numa sociedade que é federada com outras sociedades e na qual as velhas camadas subsociais foram incorporadas na sociedade, o Estado não tem mais de defender a sociedade e não necessita mais de padres, soldados, carcereiros, verdugos etc.; mas isso não significa que ela deixaria de ter atribuições, que não haveria mais necessidade de uma instituição encarregada de gerir os interesses gerais, pelo contrário. Em resumo, não é o Estado o grande culpado, mas a sociedade; tal a sociedade, tal o Estado, pois este último é apenas uma manifestação da sociedade. [...]

Acreditamos que numa sociedade em que não haja mais escravos, ou servos, ou proletários, os serviços públicos de todo tipo, como objetos de interesse geral a serem administrados, serão mais numerosos do que são hoje. Assim, as atribuições do

---

[54] Este texto é um excerto da sinopse de um longo discurso de César de Paepe (ver nota 22, p. 146) na mesma sessão referida na nota 53, p. 214. Foi publicado em B1876 e também pode ser encontrado em PI, IV, p. 471-9.

A propriedade coletiva e o Estado | 217

Estado, mesmo que diminuídas do exército, da Igreja etc., seriam na realidade mais numerosas que as atuais.

Além disso, hoje, apesar dos entraves de todo tipo, da estreiteza do espírito burguês, dos princípios do "cada um por si" e do *laisser-faire*, o Estado atual não pode deixar de se incumbir de certos serviços públicos que antes lhe eram completamente desconhecidos e que o Estado futuro (ou a administração pública futura), na *sociedade reorganizada*, deverá incontestavelmente desenvolver e completar. Portanto, longe de tender à abolição do Estado (voltamos a acrescentar: ou da administração pública, para aqueles que se assustam com a palavra "Estado"), cremos que as atribuições do Estado serão consideravelmente mais numerosas no futuro. [...]

Na verdade, quando se fala do Estado, esquece-se geralmente de distinguir entre essas duas funções: a legislação e a administração. Quanto à primeira dessas funções, admitimos que, num futuro mais ou menos distante, o papel do Estado possa e deva diminuir até se extinguir completamente. Quando, em consequência do desenvolvimento integral das faculdades de cada um, de uma educação completa e igual para todos, estivermos de acordo sobre as grandes leis naturais que regem a organização e a vida das sociedades, tal como os sábios estão atualmente de acordo sobre as grandes leis que constituem a matéria inorgânica, não será preciso mais do que nos submetermos a essas leis sociais unanimemente reconhecidas, e as leis artificiais votadas por quaisquer legisladores serão inúteis. Mas cremos que ainda estamos longe dessa época e que, enquanto ela não chega, o Estado atual (assim como o Estado futuro, durante um período de transição mais ou menos longo) deve intervir legislativamente numa grande quantidade de casos, mesmo naqueles em que o *laisser-faire, laisser-passer* dos economistas burgueses parece hoje aceito quase sem contestação.

Para a segunda das funções do Estado, pensamos que o papel deste último, em vez de ser reduzido, deve tender a aumentar cada vez mais com o desenvolvimento da civilização. Duas grandes causas levam a essa necessidade de ampliar as atribuições administrativas do Estado: 1) o crescimento das necessidades, o surgimento de uma série de novas necessidades (seja de ordem material, seja, mais ainda, de ordem moral), que, para serem satisfeitas, exigem a criação de novos serviços públicos, ou pelo menos a ampliação e o aperfeiçoamento dos serviços públicos atuais; 2) a transformação dos velhos meios individuais de ação em meios de ação baseados na força coletiva; o que antes era ação individual ou trabalho doméstico tornou-se agora empresa coletiva e indústria exercida sobre uma grande escala, e converteu-se ou tende a se converter em verdadeiro serviço público; por exemplo, as ferrovias, as carvoarias, as usinas de gás, as grandes usinas metalúrgicas etc. [...]

Para melhor nos fazermos compreender, tomemos exemplos práticos, coloquemo--nos em presença dos fatos. Vejamos como poder-se-ia realizar o que muitos chamam de destruição do Estado e o que nós chamamos de transformação do Estado, isto é, a supressão do exército, do culto oficial, da polícia, da magistratura judiciária, do banco nacional etc. e, não obstante, a manutenção de uma administração dos grandes serviços públicos. [...]

O Estado, sem polícia e sem culto oficial, continua a ser Estado, desde que conserve as outras atribuições mencionadas anteriormente? É evidente que sim. E sem a magistratura judiciária e o banco oficial, continua ele a ser Estado? É evidente que sim. O Estado, não tendo mais nenhuma das quatro atribuições supracitadas, porém conservando a gestão dos serviços públicos e, além disso, um exército para se defender dos outros Estados, é ainda Estado? É evidente que sim. E se agora os serviços públicos aumentam em número e importância, e se pouco a pouco o exército, de guerreiro que era inicialmente, pode tornar-se um exército pacífico de trabalhadores empregado na execução das grandes obras de utilidade pública, um *exército industrial*, como dizia Fourier, perguntamos quando o Estado deixaria de ser o Estado, em que momento seria necessário desbatizá-lo? Quanto a nós, não vemos a necessidade de desbatizá-lo; as formas, os procedimentos, os meios, as atribuições do Estado se teriam modificado, mas o Estado continuaria a ser, como antes, a instituição que gera os interesses da sociedade. [...]

Por isso, é necessário assegurar a qualquer preço a continuação regular dos serviços públicos e, por conseguinte, ter uma administração que forneça todos esses serviços de maneira articulada. Uma vez derrubado o velho Estado, um novo Estado deverá ser formado; suas atribuições não serão idênticas, a forma de designar os cidadãos que o integrarão não será a mesma e, no entanto, será ainda a mesma instituição encarregada da gestão dos interesses sociais. Com a única diferença de que, como os interesses sociais não serão mais, sobretudo, os interesses de uma classe, mas os interesses de todos, os do povo inteiro, essa instituição não será mais o Estado de uma classe, um *Klassenstaat*, mas o Estado do povo, o *Volksstaat*.

Tudo isso pode parecer ainda muito teórico, muito abstrato. Tratarei de ser ainda mais prático. [...]

Nas cidades, como nos distritos rurais em que existe a grande indústria (fiações, metalurgia, carvoarias, pedreiras etc.), os trabalhadores se desenvolvem intelectualmente por reuniões, conferências, cursos especiais, grupos de estudos sociais e de propaganda, ou sociedades filosóficas, racionalistas, onde predomine o elemento ateu, materialista; no entanto, em termos de interesses materiais, eles se organizam em sociedades de resistência, em sindicatos, começam a formar sociedades da mesma profissão, que se estendem por todo o país, e federações locais, de sociedades de diversas profissões (câmaras do trabalho locais). A tendência é da constituição de uma organização semelhante nas localidades e indústrias onde isso ainda não exista e, em seguida, da formação de uma federação geral de todas as sociedades corporativas do país, federação que seria, por conseguinte, a *Câmara Geral do Trabalho*, numa palavra, um tipo de parlamento do proletariado. Esses são os fatos, e essas são as tendências. Suponhamos agora que esses fatos e essas tendências estejam suficientemente desenvolvidos, e que surja então um desses eventos como a história de nosso país nos mostra a cada século, a saber, uma revolução. Depois de derrubar o Estado burguês, o que faria o proletariado? Dissolveria ele a organização que teria dado a si mesmo? Pensamos que ele evitaria fazê-lo. Que, em vez disso, manteria seu parlamento do trabalho em funcionamento, e que uma das primeiras missões deste último seria a de nomear delegados aos diversos serviços públicos (como foi feito espontaneamente na Comuna de Paris), tendo-se o cuidado de levar em conta as aptidões particulares desses delegados e de lhes fazer acompanhar de especialistas para todos os serviços públicos especiais (engenheiros nas obras de mineração e de ferrovias, médicos e químicos nos serviços de saúde pública etc.). E o que seria esse parlamento do trabalho, com suas diversas comissões executivas para os trabalhos públicos, para a higiene, para a educação e assim por diante? O que seria ele senão um Estado com seus diversos ministérios? Ousamos até mesmo dizer que, durante certo tempo, esse Estado teria de conservar algumas das atribuições ou instituições enumeradas por James Guillaume. O clero seria abolido, presumo, na medida em que a religião se tornasse um assunto da vida privada; o júri certamente substituiria a justiça atual; mas não poderia ocorrer que, caso a luta se prolongasse, uma milícia, um exército civil fosse mantido durante certo tempo? E, no entanto, até que ponto o banco poderia ser conservado como órgão central da circulação, servindo provisoriamente de intermediário para os negócios entre os diferentes grupos de produtores das diversas indústrias? Essas são questões às quais não é possível responder, visto que dependem de circunstâncias eminentemente variáveis.

O que aconteceria se, em vez de agir assim, o parlamento do trabalho, ou, em outras palavras, a federação operária do país, seguisse uma via oposta? Se, imbuído de ideias ultra-anarquistas, ou não se sentindo à altura da situação, ele se contentasse com a derrubada do Estado burguês e deixasse os serviços públicos abandonados? A primeira pessoa que se apresentasse sob o pretexto de nos livrar desse caos social se apropriaria da coisa pública em nome da ordem a ser restabelecida e da sociedade a ser salva; isto é, o povo teria feito uma revolução em vão e retornado à estaca zero...

Para terminar, diremos que, a nosso ver, o Estado é um elemento social necessário, mas eminentemente modificável conforme as diferentes organizações sociais; tal sociedade, tal Estado. Que, entre as diversas instituições sociais do passado e do presente, o Estado, abstraindo de suas formas, nos aparece como um elemento de socialização e progresso, uma vez que representa o interesse geral da sociedade frente aos interesses dos indivíduos particulares, enquanto outras instituições, principalmente a propriedade privada, representam o interesse particular em oposição ao interesse geral. Que hoje reivindicamos que o Estado permaneça fiel à sua missão, a de gerir os interesses gerais da sociedade, intervindo sempre quando o interesse geral for lesado em favor dos interesses de alguns indivíduos. Que, consequentemente, exigimos que o Estado, mesmo em sua forma atual, não abandone os serviços públicos a companhias privadas e que intervenha por meio de leis restritivas sempre que o *laisser-faire* for prejudicial aos interesses gerais (por exemplo, leis sobre o trabalho infantil e outras leis fabris, leis sanitárias e sobre os trabalhos perigosos, sobre as falsificações e as fraudes comerciais etc.). Que, no período de transição entre a sociedade burguesa e a nova sociedade, os trabalhadores devem se apropriar do Estado e colocá-lo a serviço da emancipação de sua classe, e que, assim o fazendo, eles não desviariam o Estado de seu papel, que é o de salvaguardar os interesses gerais. [...] Que, por fim, sem uma organização qualquer do Estado, considerado não como poder legislativo, mas como órgão administrativo, sem a existência de uma administração pública, geral, a sociedade não tardaria a retornar à barbárie e à selvageria!

42
[Sobre a propriedade coletiva] [55]
Vários autores

Considerando que, do ponto de vista da propriedade, o modo de produção moderno tende à acumulação dos capitais nas mãos de alguns e aumenta a exploração dos trabalhadores; que é necessário mudar esse estado de coisa, ponto de partida de todas as iniquidades sociais:

O Congresso considera [necessária] a realização da propriedade coletiva, isto é, a apropriação do capital social pelos grupos de trabalhadores [Além disso, o congresso declara que um partido socialista] verdadeiramente digno desse nome deveria incluir o princípio da propriedade coletiva não num ideal longínquo, mas nos programas atuais e em suas manifestações diárias.

---

[55] Este texto contém uma das resoluções adotadas no Congresso de Verviers da AIT "autonomista", realizado de 6 a 8 de setembro de 1877. As resoluções foram publicadas em 16 de setembro, no jornal *Le Mirabeau*, sob o título "Compte rendu du 9ᵉ congrès général de l'Association Internationale des Travailleurs" [Atas do IX Congresso Geral da Associação Internacional dos Trabalhadores] e podem ser encontradas em PI, IV, p. 535.

Educação

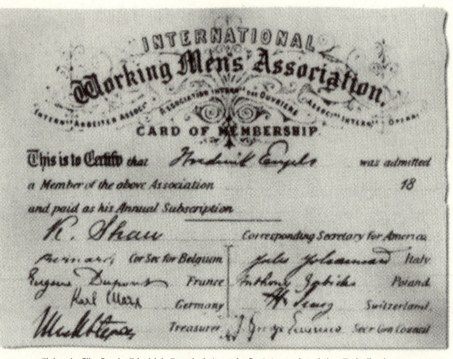

Ficha de filiação de Friedrich Engels à Associação Internacional dos Trabalhadores.

43
[Sobre a educação livre] [56]
Os encadernadores de Paris

[...] A Associação Internacional quer para todos: *justiça*; direitos iguais, não benevolência, e, no entanto, a resolução em questão consagra a desigualdade e aceita a caridade como um paliativo inevitável.

Digamos, de início, que por *direitos iguais* não queremos dizer que concebemos uma sociedade na qual uma parcela igual de fruição material seria distribuída para cada um; não. Queremos nos basear exclusivamente na liberdade, condição primeira e indispensável do bem-estar, e rejeitamos absolutamente toda ideia de organização centralizadora que tenha por objeto o direcionamento do trabalho e uma repartição qualquer da produção geral entre os cidadãos.

O que entendemos por *direitos iguais* é que todos os indivíduos têm o direito a usufruir de meios iguais de ação para satisfazer suas necessidades. A eles deixamos a liberdade de usar como bem entenderem esses meios que a natureza e a sociedade devem pôr à sua disposição, contanto que eles não exijam mais do que produziram.

Um dos meios mais poderosos de ação, tanto para a sociedade presente como para a sociedade futura, é e será a educação. [...]

Uma vez reconhecida a necessidade da educação e sua obrigatoriedade, resta saber quem cobrirá seus custos. Dois sistemas estão em disputa: um deles afirma que é

---

[56] Este texto é um excerto do *Rapport elaboré par les relieurs de Paris* [Relatório elaborado pelos encadernadores de Paris], apresentado no Congresso de Bruxelas em 9 de setembro de 1868, numa sessão dedicada à questão da educação. Seu autor, possivelmente coletivo, é desconhecido. Publicado em B1868. A versão completa também pode ser encontrada em PI, I, p. 306-9.

o pai de família quem deve cobri-los, e o outro defende que quem deve fazê-lo é a sociedade. Este último sistema costuma ser chamado de *ensino gratuito*.

Muito se tem falado sobre a gratuidade do ensino, e cremos que ela ainda não foi apresentada de forma verdadeiramente clara. Seus adversários dizem: a gratuidade não existe na realidade, é uma mera ficção; quem pretende que o Estado pague pela instrução se esquece de que o Estado não possui nada propriamente seu; somos nós que lhe fornecemos seus recursos; se ele paga, é com o dinheiro dos contribuintes e, no fim das contas, são sempre os cidadãos que devem pagar como contribuintes, se não como pais de família. Portanto, não faz sentido colocar nosso dinheiro nos cofres do Estado apenas para dele receber em retorno, como um ato de generosidade, a educação gratuita. Seria preferível pagarmos nós mesmos diretamente nossos professores e fazê-los educar nossos filhos como bem quiséssemos.

Ora, todo esse raciocínio, que, no primeiro momento, pode surpreender o espírito, se esvanece quando o examinamos mais atentamente.

A gratuidade não existe, são sempre os cidadãos que pagam; é verdade, *quando se considera a despesa total*. Mas quando se reivindica a gratuidade, não se reivindica não pagar, mas apenas uma partilha diferente, uma partilha mais justa da despesa.

Se os custos da educação devem recair sobre os pais, o resultado é que sobrecarregamos consideravelmente o bolso dos pais de família e não podemos assegurar a igualdade de educação; pois, mesmo com a maior vontade do mundo, os cidadãos que têm muitos filhos jamais poderão gastar tanto com cada um deles quanto aqueles que têm apenas um ou dois.

E aqui raciocinamos apenas com base em cidadãos dotados de recursos iguais, o que não existe nem jamais existirá na sociedade atual, pelo tempo em que quisermos salvaguardar a liberdade individual; pois os homens fortes, corajosos, inteligentes, ativos, poderão sempre tirar um melhor partido de meios de ação perfeitamente iguais do que os homens frágeis, preguiçosos, inábeis ou indolentes.

Assim, à disparidade causada pelo número de filhos é preciso acrescentar a diferença nas condições dos pais.

Podemos dizer que, com esse sistema, não só haveria uma desigualdade na educação das crianças, mas algumas seriam dela privadas em razão da incapacidade de seus pais, caso a sociedade não interviesse em seu favor. [...]

Não é necessário ser socialista para permanecer no sistema até hoje preconizado pelos burgueses filantropos, que, acostumados a se basear na desigualdade, são obrigados a introduzir constantemente a caridade para mitigar as falhas mais graves, os maiores vícios de sua ordem social.

Se queremos regenerar o mundo, precisamos tomar por base um terreno bastante igual, a fim de não termos de remendar com um paliativo a primeira peça de nosso edifício.

Com o sistema da gratuidade, isto é, do ensinamento à custa do Estado – ou dos contribuintes, o que é a mesma coisa –, a despesa se encontra repartida entre os cidadãos, não mais em razão do número de seus filhos, mas de sua capacidade contributiva. Nesse sistema, todos os cidadãos pagam, tanto os que têm filhos como os que não os têm, tanto aqueles cujos filhos já se emanciparam como aqueles que ainda não os conceberam, e cada um segundo sua riqueza (se a possui) ou seus meios.

É fácil conceber que esse encargo, tão pesado para alguns, torna-se leve quando repartido entre todos. Além disso, quando nossa meta tiver sido atingida, todas as crianças terão a garantia de receber uma educação igualmente completa, e os seres humanos, ao entrarem no mundo, poderão desenvolver inteiramente todas as suas faculdades.

Resta-nos responder a algumas objeções, de pouco valor, é verdade, mas que talvez possam ser colocadas. É justo fazer que a sociedade arque com os custos do ensino, com que homens que não possuem filhos paguem a educação dos filhos dos outros? A isso respondemos: é a sociedade, não os pais de família, quem se beneficia da educação; quanto mais instruídos são os homens, mais úteis são eles, mais serviços prestam a seus semelhantes: portanto, é justo que a sociedade pague.

Quanto aos cidadãos sem filhos, que não se esqueçam de que, ao nascer, eles contraíram uma dívida com a natureza; ela os criou, e eles devem reembolsá-la, reproduzindo-se; e se não podem fazê-lo, devem se considerar felizes se, em virtude da solidariedade que nos une, outros podem se encarregar disso em seu lugar. Ao pagar apenas a educação, eles estão quites por uma pequena contribuição. Aliás, como membros da coletividade, eles têm interesse em que uma geração forte, instruída e inteligente se produza para lhes fornecer produtos e serviços quando a idade não mais lhes permitir satisfazer suas próprias necessidades; assim, é justo que participem do custeio da geração que lhes sucede.

É justo que essa participação seja estipulada conforme a fortuna ou a facilidade dos cidadãos? Sim, pois o rico, na sociedade atual e na sociedade futura, sendo dotado de uma maior capacidade produtiva e, por conseguinte, tendo necessidade de uma soma de produtos e serviços bem maiores, deve contribuir com uma parcela maior para a educação dos produtores e comerciantes.

Concluímos: a educação pública é de interesse geral, e os custos devem ser incluídos na despesa corrente da nação.

44
[Sobre a educação na sociedade moderna][57]
Karl Marx

O cidadão Marx diz que há uma dificuldade peculiar conectada a essa questão. Por um lado, uma mudança das circunstâncias sociais se faz necessária para estabelecer um sistema adequado de educação e, por outro, um sistema adequado de educação se faz necessário para produzir uma mudança das circunstâncias sociais; devemos, portanto, partir de onde nos encontramos.

A questão tratada nos congressos é se a educação deve ser pública ou privada[58]. A educação pública foi entendida como governamental, mas esse não é necessariamente o caso. Em Massachusetts, toda municipalidade está obrigada a prover escolas primárias para todas as crianças. Em cidades com mais de 5 mil habitantes, há a obrigação de prover escolas superiores, de ensino técnico, e em cidades maiores, educação em nível ainda mais elevado. O Estado contribui com algo, mas não muito. Em Massachusetts, um oitavo dos impostos locais é aplicado em educação, e em Nova York, um quinto. Os comitês escolares, que administram as escolas, são locais; eles escolhem os professores e selecionam os livros. A falha do sistema americano está em ser demasiadamente localizado, o que faz que a educação dada dependa do estado de cultura prevalecente em cada distrito. Existe um clamor por uma supervisão central. A tributação para as escolas é compulsória, mas

---

[57] Este texto reproduz parcialmente dois discursos sobre a questão da educação proferidos por Karl Marx (ver nota 1, p. 93) no CG em 10 e 17 de agosto de 1869. Um breve sumário do primeiro discurso foi publicado em 14 de agosto daquele ano, no hebdomadário *The Bee-Hive*. As versões completas são encontradas em GC, III, p. 140-1 e GC, III, p. 146-7.

[58] A questão da educação geral foi discutida nos congressos anteriores da AIT, em Genebra (1866), Lausanne (1867) e Bruxelas (1868).

a matrícula das crianças não. A propriedade tem de pagar os impostos, e as pessoas que os pagam querem que o dinheiro seja aplicado de modo útil.

A educação deve ser pública, sem ser governamental. O governo deve designar inspetores, com a incumbência de assegurar que as leis sejam obedecidas, assim como os inspetores de fábrica controlam a observância das leis fabris, sem nenhum poder de interferir no andamento da educação ela mesma.

O Congresso não deve hesitar em adotar a resolução de que a educação tem de ser compulsória. [...]

Em relação à moção do sr. Law sobre a receita da Igreja[59], é aconselhável que o congresso se declare contra a Igreja. [...] Nenhuma matéria que admita uma interpretação parcial ou classista pode ser lecionada nas escolas, sejam estas de ensino primário ou superior. Apenas assuntos tais como ciências naturais, gramática etc. são matérias adequadas para as escolas. As regras da gramática, por exemplo, não podem diferir, sejam elas explicadas por um *tory* religioso, seja por um livre pensador. Assuntos que admitem diferentes conclusões devem ser excluídos e deixados aos adultos, que podem, então, contratar professores como o sr. Law, que ministra aulas de religião.

---

[59] Referência à moção da Harriet Law (ver nota 16, p. 135), na reunião do CG em 17 de agosto de 1869, que defendia a transferência da propriedade e da renda da Igreja às escolas.

45
[Sobre a educação estatal][60]
César de Paepe

[...] Acreditamos que a educação deve ser *completa*, isto é, ao mesmo tempo científica e industrial, teórica e prática, e, consequentemente, igual e acessível a todos. Ao deixar a educação aos cuidados das comunas, não teremos numa localidade uma educação mais profunda, mais científica, por exemplo, do que em outra localidade, em decorrência das vantagens, do ponto de vista dos recursos materiais, dessa comuna em relação à outra? O que terá se tornado, então, a educação *completa*, se não o privilégio de uns poucos, o privilégio dos mais bem-posicionados?

[...] Onde a educação é completa, ela provê a sociedade de seres humanos esclarecidos pela ciência e que baseiam sua moral, suas ações e suas relações com outros seres humanos exclusivamente em verdades científicas. Não precisamos nos alongar mais sobre esse assunto. O direito de todas as crianças a uma educação completa e a obrigação da sociedade de provê-la são agora aceitos por todas as escolas socialistas; mas para que ela seja completa, igual e acessível a todos, acreditamos que a educação deve ser considerada como um serviço público pelo qual o Estado é responsável.

---

[60] Este texto é um excerto do texto de César de Paepe (ver nota 22, p. 146) referido na nota 52, p. 209.

A Comuna de Paris

Barricada na esquina dos bulevares Voltaire e Richard-Lenoir. Comuna de Paris, 1871.

46
[Sobre a Comuna de Paris][61]
Karl Marx

Na aurora de 18 de março de 1871, Paris despertou com o estrondo: "Viva a Comuna!". Que é a Comuna, essa esfinge tão atordoante para o espírito burguês?

"Os proletários de Paris", dizia o Comitê Central em seu manifesto de 18 de março, "em meio a fracassos e às traições das classes dominantes, compreenderam que é chegada a hora de salvar a situação tomando em suas próprias mãos a direção dos negócios públicos... Compreenderam que é seu dever imperioso e seu direito absoluto tornarem-se donos de seus próprios destinos, tomando o poder governamental".

Mas a classe operária não pode simplesmente se apossar da máquina do Estado tal como ela se apresenta e dela servir-se para fins próprios.

O poder estatal centralizado, com seus órgãos onipresentes, com seu exército, polícia, burocracia, clero e magistratura permanentes – órgãos traçados segundo um plano de divisão sistemática e hierárquica do trabalho –, tem sua origem nos tempos da monarquia absoluta e serviu à nascente sociedade da classe média como uma arma poderosa em sua luta contra o feudalismo. Seu desenvolvimento, no entanto, permaneceu obstruído por todo tipo de resquícios medievais, por direitos

---

[61] Este texto consiste de excertos das partes III e IV de *The Civil War in France* (Londres, Edward Truelove, 1871) [ed. bras.: *A guerra civil na França*, trad. Rubens Enderle, São Paulo, Boitempo, 2011]. Escrito por Karl Marx (ver nota 1, p. 93) entre meados de abril e o início de junho de 1871, foi aprovado pelo CG em sua sessão de 30 de maio e publicado como um livreto alguns dias mais tarde. Foi reimpresso duas vezes e, um ano depois, traduzido, total ou parcialmente, em dinamarquês, alemão, francês, holandês, italiano, polonês, russo, servo-croata e espanhol, aparecendo em jornais, revistas e brochuras em diversos países da Europa e nos Estados Unidos. Nunca antes um escrito do movimento operário havia sido tão rapidamente traduzido e difundido.

senhoriais, privilégios locais, monopólios municipais e corporativos e códigos provinciais. A enorme vassoura da Revolução Francesa do século XVIII varreu todas essas relíquias de tempos passados, assim limpando ao mesmo tempo o solo social dos últimos estorvos que se erguiam ante a superestrutura do edifício do Estado moderno erigido sob o Primeiro Império, ele mesmo fruto das guerras de coalizão da velha Europa semifeudal contra a França moderna. Durante os regimes subsequentes, o governo, colocado sob controle parlamentar – isto é, sob o controle direto das classes proprietárias –, tornou-se não só uma incubadora de enormes dívidas nacionais e de impostos escorchantes como também, graças à irresistível fascinação que causava por seus cargos, pilhagens e patronagens, converteu-se no pomo da discórdia entre as facções rivais e os aventureiros das classes dominantes; mas seu caráter político mudou com as mudanças econômicas ocorridas na sociedade. No mesmo passo em que o progresso da moderna indústria desenvolvia, ampliava e intensificava o antagonismo de classe entre o capital e o trabalho, o poder do Estado foi assumindo cada vez mais o caráter de poder nacional do capital sobre o trabalho, de uma força pública organizada para a escravização social, de uma máquina do despotismo de classe.

Após toda revolução que marca uma fase progressiva na luta de classes, o caráter puramente repressivo do poder do Estado revela-se com uma nitidez cada vez maior. A Revolução de 1830, que resultou na transferência do governo das mãos dos latifundiários para as mãos dos capitalistas, transferiu-o dos antagonistas mais remotos para os antagonistas mais diretos da classe operária. Os burgueses republicanos, que tomaram o poder do Estado em nome da Revolução de Fevereiro, dele se serviram para os massacres de junho, a fim de convencer a classe operária de que a República "Social" significaria uma república que promove sua submissão social e convencer a massa monárquica dos burgueses e latifundiários de que eles podiam deixar aos "republicanos" burgueses o ônus e o bônus do governo. Porém, depois de sua heroica façanha de junho, os republicanos burgueses tiveram de abandonar o *front* e ocupar a retaguarda do "partido da ordem", coalizão formada por todas as frações e facções rivais das classes apropriadoras, em seu antagonismo, agora publicamente declarado, às classes produtoras. A forma mais apropriada para esse governo por ações era a República parlamentar, com Luís Bonaparte como seu presidente. Um regime de confesso terrorismo de classe e de insulto deliberado contra a "multidão vil".

Se a República parlamentar, como dizia o senhor Thiers, era "a que menos as dividia" (as diversas frações da classe dominante), ela abria, entretanto, um abismo entre essa classe e o corpo inteiro da sociedade situada fora de suas parcas fileiras. As restrições que suas discórdias haviam imposto ao poder do Estado sob regimes anteriores foram removidas com essa união, e ante uma ameaçadora sublevação do proletariado eles agora se serviam do poder estatal, sem misericórdia e com ostentação, como de uma máquina nacional de guerra do capital contra o trabalho.

Em sua ininterrupta cruzada contra as massas produtoras, eles eram forçados, no entanto, não só a investir o executivo de poderes de repressão cada vez maiores, mas, ao mesmo tempo, a destituir seu próprio baluarte parlamentar – a Assembleia Nacional –, um por um, de todos os seus meios de defesa contra o executivo. Então este, na pessoa de Luís Bonaparte, deu-lhes um chute. O fruto natural da República do "partido da ordem" foi o Segundo Império.

O Império, tendo o *coup d'état* [golpe de Estado] por certidão de nascimento, o sufrágio universal por sanção e a espada por cetro, professava apoiar-se nos camponeses, ampla massa de produtores não diretamente envolvida na luta entre capital e trabalho. Professava salvar a classe operária destruindo o parlamentarismo e, com ele, a indisfarçada subserviência do governo às classes proprietárias. Professava salvar as classes proprietárias sustentando sua supremacia econômica sobre a classe operária; e, finalmente, professava unir todas as classes reavivando para todos a quimera da glória nacional. Na realidade, ele era a única forma de governo possível num momento em que a burguesia já havia perdido – e a classe operária ainda não havia adquirido – a capacidade de governar a nação. O Império foi aclamado por todo o mundo como o salvador da sociedade. Sob sua égide, a sociedade burguesa, liberta de preocupações políticas, atingiu um desenvolvimento inesperado até para ela mesma. Sua indústria e seu comércio assumiram proporções colossais; a especulação financeira celebrou orgias cosmopolitas; a miséria das massas contrastava com a descarada ostentação de um luxo pomposo, prostibular e vil. O poder estatal, que aparentemente pairava acima da sociedade, era, na verdade, seu maior escândalo e a incubadora de todas as suas corrupções. Sua podridão e a podridão da sociedade que ele salvara foram desnudadas pela baioneta da Prússia, ela mesma avidamente inclinada a transferir a sede suprema desse regime de Paris para Berlim. O imperialismo é a forma mais prostituída e, ao mesmo tempo, a forma acabada do poder estatal que a sociedade burguesa nascente havia começado a criar como meio de sua própria emancipação do feudalismo, e que a sociedade burguesa madura acabou transformando num meio para a escravização do trabalho pelo capital.

238 | Trabalhadores, uni-vos!

A antítese direta do Império era a Comuna. O brado de "República Social" com que a Revolução de Fevereiro foi anunciada pelo proletariado de Paris não expressava senão a vaga aspiração de uma república que viesse não para suprimir a forma monárquica da dominação de classe, mas a dominação de classe ela mesma. A Comuna era a forma positiva dessa república.

Paris, sede central do velho poder governamental e, ao mesmo tempo, bastião social da classe operária francesa, levantara-se em armas contra a tentativa de Thiers e dos "rurais" de restaurar e perpetuar aquele velho poder que lhes fora legado pelo Império. Paris pôde resistir unicamente porque, em consequência do assédio, livrou-se do exército e o substituiu por uma Guarda Nacional, cujo principal contingente consistia de operários. Esse fato tinha, agora, de se transformar numa instituição duradoura. Por isso, o primeiro decreto da Comuna ordenava a supressão do exército permanente e sua substituição pelo povo armado.

A Comuna era formada por conselheiros municipais, escolhidos por sufrágio universal nos diversos distritos da cidade, responsáveis e com mandatos revogáveis a qualquer momento. A maioria de seus membros era naturalmente formada de operários ou representantes incontestáveis da classe operária. A Comuna devia ser não um corpo parlamentar, mas um órgão de trabalho, executivo e legislativo ao mesmo tempo. Em vez de continuar a ser o agente do governo central, a polícia foi imediatamente despojada de seus atributos políticos e convertida num agente da Comuna, responsável e substituível a qualquer momento. O mesmo foi feito em relação aos funcionários de todos os outros ramos da administração. Dos membros da Comuna até os postos inferiores, o serviço público tinha de ser prestado por *salários de operários*. Os direitos adquiridos e as despesas de representação dos altos dignitários do Estado desapareceram com esses mesmos altos dignitários. As funções públicas deixaram de ser propriedade privada dos fantoches do governo central. Não só a administração municipal como toda iniciativa exercida até então pelo Estado foram postas nas mãos da Comuna.

Uma vez livre do exército permanente e da polícia – os elementos da força física do antigo governo –, a Comuna ansiava por quebrar a força espiritual de repressão, o "poder paroquial", pela desoficialização [*disestablishment*] e expropriação de todas as Igrejas como corporações proprietárias. Os padres foram devolvidos ao retiro da vida privada, para lá viver das esmolas dos fiéis, imitando seus predecessores, os apóstolos. Todas as instituições de ensino foram abertas ao povo gratuitamente e ao mesmo tempo purificadas de toda interferência da Igreja e do

Estado. Assim, não somente a educação se tornava acessível a todos, mas a própria ciência se libertava dos grilhões criados pelo preconceito de classe e pelo poder governamental.

Os funcionários judiciais deviam ser privados daquela fingida independência que só servira para mascarar sua vil subserviência a todos os sucessivos governos, aos quais, por sua vez, prestavam e quebravam sucessivamente juramentos de fidelidade. Tal como os demais servidores públicos, os magistrados e juízes deviam ser eletivos, responsáveis e demissíveis.

A Comuna de Paris, é claro, devia servir como modelo para todos os grandes centros industriais da França. Uma vez que o regime comunal estava estabelecido em Paris e nos centros secundários, o antigo governo centralizado também teria de ceder lugar nas províncias ao autogoverno dos produtores. No singelo esboço de organização nacional que a Comuna não teve tempo de desenvolver, consta claramente que a Comuna deveria ser a forma política até mesmo das menores aldeias do país e que, nos distritos rurais, o exército permanente deveria ser substituído por uma milícia popular, com um tempo de serviço extremamente curto. Às comunidades rurais de cada distrito caberia administrar seus assuntos coletivos por meio de uma assembleia de delegados com assento na cidade central do distrito, e essas assembleias, por sua vez, enviariam deputados à delegação nacional em Paris, sendo cada um desses delegados substituível a qualquer momento e vinculado por *mandat impérativ* (instruções formais) de seus eleitores. As poucas porém importantes funções que ainda restariam para um governo central não seriam suprimidas, como se divulgou caluniosamente, mas desempenhadas por agentes comunais e, portanto, responsáveis. A unidade da nação não seria quebrada, mas, ao contrário, organizada por meio de uma constituição comunal e tornada realidade pela destruição do poder estatal, que reivindicava ser a encarnação daquela unidade, independente e situado acima da própria nação, da qual ele não passava de uma excrescência parasitária. Ao passo que os órgãos meramente repressivos do velho poder estatal deveriam ser amputados, suas funções legítimas seriam arrancadas de uma autoridade que usurpava da sociedade uma posição preeminente e restituídas aos agentes responsáveis dessa sociedade. Em lugar de escolher uma vez a cada três ou seis anos quais os membros da classe dominante que irão atraiçoar [*misrepresent*] o povo no Parlamento, o sufrágio universal serviria ao povo, constituído em comunas, do mesmo modo que o sufrágio individual serve ao empregador na escolha de operários e administradores para seu negócio. E é um fato bem conhecido que empresas, como se fossem indivíduos, em se tratando de negócios reais geralmente sabem colocar o homem certo no lugar certo, e se nessa escolha alguma vez cometem um erro, sabem repará-lo com presteza. No entanto, nada podia ser mais estranho ao espírito da Comuna do que substituir o sufrágio universal por uma investidura hierárquica.

Criações históricas completamente novas estão geralmente destinadas a serem incompreendidas como cópias de formas velhas, e mesmo mortas, de vida social, com as quais podem guardar certa semelhança. Assim, essa nova Comuna, que destrói o poder estatal moderno, foi erroneamente tomada por uma reprodução das comunas medievais, que precederam esse poder estatal e depois se converteram em seu substrato. O regime comunal foi confundido com uma tentativa de fragmentar numa federação de pequenos Estados, como sonhavam Montesquieu* e os girondinos[62], aquela unidade das grandes nações que, se originalmente havia sido instaurada pela violência, tornava-se agora um poderoso coeficiente da produção social. O antagonismo da Comuna com o poder do Estado foi erroneamente considerado como uma forma exagerada da velha luta contra a hipercentralização. Circunstâncias históricas peculiares podem ter impedido, como na França, o desenvolvimento clássico da forma burguesa de governo e ter permitido, como na Inglaterra, completar os grandes órgãos centrais do Estado com conselhos paroquiais corrompidos, conselheiros de aluguel, ferozes promotores de assistência social nas cidades e magistrados virtualmente hereditários nos condados. O regime comunal teria restaurado ao corpo social todas as forças até então absorvidas pelo parasita estatal, que se alimenta da sociedade e obstrui seu livre movimento. Esse único ato bastaria para iniciar a regeneração da França.

A provinciana classe média francesa viu na Comuna uma tentativa de repetir o impulso que sua categoria social havia experimentado sob Luís Filipe e que, sob Luís Napoleão, havia sido suplantado pelo suposto predomínio do campo sobre a cidade. Em realidade, o regime comunal colocava os produtores do campo sob a direção intelectual das cidades centrais de seus distritos, e a eles afiançava, na pessoa dos operários, os fiduciários naturais de seus interesses. A própria existência da Comuna implicava, como algo patente, a autonomia municipal, porém não mais como contrapeso a um agora supérfluo poder estatal. Somente na

---

*   Montesquieu, *De l'esprit des loix*, livro 9, cap. 1. (N. T.)

[62]   A burguesia revolucionária moderada na Revolução de 1789.

cabeça de um Bismarck – que, quando não está ocupado com suas intrigas de sangue e ferro, gosta sempre de voltar ao seu antigo ofício (tão adequado ao seu calibre mental) de colaborador do *Kladderadatsch* (o *Punch* de Berlim) – apenas numa tal cabeça poderia entrar a ideia de atribuir à Comuna de Paris a aspiração de repetir a caricatura prussiana da organização municipal francesa de 1791, isto é, aquela constituição municipal que degradava os governos das cidades a meras engrenagens secundárias do aparelho policial do Estado prussiano. A Comuna tornou realidade o lema das revoluções burguesas – o governo barato – ao destruir as duas maiores fontes de gastos: o exército permanente e o funcionalismo estatal. Sua própria existência pressupunha a inexistência da monarquia, que, ao menos na Europa, é o suporte normal e o véu indispensável da dominação de classe. A Comuna dotou a República de uma base de instituições realmente democráticas. Mas nem o governo barato nem a "verdadeira República" constituíam sua finalidade última. Eles eram apenas suas consequências.

A multiplicidade de interpretações a que tem sido submetida a Comuna e a multiplicidade de interesses que a interpretam em benefício próprio demonstram que ela era uma forma política completamente flexível, ao passo que todas as formas anteriores de governo haviam sido fundamentalmente repressivas. Eis o verdadeiro segredo da Comuna: ela era essencialmente um governo da classe operária, o produto da luta da classe produtora contra a classe apropriadora, a forma política enfim descoberta para se levar a cabo a emancipação econômica do trabalho.

A não ser sob essa última condição, o regime comunal teria sido uma impossibilidade e um logro. A dominação política dos produtores não pode coexistir com a perpetuação de sua escravidão social. A Comuna, portanto, devia servir como alavanca para desarraigar o fundamento econômico sobre o qual descansa a existência das classes e, por conseguinte, da dominação de classe. Com o trabalho emancipado, todo homem se converte em trabalhador, e o trabalho produtivo deixa de ser um atributo de classe.

É um fato estranho. Apesar de todos os discursos e da imensa literatura que nos últimos sessenta anos tiveram como objeto a emancipação do trabalho, mal os operários tomam, seja onde for, o problema em suas próprias mãos e imediatamente ressurge toda a fraseologia apologética dos porta-vozes da sociedade atual, com os seus dois polos do capital e da escravidão assalariada (o latifundiário de hoje não é mais do que o sócio comanditário do capitalista), como se a sociedade capitalista se encontrasse ainda em seu mais puro estado de inocência virginal, com seus antagonismos ainda não desenvolvidos, com suas ilusões ainda preservadas, com suas prostituídas realidades ainda não desnudadas. A Comuna, exclamam, pretende abolir a propriedade, a base de toda civilização! Sim, cavalheiros, a Comuna pretendia abolir essa propriedade de classe que faz do trabalho de muitos a riqueza de poucos. Ela visava à expropriação dos expropriadores. Queria fazer da propriedade individual uma verdade, transformando os meios de produção, a terra e o capital, hoje essencialmente meios de escravização e exploração do trabalho, em simples instrumentos de trabalho livre e associado. Mas isso é comunismo, o "irrealizável" comunismo! Mas como se explica, então, que os indivíduos das classes dominantes, que são suficientemente inteligentes para perceber a impossibilidade de manter o sistema atual – e eles são muitos –, tenham se convertido em apóstolos abstrusos e prolixos da produção cooperativa? Se a produção cooperativa é algo mais que uma fraude e um ardil, se há de substituir o sistema capitalista, se as sociedades cooperativas unidas devem regular a produção nacional segundo um plano comum, tomando-a, assim, sob seu controle e pondo fim à anarquia constante e às convulsões periódicas que são a fatalidade da produção capitalista – o que seria isso, cavalheiros, senão comunismo, comunismo "realizável"?

A classe trabalhadora não esperava milagres da Comuna. Os trabalhadores não têm nenhuma utopia já pronta para introduzir *par décret du peuple* [por decreto do povo]. Sabem que, para atingir sua própria emancipação e, com ela, essa forma superior de vida para a qual a sociedade atual, por seu próprio desenvolvimento econômico, tende irresistivelmente, terão de passar por longas lutas, por uma série de processos históricos que transformarão as circunstâncias e os homens. Eles não têm nenhum ideal a realizar, mas querem libertar os elementos da nova sociedade dos quais a velha e agonizante sociedade burguesa está grávida. Em plena consciência de sua missão histórica e com a heroica resolução de atuar de acordo com ela, a classe trabalhadora pode sorrir para as rudes invectivas desses lacaios com pena e tinteiro e do didático patronato de doutrinadores burgueses bem intencionados, a verter suas ignorantes platitudes e extravagâncias sectárias num tom oracular de infalibilidade científica.

Quando a Comuna de Paris assumiu em suas mãos o controle da revolução; quando, pela primeira vez na história, os simples operários ousaram infringir o privilégio estatal de seus "superiores naturais" e, sob circunstâncias de inédita dificuldade, realizaram seu trabalho de modo modesto, consciente e eficaz, por salários dos quais o mais alto mal chegava a uma quinta parte do valor que, de acordo com uma alta autoridade científica[63], é o mínimo exigido para um secretário de um conselho escolar metropolitano – então o Velho Mundo contorceu-se em convulsões de raiva ante a visão da bandeira vermelha, símbolo da República do Trabalho, tremulando sobre o Hôtel de Ville.

E, no entanto, essa foi a primeira revolução em que a classe trabalhadora foi abertamente reconhecida como a única classe capaz de iniciativa social, mesmo pela grande massa da classe média parisiense – lojistas, negociantes, mercadores –, excetuando-se unicamente os capitalistas ricos. A Comuna os salvara por meio de uma arguta solução para a recorrente causa de discórdias entre os próprios membros da classe média: o ajuste de contas entre devedores e credores[64]. A mesma porção da classe média, após ter contribuído para aniquilar a insurreição operária de junho de 1848, foi imediatamente sacrificada sem cerimônia aos seus credores pela Assembleia Constituinte[65]. Mas esse não foi o único motivo para que ela agora cerrasse fileiras ao lado da classe trabalhadora. Ela sentia que havia apenas uma alternativa, a Comuna ou o Império, qualquer que fosse o nome sob o qual este viesse a ressurgir. O Império a arruinara economicamente, promovendo a dilapidação da riqueza pública, fomentando a fraude financeira e a centralização artificialmente acelerada do capital, com a concomitante expropriação de muitos dos membros de sua classe. Suprimira-a politicamente, escandalizara-a com suas orgias, insultara seu voltairianismo ao entregar a educação de seus filhos aos *frères Ignorantins*[66], revoltara seu sentimento nacional de franceses ao lançá-la numa violenta guerra que só deixou uma compensação para as ruínas que produziu: a desaparição do Império. Realmente, depois que a alta boêmia bonapartista e capitalista abandonou Paris, o verdadeiro partido da ordem da classe média apareceu na figura da *"Union Républicaine"*[67], enrolando a si mesma na bandeira da Comuna e

---

[63] Professor Huxley. [Nota de Karl Marx]

[64] A Comuna decretou que as dívidas de guerra deviam ser pagas num período de três anos, ao mesmo tempo que aboliu os pagamentos de juros.

[65] Grande parte da pequena-burguesia foi arruinada em 1848, quando a Assembleia Constituinte decidiu contra a prorrogação dos vencimentos das dívidas durante as crises econômicas que se seguiram à revolução.

[66] *Frères Ignorantins*: designação jocosa que Voltaire (ou seus seguidores) aplicou aos irmãos Yontins [*frères Yontins*], lassalistas estabelecidos em Saint-Yon, próximo a Rouen.

[67] Referência à União Republicana dos Departamentos, associação política fundada em meados de abril de 1871 por J.-B. Millière e radicalmente orientada contra os versalheses. Entre suas ações, estavam a organização de grandes reuniões de solidariedade à Comuna e o desenvolvimento de um plano de transformação democrática, cujo principal objetivo consistia em fortalecer a ordem republicana e garantir a independência da Comuna.

defendendo-a contra as desfigurações intencionais de Thiers. Se a gratidão desse grande corpo da classe média resistirá às duras provas atuais, só o tempo dirá.

A Comuna estava perfeitamente certa quando dizia aos camponeses: "nossa vitória é a vossa única esperança!" De todas as mentiras incubadas em Versalhes e ecoadas pelos gloriosos escritores a soldo europeus, uma das mais tremendas era a de que os "rurais" representavam o campesinato francês. Imaginem apenas o amor dos campônios da França pelos homens a quem, após 1815, foram obrigados a pagar uma reparação bilionária[68]. Aos olhos do camponês francês, a simples existência de um grande proprietário de terra já é em si mesma uma usurpação de suas conquistas de 1789. Em 1848, a burguesia havia sobrecarregado seu lote de terra instituindo uma taxa adicional de 45 centavos por franco*, mas então o fizera em nome da revolução, ao passo que agora ela fomentava uma guerra civil contra a Revolução, a fim de lançar sobre os ombros dos camponeses a maior parte da carga dos 5 bilhões de reparação a serem pagos aos prussianos. A Comuna, no entanto, numa de suas primeiras proclamações, declarava que os custos da guerra seriam pagos pelos seus verdadeiros perpetradores. A Comuna teria isentado o camponês da maldita taxa, ter-lhe-ia dado um governo barato, teria convertido seus atuais sanguessugas – o notário, o advogado, o coletor e outros vampiros judiciais – em empregados comunais assalariados, eleitos por ele e responsáveis perante ele. Tê-lo-ia libertado da tirania do *garde champêtre* [guarda rural], do gendarme e do prefeito, teria posto o esclarecimento do professor escolar no lugar do embrutecimento do pároco. E o camponês francês é, acima de tudo, um homem de cálculo. Ele acharia extremamente razoável que o pagamento do pároco, em vez de lhe ser arrancado pelo coletor de impostos, dependesse exclusivamente da ação espontânea do instinto religioso dos paroquianos. Tais eram os grandes benefícios imediatos que o governo da Comuna – e apenas ele – oferecia ao campesinato francês. Seria, portanto, inteiramente supérfluo proceder aqui a uma exposição minuciosa dos problemas mais complicados, porém vitais, que só a Comuna podia resolver – ao mesmo tempo que se via obrigada a isso – em favor do camponês, como, por exemplo, a dívida hipotecária, pesando como uma maldição sobre sua parcela de terra, o *prolétariat foncier* (o proletariado rural), crescendo diariamente, e a expropriação da terra em que este proletário

---

[68] Compensação aos proprietários rurais expropriados durante a Revolução Francesa.

* Em 16 de março de 1848, o governo provisório baixou um decreto que instituía uma taxa de 45 cêntimos por franco na arrecadação dos quatro impostos existentes. Essa medida afetou principalmente os camponeses, que constituíam a grande maioria da população francesa. (N. T.)

trabalhava, processo forçado pelo desenvolvimento em ritmo cada vez mais rápido da agricultura moderna e da competição da produção agrícola capitalista.

O camponês francês elegeu Luís Bonaparte presidente da República, mas foi o partido da ordem quem criou o Império. O que o camponês francês realmente queria, começou ele mesmo a demonstrar em 1849 e 1850, opondo seu *maire* [prefeito] ao prefeito do governo, seu professor escolar ao pároco do governo e sua própria pessoa ao gendarme do governo. Todas as leis introduzidas pelo partido da ordem em janeiro e fevereiro de 1850 foram medidas confessas de repressão contra o camponês. O camponês era um bonapartista porque a seus olhos a Grande Revolução, com todos os benefícios que ela lhe trouxera, estava personificada em Napoleão. Essa ilusão, que ia rapidamente se esvanecendo sob o Segundo Império (e que, por natureza, era hostil aos "rurais"), esse preconceito do passado, como teria ele resistido ao apelo da Comuna aos interesses vitais e às necessidades mais urgentes do campesinato?

Os "rurais" – esta era, na verdade, sua principal apreensão – sabiam que três meses de livre comunicação da Paris comunal com as províncias desencadearia uma sublevação geral dos camponeses; daí sua ansiedade em estabelecer um bloqueio policial em torno de Paris, a fim de deter a propagação da peste bovina.

Assim, se a Comuna era a verdadeira representante de todos os elementos saudáveis da sociedade francesa e, portanto, o verdadeiro governo nacional, ela era, ao mesmo tempo, como governo operário e paladino audaz da emancipação do trabalho, um governo enfaticamente internacional. Sob a mira do mesmo exército prussiano que havia anexado à Alemanha duas províncias francesas, a Comuna anexou à França os trabalhadores do mundo inteiro.

O Segundo Império fora o jubileu da vigarice cosmopolita. Velhacos de todos os países acorreram ao chamado para tomar parte em suas orgias e na pilhagem do povo francês. Ainda hoje o braço direito de Thiers é Ganesco, o valáquio asqueroso, e seu braço esquerdo, Markovski, o espião russo. A Comuna concedeu a todos os estrangeiros a honra de morrer por uma causa imortal. Entre a guerra externa perdida por sua traição e a guerra civil fomentada por sua conspiração com o invasor estrangeiro, a burguesia achara tempo para exibir seu patriotismo organizando batidas policiais contra os alemães residentes na França. A Comuna nomeou um operário alemão [Leo Frankel] seu ministro do Trabalho. Thiers, a burguesia e o Segundo Império haviam, o tempo todo, enganado a Polônia com espalhafatosas declarações de simpatia, quando na verdade traíam-na aos interesses da Rússia,

Trabalhadores, uni-vos!

fazendo para esta o serviço sujo. A Comuna honrou os heroicos filhos da Polônia [J. Dombrowski e W. Wróblewski] colocando-os na vanguarda dos defensores de Paris. E, para marcar claramente a nova era histórica que estava consciente de inaugurar, ela jogou por terra, ante os olhos dos conquistadores prussianos, de um lado, e do exército bonapartista comandado por generais bonapartistas, de outro, aquele símbolo colossal da glória bélica, a Coluna Vendôme[69].

A grande medida social da Comuna foi sua própria existência produtiva. Suas medidas especiais não podiam senão exprimir a tendência de um governo do povo pelo povo. Tais medidas eram a abolição do trabalho noturno para os padeiros, a interdição penal da prática, comum entre os empregadores, de reduzir salários impondo a seus trabalhadores taxas sob os mais variados pretextos – um processo em que o patrão reúne em sua pessoa as funções de legislador, juiz e agente executivo e, por fim, surrupia o dinheiro. Outra medida desse tipo foi a entrega às organizações operárias, sob reserva de domínio, de todas as oficinas e fábricas fechadas, não importando se os respectivos capitalistas fugiram ou preferiram interromper o trabalho. [...] a Comuna não fingia possuir o dom da infalibilidade, o invariável atributo de todos os governos do velho tipo. Ela publicou seus atos e declarações, revelando ao público todas as suas falhas. [...]

Magnífica, de fato, foi a mudança que a Comuna operou em Paris! Nem um traço sequer daquela Paris prostituída do Segundo Império! Paris deixava de ser o *rendez-vous* de latifundiários britânicos, absenteístas irlandeses*, ex-escravistas e mercenários americanos, ex-proprietários russos de servos e boiardos da Valáquia. Não havia mais cadáveres no necrotério, assaltos noturnos, os furtos eram raros; pela primeira vez, desde os dias de fevereiro de 1848, as ruas de Paris estavam seguras, e isso sem polícia de nenhuma espécie. "Não ouvimos mais falar", dizia um membro da Comuna, "de assassinato, roubo e agressão; de fato, é como se a polícia tivesse arrastado consigo para Versalhes todos os seus amigos conservadores." As cocotes seguiram o rastro de seus protetores – os fugitivos homens de família, de religião e, acima de tudo, de propriedade. Em seu lugar, as verdadeiras mulheres de Paris voltavam a emergir: heroicas, nobres e devotadas como as mulheres da Antiguidade. Trabalhando, pensando, lutando, sangrando: assim se encontrava Paris, em sua incubação de uma sociedade nova e quase esquecida

---

[69] Monumento às vitórias militares de Napoleão Bonaparte, derrubado pelos revolucionários da Comuna e restaurado após a queda desta.

* Proprietários de terra que, na maioria das vezes, viviam no exterior. Seus administradores se encarregavam de seus negócios cobrando altos valores dos arrendatários. (N. T.)

dos canibais à espreita diante de suas portas, radiante no entusiasmo de sua iniciativa histórica!

Após o Domingo de Pentecostes de 1871, já não pode haver paz nem trégua entre os trabalhadores da França e os apropriadores de sua produção. O punho de ferro da soldadesca mercenária poderá manter atadas, sob uma opressão comum, essas duas classes, mas a batalha ainda deve eclodir muitas e muitas vezes, em proporções sempre crescentes, e não pode haver dúvida sobre quem sairá vencedor: os poucos que apropriam ou a imensa maioria que trabalha. E a classe operária francesa é tão-somente a vanguarda do proletariado moderno. [...]

O espírito burguês, marcado pelo policialismo, naturalmente compele a Associação Internacional dos Trabalhadores a agir à maneira de uma conspiração secreta, com seu organismo central a planejar, de tempos em tempos, atentados em diferentes países. Na realidade, nossa Associação não é mais do que o vínculo internacional entre os trabalhadores mais avançados nos diversos países do mundo civilizado. Onde quer que a luta de classes ganhe alguma consistência, seja qual for a configuração e as condições sob as quais ela se dê, é um fato natural que os membros de nossa Associação apareçam no primeiro plano. O solo de onde brota a nossa Associação é a própria sociedade moderna. Não haverá carnificina capaz de exterminá-la. Para fazê-lo, os governos teriam de exterminar o despotismo do capital sobre o trabalho, a condição de sua própria existência parasitária.

A Paris dos trabalhadores, com sua Comuna, será eternamente celebrada como a gloriosa precursora de uma nova sociedade. Seus mártires estão gravados no grande coração da classe trabalhadora. Quanto a seus exterminadores, a história já os acorrentou àquele eterno pelourinho, do qual todas as preces de seus clérigos de nada servirão para redimi-los.

Internacionalismo e oposição à guerra

Henri-Louis Tolain (1828-1897).

Wilhelm Liebknecht (1826-1900).

47
[Solidariedade internacional][70]
Vários autores

[...] O comunicado e os estatutos emitidos pelo Conselho Central Provincial explicam plenamente os objetivos e a aspiração da Associação, que, no entanto, pode ser resumida em poucas palavras. Ela visa à proteção, ao avanço e à completa emancipação econômica e política das classes trabalhadoras. Como meio para esse grande fim, ela promoverá: o estabelecimento da solidariedade entre as várias divisões do trabalho em cada país e a cooperação das classes trabalhadoras de diferentes países. Sua organização, com uma matriz central em Londres e numerosas ramificações afiliadas na Europa e na América, auxiliará na união das classes trabalhadoras de todos os países, numa perpétua união de cooperação fraternal. [...]

---

[70] Este texto é um excerto de um formulário enviado pelo CG aos Operative Bricklayers Society, após a decisão de 7 de fevereiro de 1865, que aprovou sua admissão como seção da AIT. A versão completa pode ser encontrada em GC, II, p. 261-2.

48
[Sobre a necessidade de uma organização internacional][71]

Eugène Dupont, Johann Georg Eccarius, Peter Fox, Hermann Jung e Karl Marx

[...] O poder do indivíduo humano desapareceu diante do poder do capital; na fábrica, o trabalhador é agora apenas uma engrenagem na máquina. A fim de recuperar sua individualidade, o trabalhador teve de se unir com outros trabalhadores e criar associações para defender seu salário e sua vida. Até hoje, essas associações permaneceram puramente locais, ao passo que o poder do capital, graças a novas invenções industriais, não cessa de crescer a cada dia; além disso, em muitos casos as associações nacionais tornaram-se impotentes: um estudo da luta travada pela classe trabalhadora inglesa revela que, para oporem-se a seus trabalhadores, os empregadores ou trazem trabalhadores do exterior ou transferem a manufatura para países onde há força de trabalho barata. Dado esse estado de coisas, se a classe trabalhadora pretende continuar sua luta com alguma chance de sucesso, as organizações nacionais devem se tornar internacionais. [...]

---

[71] Escrito sob incumbência do CG para o Congresso de Lausanne, este texto foi adotado em sua sessão de 9 de julho de 1867. Como à época Karl Marx (ver nota 1, p. 93) encontrava-se ocupado corrigindo as provas de impressão de *O capital*, a mensagem foi composta por um grupo de autores. Eugène Dupont (1831-1881), um artesão francês exilado em Londres, foi membro do CG de 1864 a 1872 e secretário correspondente para a França de 1865 e 1871. Ele participou de todos os congressos da AIT (exceto o da Basileia, em 1869) e continuou seu ativismo nos Estados Unidos, para onde emigrou em 1874. Sobre Johann Eccarius, ver nota 34, p. 172; Peter Fox (?-1869) era jornalista, membro do CG de 1864 a 1869 e seu secretário-geral por três meses em 1866, além de secretário correspondente para os Estados Unidos em 1866-1867. Hermann Jung (1830-1901) foi membro do CG e secretário correspondente para a Suíça de 1864 a 1872, tendo participado de todos os congressos (exceto Lausanne, em 1867, e Haia, em 1872) e conferências da AIT. O texto foi primeiramente publicado em inglês, como um panfleto, em meados de julho, e então em francês, ao que se seguiram extensas revisões realizadas por Marx, em *Le Courrier International*, de 30 de julho. O texto completo pode ser encontrado em GC, II, p. 285-7.

49
[Sobre as verdadeiras causas da guerra][72]
César de Paepe

Tomo a palavra não para me opor ao projeto como um todo, mas à frase que diz que queremos a paz para chegar mais rapidamente à reorganização social. Parece-me que essa frase enuncia uma ideia falsa, consagra um círculo vicioso, porque a paz não pode ser ela mesma senão o resultado da reorganização social. Se tivesse de expressar meus sentimentos ao Congresso [da Paz] de Genebra, eu diria: queremos a paz tanto quanto vós, mas sabemos que enquanto existir o que se chama de princípio de nacionalidades ou patriotismo, haverá a guerra; enquanto houver classes distintas, haverá a guerra. A guerra não é apenas o fruto da ambição de um monarca; na campanha militar [francesa] do México [de 1862-1867], a verdadeira causa da guerra são os interesses de alguns capitalistas; a guerra é o resultado da falta de equilíbrio no mundo econômico e da falta de equilíbrio no mundo político. Se o Congresso de Genebra acredita ser possível obter a paz na situação social atual, ele é ilógico: quem quer os fins quer os meios.

---

[72] Este texto corresponde à sinopse de um discurso proferido por César de Paepe (ver nota 22, p. 146) numa sessão de 4 de setembro de 1867, no Congresso de Lausanne. Foi publicado em L1867 e também pode ser encontrado em PI, I, p. 122-3.

50
[Greve contra a guerra][73]
César de Paepe

A guerra é uma óbvia calamidade para todos nós. Sua abolição exige, além de nosso contínuo protesto, que nós mesmos nos encarreguemos da tarefa de intervir na prática.

Para isso, há dois métodos: o primeiro é combater a guerra diretamente, recusando-se a prestar o serviço militar, ou, o que resulta no mesmo, recusando-se a trabalhar, uma vez que os exércitos necessitam consumir. O segundo, que não envolve intervenção direta, visa obter a abolição da guerra por meio da resolução da questão social ela mesma; tal é o método que, mediante seu desenvolvimento, a Internacional está destinada a fazer triunfar.

Basear-se no primeiro método significa repeti-lo constantemente; apenas o segundo destrói o mal pela raiz.

Alguns buscaram atribuir a causa da guerra a personalidades individuais; isso é um erro: reis e imperadores são meros acidentes, instrumentos. A única causa verdadeira da guerra se encontra em nossas instituições sociais. A prova disso é que os Estados que não possuem soberanos também fazem guerra. O que estava por trás da Guerra Civil Americana senão a questão do trabalho? A burguesia do Sul precisava de seus escravos negros; os estados do Norte queriam a abolição da escravatura, para substituí-la pela escravatura moderna – talvez mais rigorosa que

---

[73] Este texto corresponde à sinopse de um discurso proferido por César de Paepe (ver nota 22, p. 146) numa sessão de 7 de setembro de 1868, no Congresso de Bruxelas, dedicado à questão da paz. Foi publicado em B1868 e também pode ser encontrado em PI, I, p. 262.

a anterior, uma vez que o escravo negro custa alguma coisa, ao passo que o escravo branco não custa nada –, ou seja, pelo proletariado.

A causa primeira de toda guerra é a fome. Nos primórdios, o selvagem simplesmente devorava seu inimigo derrotado; mais tarde, o resultado, ainda que mais complicado na aparência, permanece essencialmente o mesmo: o vencedor toma do vencido sua terra, os instrumentos e os produtos do trabalho, e, assim o fazendo, satisfaz suas necessidades.

Essa guerra no Leste[74], que custa tanto sangue, não se resume a uma batalha para se apropriar de uma fonte de produtos orientais, isto é, uma batalha realmente social, comercial?

Em suma: os trabalhadores só poderão intervir efetivamente na questão da guerra se continuarem sua luta social, alcançando, mediante a organização do trabalho, a eliminação da miséria, que é a única causa da anarquia moderna.

---

[74] Referência à guerra holandesa contra o sultanato de Achém (1873-1914).

51
[Contra a guerra][75]
Henri-Louis Tolain

O Congresso, considerando que a justiça deve ser o princípio norteador das relações entre grupos naturais, povos e nações, assim como entre os cidadãos;

que a guerra sempre foi o direito do mais forte, e não a sanção da lei;

que ela não é mais do que um meio que as classes privilegiadas ou os governos que as representam empregam para subordinar o povo;

que ela fortalece o despotismo e reprime a liberdade [...];

que, semeando a aflição, a ruína nas famílias e a desmoralização onde quer que os exércitos estejam concentrados, ela alimenta e perpetua a ignorância, a miséria;

que o ouro e o sangue dos povos serviram apenas para manter entre eles os instintos selvagens do ser humano num estado de natureza;

que, numa sociedade fundada sobre o trabalho e a produção, a força só pode ser posta a serviço da liberdade e dos direitos de cada um; que ela só pode ser uma garantia, e não uma opressão, mesmo que seja apenas para um único membro *útil* da sociedade;

que, na situação atual da Europa, os governos não representam os interesses legítimos dos trabalhadores.

---

[75] Este texto corresponde à sinopse de um discurso proferido por Henri-Louis Tolain (ver nota 34, p. 172) na mesma sessão referida na nota 73, p. 254. Foi publicado em B1868 e também pode ser encontrado em PI, I, p. 264.

O Congresso da Associação Internacional dos Trabalhadores, reunido em Bruxelas, resolve protestar contra a guerra com sua máxima energia.

Ele convida todas as seções da Associação, cada uma em seus respectivos países – assim como as sociedades operárias e grupos de trabalhadores, quaisquer que sejam –, a se mobilizarem em torno dessa resolução, a agir com a máxima firmeza e energia para prevenir, mediante a pressão da opinião pública, uma guerra de povo contra povo, que hoje só poderia ser considerada uma guerra civil porque, travada entre produtores, ela não seria nada menos que uma batalha entre irmãos e cidadãos.

52
[As causas reais da guerra][76]
Hafner

O Congresso da Associação Internacional dos Trabalhadores, reunido em Lausanne, considerando:

que a guerra pesa principalmente sobre a classe trabalhadora, uma vez que ela não só os priva de seus meios de existência, mas os obriga a derramar seu sangue;

que a paz armada paralisa as forças produtivas, só demanda ao trabalho obras inúteis e intimida a produção, colocando-a sob o golpe das ameaças de guerra;

que a paz, primeira condição do bem-estar geral, deve, por sua vez, ser consolidada por um novo estado de coisas, em que não haverá mais duas classes na sociedade, das quais uma é explorada pela outra.

Decide:

aderir plenamente ao Congresso da Paz, que se reunirá no dia 9 de setembro, em Genebra; apoiá-lo energicamente e não medir esforços para a abolição dos exércitos permanentes e a manutenção da paz, visando alcançar o mais rapidamente possível a emancipação da classe trabalhadora e sua libertação do poder e da influência do capital, assim como a formação de uma confederação de Estados livres em toda a Europa. [...]

---

[76] Este texto é uma mensagem votada pela AIT e enviada ao Congresso da Paz, em Genebra, realizado de 9 a 12 de setembro de 1867. Foi apresentado pelo jornalista Hafner, delegado da seção operária de Murten (Suíça) no Congresso de Lausanne (1867), e, mais tarde, aprovado unanimemente, com um acréscimo proposto por Tolain (ver nota 34, p. 172). Publicado em L1867, foi mais tarde impresso em PI, I, p. 235.

Internacionalismo e oposição à guerra | 259

O Congresso,

considerando que a guerra tem como causa primeira e principal a miséria e o desequilíbrio econômico,

que, para suprimir a guerra, não basta desativar os exércitos, mas é preciso ainda modificar a organização social no sentido de uma partilha cada vez mais equitativa da produção,

subordina sua adesão à aceitação pelo Congresso da Paz da declaração anteriormente enunciada. [...]

53
[Inglaterra, metrópole do capital][77]
Karl Marx

[...] Embora a *iniciativa* revolucionária deva provavelmente partir da França, apenas a Inglaterra pode atuar como uma alavanca em qualquer revolução *econômica* digna desse nome. Ela é o único país onde não há mais camponeses e onde a propriedade da terra está concentrada em pouquíssimas mãos. É o único país em que quase toda a produção assumiu a *forma capitalista*, ou, em outras palavras, com o trabalho combinado, em vasta escala, com patrões capitalistas. É o único país *onde a grande maioria da população consiste de trabalhadores assalariados*. O único país onde a luta de classes e a organização da classe trabalhadora em *sindicatos* alcançou realmente um grau considerável de maturidade e universalidade. Devido ao domínio que exerce no mercado mundial, é o único país onde toda revolução no sistema econômico terá repercussões imediatas no restante do mundo. Embora a nobreza rural e o capitalismo estejam mais tradicionalmente estabelecidos nesse país, é nele também que as *condições materiais* que permitem superá-los estão mais maduras. [...] A Inglaterra não pode ser considerada simplesmente um país entre outros. Ela deve ser tratada como a metrópole do capital. [...]

---

[77] Extrato de uma circular particular, enviada por Karl Marx (ver nota 1, p. 93) a seu amigo e membro da AIT, Ludwig Kugelmann em 28 de março de 1870, para que este último a remetesse ao destinatário final: o Comitê de Brunswick do Partido Operário Social-Democrata Alemão. A ela Marx anexou um texto, escrito por ele em 1º de janeiro (ou pouco depois), intitulado *The General Council to the Federal Council of Romance Switzerland* [Do Conselho Geral ao Conselho Federal da Suíça Romanda] (do qual algumas partes relativas à Inglaterra e à Irlanda são aqui reproduzidas) e publicado em 1872 na brochura *Fictitious Splits in the International* [Cisões fictícias na Internacional] (ver nota 105, p. 312). A versão completa pode ser encontrada em GC, III, p. 399-407.

54
[Primeira mensagem do Conselho Geral sobre a Guerra Franco-Prussiana] [78]
Karl Marx

Na *mensagem inaugural* da Associação Internacional dos Trabalhadores, em novembro de 1864, dizíamos: "Se a emancipação das classes trabalhadoras exige sua confluência fraternal, como elas irão cumprir esta grande missão com uma política externa que persegue objetivos criminosos, age com base em preconceitos nacionais e desperdiça em guerras de pilhagem o sangue e a riqueza do povo?".

Definíamos a política externa, reivindicada pela Internacional, nos seguintes termos: "Impor as leis simples da moral e da justiça que deveriam governar as relações dos indivíduos privados como as leis supremas do intercurso entre as nações".

Não é de admirar que Luís Bonaparte, que usurpou poder ao explorar a luta de classes na França e que a perpetuou por meio de guerras periódicas no estrangeiro, tenha, desde o início, tratado a Internacional como um perigoso inimigo. Na véspera do plebiscito[79], ele ordenou um ataque contra os membros do Comitê Administrativo da Associação Internacional dos Trabalhadores por toda a França, em Paris, Lyon, Rouen, Marselha, Brest etc., sob o pretexto de que a

---

[78] Este é um excerto de *First Address of the General Council of the International Working Men's Association on the Franco-Prussian War* [Primeira mensagem do Conselho Geral da Associação Internacional dos Trabalhadores sobre a Guerra Franco-Prussiana], escrito por Karl Marx (ver nota 1, p. 93) entre 19 e 23 de julho de 1870. Aprovado pelo CG a 26 de julho, o texto foi publicado dois dias depois, em *The Pall--Mall Gazette*. Durante o mês de agosto, foi publicado em alemão, francês e russo. A versão completa pode ser encontrada em GC, IV, 323-9.

[79] O plebiscito de Luís Bonaparte, em maio de 1870, foi concebido para converter toda oposição às políticas do Segundo Império numa oposição a reformas democráticas. As seções da Internacional na França conclamaram seus membros a boicotar o voto, o que levou a acusações de conspiração contra o Imperador.

262 | Trabalhadores, uni-vos!

Internacional era uma sociedade secreta que tinha como passatempo armar um *complot* para seu assassinato, pretexto que foi logo depois exposto em sua total absurdidade por seus próprios juízes. Qual era o verdadeiro crime das seções francesas da Internacional? Elas haviam dito ao povo francês, pública e enfaticamente, que votar o plebiscito era votar pelo despotismo no interior e pela guerra no estrangeiro. Foi obra dela, de fato, que em todas as grandes cidades, em todos os centros industriais da França, a classe trabalhadora ergueu-se como um só corpo para rejeitar o plebiscito. Infelizmente, a balança foi inclinada pela pesada ignorância dos distritos rurais. As bolsas, os gabinetes, as classes dominantes e a imprensa da Europa celebraram o plebiscito como uma insigne vitória do imperador francês sobre a classe trabalhadora francesa; e foi a insígnia para o assassinato não de um indivíduo, mas de nações. [...]

Enquanto isso, os membros parisienses da Internacional puseram-se ao trabalho. No *Reveil* de 12 de julho, eles publicaram o manifesto "aos trabalhadores de todas as nações", do qual extraímos as passagens seguintes:

"Uma vez mais", dizem eles, "sob o pretexto do equilíbrio europeu, da honra nacional, a paz do mundo é ameaçada por ambições políticas. Trabalhadores da França, Alemanha, Espanha! Unamos nossas vozes em um só grito de reprovação contra a guerra! [...] A guerra, por uma questão de preponderância ou de dinastia, não pode, aos olhos dos trabalhadores, ser mais do que uma absurdidade criminosa. Em resposta às proclamações belicosas daqueles que isentam a si próprios do imposto de sangue e encontram nos infortúnios públicos uma fonte de novas especulações, nós protestamos, nós, que queremos paz, trabalho e liberdade! [...] Irmãos da Alemanha! Nossa divisão resultaria apenas no completo triunfo do despotismo nos dois lados do Reno [...] Trabalhadores de todos os países! O que quer que neste momento possa advir de nossos esforços em comum, nós, os membros da Associação Internacional dos Trabalhadores, que não conhecemos fronteiras, enviamos a vocês, como um penhor de indissolúvel solidariedade, os melhores votos e as saudações dos trabalhadores da França".

Esse manifesto de nossa seção parisiense foi seguido por inúmeras mensagens francesas similares, das quais podemos citar aqui apenas a declaração de Neuilly-sur-Seine, publicada na *Marseillaise* de 22 de julho: "A guerra é justa? Não! A guerra é nacional? Não! É meramente dinástica. Em nome da humanidade, da democracia e dos verdadeiros interesses da França, aderimos completa e energicamente aos protestos da Internacional contra a guerra". [...]

Seja qual for o desenrolar da guerra de Luís Bonaparte com a Prússia, o dobre fúnebre do Segundo Império já soou em Paris. O Império terminará como começou, por uma paródia. Mas não nos esqueçamos de que foram os governos e as classes dominantes da Europa que permitiram a Luís Bonaparte desempenhar durante dezoito anos a farsa feroz do Império Restaurado.

Do lado alemão, a guerra é uma guerra de defesa; mas quem pôs a Alemanha na necessidade de se defender? Quem permitiu a Luís Bonaparte lhe travar guerra? A Prússia! Foi Bismarck que conspirou com aquele mesmo Luís Bonaparte a fim de esmagar a oposição popular no interior e de anexar a Alemanha à dinastia Hohenzollern. [...]

Se a classe trabalhadora alemã permite que a guerra atual perca seu caráter estritamente defensivo e degenere em uma guerra contra o povo francês, a vitória ou a derrota serão igualmente desastrosas. [...]

Os princípios da Internacional estão, todavia, muito largamente disseminados e muito firmemente enraizados no interior da classe trabalhadora alemã para que se conjeture um desfecho tão triste. As vozes dos trabalhadores franceses tiveram um eco na Alemanha. Uma reunião massiva de trabalhadores, que teve lugar em Brunswick em 16 de julho, expressou seu pleno acordo com o manifesto de Paris, rechaçou a ideia de um antagonismo nacional contra a França e rematou suas resoluções com estas palavras: "Somos os inimigos de todas as guerras, mas acima de tudo das guerras dinásticas. [...] Com tristeza e dor profundas, somos forçados a sofrer uma guerra defensiva como um mal inevitável; mas nós conclamamos, ao mesmo tempo, a classe trabalhadora alemã inteira a agir para tornar impossível o retorno desta imensa desgraça social, por meio da reivindicação, para os próprios povos, do poder de decidir sobre a paz e a guerra, tornando-os, com isso, senhores do próprio destino".

Em Chemnitz, uma reunião de delegados, representando 50 mil trabalhadores saxões, adotou por unanimidade a seguinte resolução: "Em nome da democracia alemã e especialmente dos trabalhadores que formam o Partido Social-Democrata, declaramos a guerra atual como uma guerra exclusivamente dinástica... Estamos felizes em apertar a mão fraternal a nós estendida pelos trabalhadores da França... Atentos à palavra de ordem da Associação Internacional dos Trabalhadores, "proletários de todos os países, uni-vos", não devemos nunca nos esquecer de que os trabalhadores de todos os países são nossos amigos e que os déspotas de todos os países são nossos inimigos".

A seção berlinense da Internacional também respondeu ao manifesto de Paris: "Nós", dizem eles, "apoiamos de corpo e alma o vosso protesto... Solenemente, prometemos que nem o toque dos clarins, nem o rugir do canhão, nem a vitória nem a derrota, nos desviará de nosso trabalho comum para a união dos trabalhadores* de todos os países".

Que assim seja! [...]

A classe operária inglesa estende a mão fraternal aos povos trabalhadores da França e da Alemanha. Eles estão profundamente convencidos de que, seja qual for o desenrolar da horrível guerra que se anuncia, a aliança das classes trabalhadoras de todos os países acabará por matar a guerra. Enquanto a França e a Alemanha oficiais se precipitam em uma luta fratricida, os trabalhadores da França e da Alemanha trocam mensagens de paz e de amizade; este fato grandioso, sem paralelo na história do passado, abre a perspectiva de um futuro mais luminoso. Ele prova que, em contraste com a velha sociedade, com suas misérias econômicas e seu delírio político, uma nova sociedade está a desabrochar, uma sociedade cuja regra internacional será a *paz*, porque em cada nação governará o mesmo princípio – o trabalho! A pioneira dessa nova sociedade é a Associação Internacional dos Trabalhadores.

---

* No original: *children of toil* (literalmente: "filhos do labor"). (N. T.)

55
[Segunda mensagem do Conselho Geral sobre a Guerra Franco-Prussiana] [80]

Karl Marx

[...] A guerra defensiva terminou, de fato, com a rendição de Luis Bonaparte, a capitulação de Sedan e a proclamação da república em Paris. [...] A classe trabalhadora alemã apoiou firmemente a guerra, a qual não estava em seu poder evitar, como uma guerra pela independência alemã e pela liberação da França e da Europa daquele pestilento pesadelo, o Segundo Império. Foram os operários alemães que, ao lado dos trabalhadores rurais, forneceram os tendões e os músculos das hostes heroicas, deixando para trás suas famílias semimortas de fome. Dizimados pelas batalhas no estrangeiro, em casa eles serão também dizimados pela miséria. Agora chegou sua vez de tomar a frente e exigir "garantias" – garantias de que seus imensos sacrifícios não foram em vão, de que eles conquistaram a liberdade, de que a vitória sobre os exércitos imperiais não será, como em 1815, transformada na derrota do povo alemão; e, como primeira dessas garantias, reclamam uma *paz honrosa para a França* e o *reconhecimento da República Francesa*.

O Comitê Central do Partido Operário Social-Democrata da Alemanha lançou, em 5 de setembro, um manifesto, insistindo energicamente nessas garantias.

---

[80] Este é um excerto de *Second Address of the General Council of the International Working Men's Association on the Franco-Prussian War* [Segunda Mensagem do Conselho Geral da Associação Internacional dos Trabalhadores sobre a Guerra Franco-Prussiana], escrito por Karl Marx (ver nota 1, p. 93). A mensagem, escrita entre 6 e 9 de setembro e mais tarde aprovada pelo CG, tornou-se necessária após a derrota francesa em Sedan e o estabelecimento do governo provisório da Terceira República. Foi divulgada inicialmente em inglês como um panfleto e depois publicada parcialmente em *The Pall-Mall Gazette*, no dia 16 do mesmo mês. Seguiram-se publicações em alemão e francês, em diversos jornais e revistas da AIT. A versão completa pode ser encontrada em GC, IV, p. 333-42.

"Protestamos", dizem eles, "contra a anexação da Alsácia e da Lorena. E estamos conscientes de que falamos em nome da classe trabalhadora alemã. No interesse comum da França e da Alemanha, no interesse da civilização ocidental contra a barbárie oriental, os operários alemães não tolerarão pacientemente a anexação da Alsácia e da Lorena... Estamos fielmente ao lado de nossos companheiros operários, em todos os países, para a internacional causa comum do proletariado!"

[...] Saudamos o advento da república na França, mas ao mesmo tempo trabalhamos com suspeitas que esperamos provarem-se infundadas – a suspeita de que a república não subverteu o trono, mas apenas tomou seu lugar, tornado vazio. Ela foi proclamada não como uma conquista social, mas como uma medida nacional de defesa. Ela está nas mãos de um governo provisório composto, em parte, por notórios orleanistas e, em parte, por republicanos da classe média, sobre alguns dos quais a insurreição de junho de 1848 deixou seu indelével estigma. [...] Algumas de suas ações demonstram que eles herdaram do Império não apenas ruínas, mas também seu pavor da classe trabalhadora. [...] A classe trabalhadora francesa se move, portanto, sob circunstâncias de extrema dificuldade. Qualquer tentativa de prejudicar o novo governo na presente crise, quando o inimigo está quase batendo às portas de Paris, seria uma loucura desesperada. Os operários franceses devem cumprir seus deveres como cidadãos, mas, ao mesmo tempo, não se devem deixar balançar pelas *souvenirs* [reminiscências] nacionais de 1792, como o camponês francês, que se deixou iludir por aquelas do Primeiro Império. Eles não têm de recapitular o passado, mas sim edificar o futuro. Que eles aperfeiçoem calma e decididamente as oportunidades da liberdade republicana para a obra de sua própria organização de classe. Isso lhes dará novos e hercúleos poderes para a regeneração da França e para nossa tarefa comum – a emancipação do trabalho. De seus esforços e sabedoria depende o destino da República. [...]

Que as seções da Associação Internacional dos Trabalhadores em cada país possa impelir as classes trabalhadoras à ação. Se abdicarem de seu dever, se permanecerem passivas, a terrível guerra atual será apenas o prenúncio de conflitos internacionais ainda mais mortíferos e em todos os países se dará um renovado triunfo sobre os operários pelos senhores da espada, da terra e do capital. *Vive la Republique!*

56
[A novidade da Internacional][81]
Karl Marx

Quanto à Internacional, [Marx] diz que o grande sucesso que até hoje coroou seus esforços foi o resultado de circunstâncias sobre as quais os próprios membros não têm controle algum. A própria fundação da Internacional foi o resultado dessas circunstâncias, e não dos esforços dos homens que nela atuam. Não foi a obra de nenhum grupo de políticos astutos; todos os políticos do mundo não teriam conseguido criar a situação e as circunstâncias necessárias para o sucesso da Internacional. A Internacional não oferece nenhum credo particular. Sua tarefa é a de organizar as forças do trabalho, interconectando e articulando os vários movimentos operários. As circunstâncias que possibilitaram tal desenvolvimento à Associação foram as condições sob as quais os trabalhadores acabaram cada vez mais oprimidos em todo o mundo, e este foi o segredo do sucesso. Os eventos das últimas semanas mostraram indubitavelmente que a classe trabalhadora deve lutar por sua emancipação. As perseguições dos governos contra a Internacional são como as perseguições da Roma antiga contra os cristãos primitivos. Também estes eram pouco numerosos no início, mas os patrícios de Roma perceberam instintivamente que, caso os cristãos vencessem, o Império Romano estaria acabado. As perseguições de Roma não salvaram o império, e as perseguições de nossos dias contra a Internacional não salvarão o atual estado de coisas.

---

[81] Este texto é a sinopse de um discurso de Karl Marx pouco antes do final da Conferência de Londres de 1871, para celebrar o sétimo ano da fundação da AIT. Sua versão completa foi publicada no jornal *The World*, de Nova York, em 15 de outubro de 1871, de acordo com a transcrição de seu correspondente. Ela também pode ser encontrada em *Marx Engels Collected Works*, (Londres, Lawrence & Wishart, 1986), v. 22, p. 633-4.

O que é novo na Internacional é o fato de ela ter sido criada pelos trabalhadores e para os trabalhadores. Antes da fundação da Internacional, todas as diversas organizações haviam sido fundadas para os trabalhadores por alguns radicais pertencentes às classes dominantes, mas a Internacional foi estabelecida pelos trabalhadores e para os trabalhadores. O movimento cartista, neste país, teve início com o consentimento e a assistência de radicais de classe média; mas, se tivesse obtido sucesso, teria sido em benefício da classe trabalhadora. A Inglaterra é o único país onde a classe trabalhadora é suficientemente desenvolvida e organizada para fazer que o sufrágio universal sirva a seu próprio interesse. Ele alude, então, à Revolução de Fevereiro [1848] como um movimento apoiado por uma parcela da burguesia contra o partido dominante. Essa revolução fez apenas promessas às classes trabalhadoras e substituiu um grupo de homens da classe dominante por outro. A Insurreição de Junho foi uma revolta contra a classe dominante inteira, inclusive sua parcela mais radical. Os trabalhadores que colocaram os novos homens no poder em 1848 sentiram instintivamente que haviam apenas trocado um grupo de opressores por outro, que haviam sido traídos.

O último movimento foi a Comuna, o maior já criado, e sobre isso não pode haver dúvidas: a Comuna é a conquista do poder político pelas classes trabalhadoras. Há muitas incompreensões a cerca da Comuna. A Comuna não pode instaurar uma nova forma de governo de classe. Ao destruir as condições existentes de opressão por meio da transferência de todos os meios de trabalho ao trabalhador produtivo, e assim forçando todo indivíduo – corporalmente apto – a trabalhar para viver, a única base para o domínio de classe e a opressão serão eliminadas. Mas antes que se possa operar tal mudança, será necessária uma ditadura proletária, e a primeira condição para isso é um exército proletário. É no campo de batalha que as classes trabalhadoras terão de conquistar o direito de emancipar a si mesmas. A tarefa da Internacional é organizar e combinar as forças do trabalho para a luta que virá.

57
[Sobre a importância da Internacional][82]
Karl Marx

[...] A diferença entre uma classe trabalhadora sem uma Internacional e uma classe trabalhadora com uma Internacional torna-se muito evidente se olhamos retrospectivamente para o período de 1848. Muitos anos foram necessários para que a própria classe trabalhadora reconhecesse a Insurreição de Junho de 1848 como a obra de sua própria vanguarda. A Comuna de Paris foi imediatamente aclamada pelo proletariado do mundo inteiro.

Vós, os delegados da classe trabalhadora, estais aqui reunidos para fortalecer a organização militante de uma sociedade que visa à emancipação do trabalho e à extinção dos ódios nacionais. Quase ao mesmo tempo, reúnem-se em Berlim os dignitários coroados de todo o mundo, a fim de forjar novos grilhões e tramar novas guerras.[83]

Vida longa à Associação Internacional dos Trabalhadores!

---

[82] Este texto é um breve excerto de *Report of the General Council to the Fifth Annual Congress of The International Working Men's Association Held at The Hague* [Relatório do Conselho Geral ao V Congresso Anual da Associação Internacional dos Trabalhadores, realizado em Haia]. Foi aprovado durante uma sessão do CG no fim de agosto (data desconhecida) e lido em alemão por Karl Marx (ver nota 1, p. 93) numa sessão desse congresso, em 5 de setembro. Sua primeira versão impressa foi publicada em 18 de setembro, no biebdomadário *Der Volksstaat*. Em outubro, foi traduzido para o inglês, o espanhol e o francês. A versão completa pode ser encontrada em GC, V, p. 453-62.

[83] Em setembro de 1872, os imperadores da Alemanha, do Império Austro-Húngaro e da Rússia reuniram-se para tentar restaurar a aliança reacionária entre esses Estados.

A questão irlandesa

International Working Men's Association.

CENTRAL COUNCIL,

18 GREEK STREET, LONDON, W.

———o+o———

Trade, Friendly, or any Working Men's Societies are invited to join in their corporate capacity, the only conditions being that the Members subscribe to the principles of the Association, and pay for the declaration of their enrolment (which is varnished and mounted on canvas and roller), the sum of 5s. No contributions are demanded from Societies joining, it being left to their means and discretion to contribute or not, or as they may from time to time deem the *efforts of the Association worthy of support.*

The Central Council will be pleased to send the Address and Rules, which fully explain the principles and aims of the Association, to any Society applying for them: and, if within the London district, deputations will gladly attend to afford any further information that may be required. Societies joining are entitled to send a representative to the Central Council. The amount of contribution for individual members is 1s. per annum, with 1d. for Card of Membership; which may be obtained; with every information concerning the Association, by applying to the Honorary Secretary, or at the Central Council's Meetings, which are held every Tuesday Evening, at 18 Greek Street, from Eight to Ten o'clock.

E. DUPONT, *Corresponding Secretary for France.*
K. MARX, ,, ,, Germany.
E. HOLTORP, ,, ,, Poland.
H. JUNG, ,, ,, Switzerland.
L. LEWIS, ,, ,, America.

G. ODGER. *President of Central Council.*
G. W. WHEELER, *Hon. Treasurer.*
W. R. CREMER, *Hon. Gen. Sec.*

Anúncio da Associação Internacional dos Trabalhadores.

58
[Sobre a questão feniana][84]
Eugène Dupont

[...] O que é fenianismo? É uma seita ou partido, cujos princípios são opostos aos nossos? Certamente não. Fenianismo é a reivindicação, por parte de um povo oprimido, de seu direito à existência social e política. As declarações fenianas não deixam espaço para qualquer dúvida quanto a isso. Eles afirmam a forma republicana de governo e a liberdade de consciência, rejeitam a religião estatal e defendem que a produção do trabalho deve pertencer aos trabalhadores e a posse da terra, ao povo. Quem poderia abjurar tais princípios? Apenas a cegueira e a má-fé podem defender o contrário. Somos informados de que aqueles que estão prestes a serem abatidos pela lei inglesa por sua devoção a essa causa estão exclamando: "Temos orgulho de morrer por nosso país e pelos princípios republicanos". Vejamos que valor têm as reprovações dirigidas aos fenianos pelos supostos libertadores ingleses. O fenianismo não está errado por completo, dizem eles, mas por que não empregar os meios legais de reuniões e manifestações, por meio dos quais obtivemos nossa *Reform Bill* [lei de reforma]? Confesso que é muito difícil alguém conseguir controlar sua indignação ao ouvir tais argumentos. Qual o sentido em falar de meios legais para um povo reduzido ao mais baixo estado de miséria ao longo dos séculos pela opressão inglesa – para pessoas que, de todas as partes do país, emigraram aos milhares para obter pão? Essa emigração de milhões de irlandeses para a América, não é ela o protesto legal mais eloquente? Tendo destruído tudo – a vida e a liberdade –, não é de surpreender que ali só se encontre o ódio ao opressor. Podem os ingleses falar de

---

[84] Este texto é um excerto da sinopse de um discurso de Eugène Dupont (ver nota 71, p. 252) ao CG, de 19 de novembro de 1867, dedicado à Irlanda. O discurso pode ser encontrado em GC, II, p. 175-7.

legalidade e justiça para aqueles que, sob a mais tênue suspeita de fenianismo, são detidos e encarcerados, e submetidos a torturas físicas e mentais que ultrapassam em muito as crueldades do Rei Bomba [Ferdinando II de Nápoles], de quem os pretensos libertadores tanto falaram?[85] [...] Sem ter a razão a seu lado, tal conduta é suficiente para provocar e justificar a resistência. Os operários ingleses que culpam os fenianos cometem mais do que um erro, pois a causa dos dois povos é a mesma; eles têm o mesmo inimigo a derrotar: a aristocracia rural e os capitalistas.

---

[85] Na Inglaterra, os prisioneiros políticos eram tratados como criminosos comuns, embora Gladstone e os liberais tivessem criticado os maus-tratos a prisioneiros políticos que lutavam pela unificação italiana.

59
[A Irlanda e a classe trabalhadora inglesa][86]
Karl Marx

Se a Inglaterra é o baluarte da propriedade fundiária e do capitalismo, o único ponto no qual se pode desferir um grande golpe contra a Inglaterra oficial é a *Irlanda*.

Em primeiro lugar, a Irlanda é o baluarte da propriedade fundiária inglesa. Se fosse derrubada na Irlanda, ela também o seria na Inglaterra. A operação inteira é cem vezes mais fácil na Irlanda, porque lá a luta econômica está concentrada exclusivamente na propriedade rural, porque essa luta é, ao mesmo tempo, uma luta nacional e porque lá o povo se encontra numa situação mais revolucionária e exasperada do que na Inglaterra. A propriedade fundiária na Irlanda só é mantida pelo *exército inglês*. Se a união forçada entre os dois países acabasse, uma revolução social irromperia imediatamente na Irlanda – mesmo que com um caráter retrógrado. A propriedade fundiária inglesa perderia não só uma grande fonte de sua riqueza, mas também sua maior força moral – o fato de *representar a dominação da Inglaterra sobre a Irlanda*. No entanto, ao preservar o poder de seus senhores rurais na Irlanda, o proletariado inglês os torna invulneráveis na própria Inglaterra.

Em segundo lugar, ao rebaixar ainda mais a classe trabalhadora por meio da imigração forçada da população irlandesa pobre, a burguesia inglesa não apenas explorou a pobreza irlandesa, mas também dividiu o proletariado em dois campos hostis. A rebeldia do trabalhador celta não combina bem com a natureza pacata do anglo-saxão; de fato, em todos *os grandes centros industriais da Inglaterra* há um

---

[86] Este texto é outro excerto da resolução escrita por Karl Marx (ver nota 1, p. 93), descrita na nota 77, p. 260.

profundo antagonismo entre os proletários irlandeses e os ingleses. O trabalhador inglês comum odeia o trabalhador irlandês como um concorrente que rebaixa seu salário e seu padrão de vida; também alimenta contra ele antipatias nacionais e religiosas. É exatamente o mesmo modo como os brancos pobres dos estados sulistas da América do Norte se comportavam em relação aos escravos negros. Esse antagonismo entre os dois grupos de proletários no interior da própria Inglaterra é artificialmente mantido e alimentado pela burguesia, que sabe muito bem que essa cisão é o verdadeiro segredo da preservação de seu próprio poder.

Esse antagonismo é reproduzido uma vez mais do outro lado do Atlântico. Os irlandeses, expulsos de seu solo nativo pelo gado bovino e ovino, desembarcaram na América do Norte, onde constituem uma proporção considerável e crescente da população. Seu único pensamento, sua única paixão, é seu ódio contra a Inglaterra. Os governos ingleses e americanos (em outras palavras, as classes que eles representam) alimentam essa paixão, de modo a manter sempre viva a luta subterrânea entre os Estados Unidos e a Inglaterra; dessa maneira, eles podem prevenir a aliança sincera e profícua entre as classes trabalhadoras de ambos os lados do Atlântico, aliança que conduziria à sua emancipação.

Além disso, a Irlanda é a única justificativa de que o governo inglês dispõe para manter um grande exército regular, que, como vimos, é capaz de, em caso de necessidade, atacar os trabalhadores ingleses após ter realizado seu treinamento básico na Irlanda.

Finalmente, o que a Roma antiga demonstrou numa escala gigantesca pode ser observado na Inglaterra de hoje. Um povo que subjuga outro povo forja suas próprias cadeias.

Portanto, a atitude da Associação Internacional dos Trabalhadores em relação à questão irlandesa é absolutamente clara. Sua primeira necessidade é impulsionar a realização da revolução social na Inglaterra, e, para esse objetivo, o grande golpe deve ser dado na Irlanda.

As resoluções do Conselho Geral sobre a anistia irlandesa buscam apenas conduzir a outras resoluções, nas quais se declara que, independentemente das demandas por justiça internacional, uma precondição essencial para a emancipação da classe trabalhadora inglesa é transformar a atual união forçada (em outras palavras, a escravização da Irlanda) numa confederação livre e igual, se possível, e efetuar uma separação total, se necessário. [...]

60
[As relações entre as seções irlandesas e o Conselho Federal Britânico][87]
Friedrich Engels

[...] As seções irlandesas na Inglaterra estão sob a jurisdição do Conselho Federal Britânico tanto quanto as seções francesas, alemãs, italianas e polonesas. Os irlandeses constituem, para todos os efeitos, uma nacionalidade distinta, e o fato de usarem a língua inglesa não pode privá-los do direito, comum a todos, de possuir uma organização nacional independente no interior da Internacional.

[...] Há o fato de sete séculos de conquista inglesa e opressão da Irlanda, e enquanto existir essa opressão será um insulto pedir aos trabalhadores irlandeses que se submetam ao Conselho Federal Britânico. A posição da Irlanda em relação à Inglaterra não é a de um igual, mas tal qual a da Polônia em relação à Rússia. O que se diria se o Conselho conclamasse as seções polonesas a reconhecer a supremacia do Conselho Federal Russo em Petersburgo, ou as seções da Prússia Polonesa, de Schleswig do Norte e da Alsácia a se submeterem ao Conselho Federal em Berlim? No entanto, o que se está pedindo às seções irlandesas é substancialmente a mesma coisa. Se os membros de uma nação conquistadora conclamam a nação por eles conquistada – e que continuam a dominar – a esquecer-se de sua nacionalidade e posição específicas, a fim de "eliminar as diferenças nacionais" etc., o que se tem é não um ato de internacionalismo, mas uma exortação aos dominados para que se submetam ao jugo, visando com isso justificar e perpetuar o domínio do conquistador sob a roupagem do internacionalismo. Significa sancionar a

---

[87] Esta passagem é extraída de um manuscrito de Friedrich Engels (ver nota 47, p. 204), que serviu de base para sua intervenção durante a reunião do CG em 14 de maio de 1872. O texto completo pode ser encontrado em GC, V, p. 297-300.

crença, muito comum entre os trabalhadores ingleses, de que eles são seres superiores em comparação aos irlandeses, de que constituem uma aristocracia tanto quanto os brancos pobres dos estados escravocratas se acreditavam aristocratas em relação aos negros.

Num caso como o dos irlandeses, o verdadeiro internacionalismo tem necessariamente de se basear numa organização eminentemente nacional; os irlandeses, assim como outras nacionalidades oprimidas, só podem entrar na Associação como iguais aos membros da nação conquistadora, e sob protestos contra a conquista. As seções irlandesas, portanto, não apenas estão justificadas, mas podem inclusive adotar como preâmbulo de seus estatutos a regra de que seu primeiro e mais urgente dever, como irlandeses, é estabelecer sua própria independência nacional. O antagonismo entre os trabalhadores irlandeses e ingleses foi sempre um dos mais poderosos meios pelos quais a dominação de classe foi exercida na Inglaterra. [...] Agora, pela primeira vez, há uma chance de fazer que os trabalhadores ingleses e irlandeses trabalhem juntos, em harmonia, para sua emancipação comum, um resultado ainda não atingido por nenhum movimento anterior em seu país. [...]

Se os promotores desse movimento estão realmente tomados do verdadeiro espírito internacionalista, que deem prova disso transferindo a sede do Conselho Federal Britânico para Dublin e submetam-se a um Conselho Irlandês.

[...] Se a moção for adotada pelo Conselho, este deverá informar os trabalhadores irlandeses de que, após o domínio da aristocracia inglesa sobre a Irlanda, e após o domínio da classe média inglesa sobre a Irlanda, eles têm agora de enfrentar o domínio da classe trabalhadora inglesa sobre a Irlanda.

Sobre os Estados Unidos

Victoria Woodhull (1838-1927).

Página da ata da reunião do Conselho Geral, de 29 de novembro de 1864, com o texto impresso da mensagem ao presidente Abraham Lincoln.

61
A Abraham Lincoln, presidente dos Estados Unidos da América[88]

Karl Marx

Parabenizamos o povo americano por tê-lo reelegido por uma larga maioria. Se "Resistência ao poder escravocrata" foi a discreta palavra de ordem de sua primeira eleição, o triunfante grito de guerra de sua reeleição é "Morte à escravatura".

Desde o início da titânica contenda americana, os operários da Europa sentiram instintivamente que a bandeira estrelada guiava o destino de sua classe. Na competição por territórios, que inaugurou a dura epopeia, não se tratava de decidir se as grandes áreas de solo virgem deveriam ser consagradas ao trabalho dos imigrantes ou prostituídas pela marcha do capataz de escravos?

Quando uma oligarquia de 300 mil senhores de escravos ousou inscrever, pela primeira vez na história do mundo, a palavra "escravatura" na bandeira da Revolta Armada; quando, no mesmo lugar onde há menos de um século a ideia de uma grande República Democrática surgiu pela primeira vez; onde foi concebida a primeira Declaração dos Direitos do Homem e foi dado o primeiro impulso à revolução europeia do século XVIII; quando, nesse mesmo lugar, a contrarrevolução, com persistência sistemática, glorificou-se de prescindir das "ideias vigentes no tempo da formação da velha constituição" e sustentou que a escravatura era "uma instituição benéfica", a velha solução do grande problema da

---

[88] Este texto de Karl Marx (ver nota 1, p. 93), uma mensagem congratulatória a Abraham Lincoln por ocasião de sua reeleição como presidente dos Estados Unidos da América, foi aprovado pelo CG em 29 de novembro de 1864 e publicado em 23 de dezembro, em *The Daily News*. O embaixador americano em Londres o enviou a Lincoln, que respondeu com uma carta, também publicada pelo *The Times*. O texto pode ser encontrado em GC, I, p. 51-4.

"relação do capital e do trabalho", proclamando cinicamente a propriedade sobre o homem como "a pedra fundamental do novo edifício" –, então as classes trabalhadoras da Europa entenderam imediatamente, antes mesmo que o engajamento fanático das classes altas em favor da fidalguia confederada desse seu funesto aviso, que a rebelião dos escravocratas soaria o chamado para uma santa cruzada generalizada da propriedade contra o trabalho, e de que nesse tremendo conflito do outro lado do Atlântico estavam em jogo não só o futuro dos trabalhadores, mas também suas conquistas passadas. Por conseguinte, eles suportaram pacientemente, por toda parte, as privações que lhes eram impostas pela crise do algodão, opuseram-se entusiasticamente à intervenção pró-escravatura de seus superiores – e, da maior parte da Europa, contribuíram com sua cota de sangue à boa causa.

Enquanto os trabalhadores, as verdadeiras forças políticas do Norte, permitiram que a escravatura corrompesse sua própria república, e que, diante do negro, dominado e vendido sem seu consentimento, vangloriaram-se da elevada prerrogativa do trabalhador branco de poder vender a si mesmo e escolher seu próprio senhor, foram incapazes de atingir a verdadeira liberdade de trabalho, ou de apoiar seus irmãos europeus em sua luta pela emancipação; mas essa barreira ao progresso foi varrida pelo mar vermelho da guerra civil.

Os trabalhadores da Europa estão seguros de que, assim como a Guerra de Independência dos Estados Unidos inaugurou uma nova era de ascensão para a classe média, também a guerra antiescravagista americana o fará para as classes trabalhadoras. Eles consideram um penhor da época que está por vir o fato de que tenha recaído a Abraham Lincoln, o obstinado filho da classe trabalhadora, conduzir seu país nas lutas sem-par pela salvação de uma raça agrilhoada e pela reconstrução de um mundo social.

62
Mensagem da Associação Internacional dos Trabalhadores ao presidente Johnson[89]
Karl Marx

O demônio da "instituição particularista" [escravatura], para cuja supremacia o Sul pegou em armas, não podia permitir que seus adoradores sucumbissem honradamente em campo aberto. O que começou na traição só podia acabar na infâmia. Assim como a guerra de Felipe II pela Inquisição fez surgir um Gerard, a rebelião pró-escravagista de Jefferson Davis produziu um Booth.

Não é nosso objetivo emitir palavras de lamento e horror, enquanto o coração de dois mundos palpita de emoção. Mesmo os sicofantas que, ano após ano, dia após dia, realizaram um verdadeiro trabalho de Sísifo para assassinar moralmente Abraham Lincoln e a grande República que ele governava, encontram-se agora tomados por essa comoção universal dos sentimentos populares e rivalizam entre si para espalhar flores retóricas sobre seu túmulo aberto. Enfim descobriram que ele era um homem que não se deixava intimidar pela adversidade, nem intoxicar-se pelo sucesso, que perseguia inflexivelmente seu elevado objetivo, nunca comprometendo por uma pressa cega sua lenta e ininterrupta progressão, nunca voltando atrás, jamais se deixando arrastar pela onda do favor popular nem desencorajar por um arrefecimento do ânimo do povo, temperando ações rigorosas com a benevolência de um coração bondoso, iluminando as negras cenas da paixão com o sorriso de seu humor e realizando seu trabalho titânico com humildade e simplicidade, enquanto os soberanos de direito divino fazem pequenas coisas com

---

[89] Em seguida ao assassinato de Abraham Lincoln, o CG decidiu enviar uma carta a seu sucessor, Andrew Johnson. O texto foi escrito por Karl Marx (ver nota 1, p. 93), aprovado numa sessão em 9 de maio de 1965 e publicado no jornal *The Bee-Hive*, em 20 de maio. Ele pode ser encontrado em GC, I, p. 294-6.

pompa e ruído grandiloquentes; numa palavra, um dos raros homens que conseguiram se tornar grandes, sem deixarem de ser bons. De fato, tamanha era a modéstia deste grande e bom homem que o mundo só descobriu seu heroísmo depois que ele já havia caído como mártir.

O sr. Seward teve a honra de, ao lado de tal chefe, ter sido escolhido como a segunda vítima dos deuses infernais da escravatura. Não foi ele quem, num tempo de hesitação geral, teve a sagacidade e a coragem de predizer o "conflito inevitável"? Não deu ele provas, nas horas mais sombrias daquele conflito, de manter-se fiel ao dever de jamais perder a esperança na República e em suas estrelas? Esperamos sinceramente que ele e seu filho restabeleçam sua saúde, sua atividade pública e suas merecidas honras bem antes de transcorridos "noventa dias"[90].

Após uma tremenda guerra civil – que, considerando-se suas vastas dimensões e seu gigantesco teatro de operações, não parece ter durado mais de noventa dias em comparação com as guerras dos Cem Anos, dos Trinta Anos e dos 23 Anos do Velho Mundo – é a vós, senhor, que cabe a tarefa de erradicar pela lei o que foi decidido pela espada, e de presidir o árduo trabalho de reconstrução política e regeneração social.

Uma profunda consciência de vossa grandiosa missão vos salvará de todo compromisso no cumprimento de vossos rigorosos deveres. Jamais esquecereis que o povo americano, para dar início a uma nova era da emancipação do trabalho, conferiu a responsabilidade da direção a dois homens do trabalho: um deles é Abraham Lincoln e o outro, Andrew Johnson.

---

[90] William H. Seward, secretário de Estado de Lincoln e forte oponente da escravatura, foi seriamente ferido, assim como seu filho, numa tentativa de assassinato coincidente com o atentado de Booth a Lincoln. A resposta inicial à rebelião dos estados sulistas foi uma mobilização militar por noventa dias.

63
Mensagem à União Nacional do Trabalho dos Estados Unidos[91]

Karl Marx

Companheiros trabalhadores: [...] Numa mensagem de congratulações ao sr. Lincoln pela sua reeleição como presidente, expressamos nossa convicção de que a Guerra Civil Americana mostraria ser de grande importância para o avanço da classe trabalhadora, do mesmo modo como a Guerra de Independência dos Estados Unidos havia provado ser em relação à classe média. E, de fato, o resultado vitorioso da guerra contra a escravidão inaugurou uma nova época nos anais da classe trabalhadora. Nos próprios Estados surgiu, desde aquela data, um movimento operário independente, observado com um olhar malévolo por nossos velhos partidos e seus políticos profissionais. Para dar frutos, ele precisa de anos de paz. Para esmagá-lo, é necessária uma guerra entre os Estados Unidos e a Inglaterra.

O efeito palpável imediato da Guerra Civil foi, é claro, deteriorar a posição dos operários americanos. Nos Estados Unidos, assim como na Europa, o pesadelo monstruoso de uma dívida nacional foi transferido de uma mão à outra, até cair sobre os ombros da classe trabalhadora. Os preços dos meios de subsistência, diz um de seus homens de Estado, aumentou 78% desde 1860, ao passo que os salários do trabalhador não qualificado aumentaram apenas 50%, e o dos trabalhadores qualificados, 60%. "Atualmente, a miséria", queixa-se ele, "cresce nos Estados Unidos mais rapidamente que a população." Além disso, o sofrimento das classes trabalhadoras tornou ainda mais evidente o luxo dos novos aristocratas

---

[91] Este texto é um excerto de uma mensagem escrita por Karl Marx (ver nota 1, p. 93), aprovada pelo CG em 11 de maio de 18069 e publicada quatro dias mais tarde, no jornal *The Bee-Hive*. A versão completa pode ser encontrada em GC, III, p. 319-21.

financeiros, dos aristocratas vulgares e de outros vermes alimentados pelas guerras. Mas a Guerra Civil compensou tudo isso com a libertação dos escravos e o consequente impulso moral que isso deu a seu próprio movimento de classe. Uma segunda guerra, não consagrada por um propósito sublime e uma grande necessidade social, mas do tipo daquelas do Velho Mundo, forjaria os grilhões para o trabalhador livre, em vez de romper aqueles dos escravos.[92] A miséria acumulada que a ela se seguiu forneceria imediatamente a seus capitalistas o motivo e os meios para separar a classe trabalhadora de suas ousadas e justas aspirações por meio do gládio desalmado de um exército permanente.

De vós, portanto, depende a gloriosa tarefa de provar ao mundo que hoje as classes trabalhadoras pisam o palco da história, não mais como empregados servis, mas como atores independentes, conscientes de sua própria responsabilidade e capazes de comandar a paz quando seus pretensos patrões clamam por guerra.

---

[92] A ameaça de guerra contra a Inglaterra tornou-se crítica quando o cruzador confederado de fabricação inglesa, *CSS Alabama*, afundou e/ou capturou 64 embarcações. Políticos beligerantes pediram uma compensação de 2 bilhões de dólares.

64
[Eliminar o nacionalismo das mentes dos trabalhadores][93]
Johann Georg Eccarius

Um de nossos objetivos é eliminar das mentes dos trabalhadores qualquer resquício de antipatias, ou mesmo animosidades nacionais. [...]

Os trabalhadores de Paris não têm interesses próprios, que precisem ser protegidos de uma provável ingerência dos trabalhadores americanos. Consideramos os interesses dos trabalhadores franceses residentes nos Estados Unidos como estritamente idênticos aos interesses de todos os trabalhadores dos Estados Unidos. [...]

Não podemos admitir que franceses ou alemães tenham um interesse distinto ou oposto ao interesse de quaisquer outros trabalhadores, e sempre os conclamamos a participar ativamente e a identificar-se com o movimento dos trabalhadores do país em que residem, particularmente na América. [...]

---

[93] Este texto é um excerto da *Letter from the General Secretary in London* [Carta do secretário geral em Londres], escrita em 23 de abril de 1870 por Johann Georg Eccarius (ver nota 34, p. 172), em resposta à proposta de escolher os representantes da AIT nos Estados Unidos com base em sua nacionalidade. A versão completa foi publicada num desconhecido jornal norte-americano e incluída na ata da reunião do CG de 24 de maio. Ela pode ser encontrada em GC, III, p. 243-5.

Organização política

Friedrich Engels e Karl Marx no Congresso de Haia, 1872.

65
Normas gerais da Associação Internacional dos Trabalhadores[94]

Karl Marx e Friedrich Engels

Considerando,

que a emancipação das classes trabalhadoras tem de ser conquistada pelas próprias classes trabalhadoras; que a luta pela emancipação das classes trabalhadoras significa não a luta por privilégios e monopólios, mas por iguais direitos e deveres e pela abolição de todo domínio de classe;

que a sujeição econômica do homem que trabalha para o monopolizador dos meios de trabalho – isto é, das fontes da vida – repousa no âmago da servidão em todas as suas formas, de toda miséria social, degradação mental e dependência política;

que a emancipação econômica das classes trabalhadoras é, portanto, o grande fim ao qual todo movimento político deve estar subordinado como meio;

---

[94] O texto *Provisional Rules of the Association* [Normas Provisórias da Associação] foi originalmente escrito por Karl Marx (ver nota 1, p. 93) em outubro de 1864 e aprovado pelo CG em 1º de novembro. Foi impresso na publicação referida na nota 1, p. 93. Entre o fim de setembro e o início de outubro de 1871, Marx e Friedrich Engels (ver nota 47, p. 204) elaboraram este texto, uma nova versão que levava em consideração as mudanças ocorridas na organização ao longo dos anos. Publicado em novembro, no panfleto *General Rules and Administrative Regulations of the International Working Men's Association* [Normas Gerais e Regulamentos Administrativos da Associação Internacional dos Trabalhadores] (Londres, Edward Truelove, 1871). Finalmente, após ser aprovado pelos delegados do Congresso de Haia (1872), o texto de 1871 foi complementado pelo artigo 7a, extraído da resolução IX da Conferência de Londres de 1871 (incluída no fragmento 69). A versão de 1864 pode ser encontrada em GC, I, p. 288-91. O texto de 1871, que é publicado aqui, está incluído em GC, IV, p. 451-4; o artigo 7a complementar encontra-se em HAGUE, p. 282.

que todos os esforços visando a esse grande fim falharam até então devido à falta de solidariedade entre as variadas divisões do trabalho em cada país e à ausência de um vínculo fraternal entre as classes trabalhadoras dos diferentes países;

que a emancipação do trabalho não é nem uma emancipação local, nem nacional, mas um problema social, abrangendo todos os países em que existe a sociedade moderna e dependendo, para sua solução, da confluência, prática e teórica, de todos os países avançados;

que o reavivamento atual das classes trabalhadoras nos países mais industrializados da Europa, enquanto representa uma nova esperança, traz uma advertência solene contra a recaída em velhos erros e conclama pela combinação imediata dos movimentos ainda desconexos.

Por essas razões –

A Associação Internacional dos Trabalhadores foi fundada.

Ela declara:

Que todas as sociedades e indivíduos que a ela aderem reconhecerão a verdade, a justiça e a moralidade como a base de sua conduta uns para com os outros e para com cada homem, sem distinção de cor, credo ou nacionalidade.

Que não reconheçam *nenhum direito sem deveres, nem deveres sem direitos*.

E, nesse espírito, as seguintes regras foram traçadas:

1. Esta Associação está estabelecida para proporcionar um meio central de comunicação e cooperação entre sociedades operárias de diferentes países e que visam à mesma finalidade, isto é, a proteção, o avanço e a completa emancipação das classes trabalhadoras.

2. O nome da sociedade será "Associação Internacional dos Trabalhadores".

3. Um Congresso Geral dos Trabalhadores deverá ser realizado anualmente, com a participação de delegados de todos os ramos da Associação. Caberá ao congresso proclamar as aspirações comuns da classe trabalhadora, tomar as medidas necessárias para a atuação bem-sucedida da Associação Internacional e eleger o Conselho Geral da sociedade.

4. Cada congresso determinará a data e o local de realização do próximo evento. Os delegados se reunirão na data e no local determinados, sem qualquer convocação especial. O Conselho Geral poderá, em caso de necessidade, mudar de sede,

mas não tem o poder de adiar a realização anual do congresso. O congresso escolhe a sede e elege os membros do Conselho Geral anualmente. O Conselho Geral, assim eleito, terá o poder de aumentar o número de seus membros.

Em suas reuniões anuais, o Congresso Geral deve receber uma prestação de contas das transações anuais do Conselho Geral. Este último pode, em caso de emergência, convocar o Congresso Geral antes do prazo anual regular.

5. O Conselho Geral deve consistir de trabalhadores dos diferentes países representados na Associação Internacional. Ele deve, dentre seus próprios membros, eleger os oficiais necessários para suas atividades, tais como um tesoureiro, um secretário-geral, secretários correspondentes para os diferentes países etc.

6. O Conselho Geral deve formar uma agência internacional entre os diferentes grupos nacionais e locais da Associação, de modo que os operários num país sejam constantemente informados dos movimentos de sua classe em qualquer outro país; que um levantamento sobre o estado social dos diferentes países da Europa seja feito simultaneamente e sob uma direção comum; que as questões de interesse geral surgidas numa sociedade possam ser discutidas por todas as outras e que, quando medidas práticas imediatas precisem ser tomadas – como, por exemplo, no caso de desavenças internacionais –, a ação das sociedades associadas seja simultânea e uniforme. Sempre que parecer oportuno, o Conselho Geral deve tomar a iniciativa de propostas a serem apresentadas perante as diferentes sociedades, nacionais ou locais. A fim de facilitar as comunicações, o Conselho Geral deve publicar relatórios periódicos.

7. Como o sucesso do movimento operário em cada país não pode ser assegurado, por um lado, senão pelo poder da união e da combinação, enquanto, por outro, a utilidade do Conselho Geral da Internacional depende grandemente da circunstância de saber se ele tem de lidar com alguns poucos centros nacionais de associações operárias ou com um grande número de pequenas e desconectadas sociedades locais; os membros da Associação Internacional devem usar todos os seus esforços para combinar as sociedades operárias desconectadas de seus respectivos países em corpos nacionais, representados por órgãos nacionais centrais. É autoevidente, porém, que a aplicação dessa regra dependerá das leis peculiares de cada país e que, excetuando os obstáculos legais, nenhuma sociedade local pode ser impedida de se corresponder diretamente com o Conselho Geral.

Artigo 7a – Em sua luta contra o poder reunido das classes possuidoras, o proletariado só pode se apresentar como classe quando constitui a si mesmo num partido político particular, o qual se confronta com todos os partidos precedentes formados pelas classes possuidoras.

Essa unificação do proletariado em partido político é indispensável para assegurar o triunfo da revolução social e de seu fim último – a abolição das classes.

A união das forças dos trabalhadores, que já é obtida mediante a luta econômica, precisa se tornar, nas mãos dessa classe, uma alavanca em sua luta contra o poder político de seus exploradores. Porque os senhores da terra e do capital se servem de seus privilégios políticos para proteger e perpetuar seus monopólios econômicos, assim como para escravizar o trabalho. A conquista do poder político converte-se assim numa grande obrigação do proletariado.

8. Toda seção tem o direito de escolher seu próprio secretário, que se corresponderá diretamente com o Conselho Geral.

9. Qualquer pessoa que reconheça e defenda os princípios da Associação Internacional dos Trabalhadores pode ser eleita como membro dessa sociedade. Cada seção é responsável pela integridade do membro que ela admite nos quadros da Associação.

10. Todo membro da Associação Internacional, ao mudar seu domicílio de um país a outro, receberá o apoio fraternal dos membros da Associação.

11. Embora unidas num elo perpétuo de cooperação fraternal, as sociedades operárias que se filiarem à Associação Internacional preservarão intactas suas organizações existentes.

12. As presentes normas podem ser revisadas a cada congresso, contanto que dois terços dos delegados presentes sejam favoráveis a tal revisão.

13. Tudo aquilo não especificado no presente estatuto será matéria de regulações especiais, sujeitas à revisão de cada congresso.

66
Aos trabalhadores da Grã-Bretanha e da Irlanda[95]

Johann Georg Eccarius, Karl Kaub, George Odger, George Wheeler e William Worley

Companheiros trabalhadores!

É um fato que, entre os milhares de jornais diários e semanais que existem atualmente, podem-se contar nos dedos aqueles que defendem os interesses da classe trabalhadora e a causa do trabalho. E isso não é de admirar, se atentamos para o fato de que, quase sem exceção, eles pertencem a capitalistas, que deles se servem para propósitos políticos ou especulações comerciais. Assim, a publicidade de questões que dizem respeito à nossa liberação política, nossa emancipação social ou bem-estar material como trabalhadores assalariados depende em grande medida do sofrimento, e quando hoje um editor, em sua sapiência superior, resolve colocar-se do nosso lado, é frequentemente duvidoso se uma oposição decidida não seria preferível ao favor que ele nos presta. Esse é um estado de coisas muito insatisfatório para um conjunto de homens como os operários deste país, com suas altas e bem fundadas aspirações a ascender na escala política e social.

---

[95] Este texto é um excerto da mensagem "Aos trabalhadores da Grã-Bretanha e Irlanda", publicada em 2 de setembro de 1865 em *The Miner and Workman's Advocate*. Essa publicação foi uma das primeiras providências da recém-criada sociedade por ações Industrial Newspaper Company, que comprou o jornal e o transformou num dos órgãos oficiais da AIT. Karl Kaub era um operário alemão que imigrou para Londres e foi membro do CG de 1864 a 1865; George Odger (1820-1877) era um membro proeminente do movimento trabalhista britânico; foi presidente da AIT de 1864 e 1867, assim como membro do CG desde sua fundação até 1871; George Wheeler era um sindicalista, membro do CG de 1864 a 1867; William Worley era um tipógrafo inglês, membro do CG de 1864 a 1867; a informação sobre Johann Georg Eccarius pode ser encontrada na nota 34, p. 172. A versão completa está publicada em GC, I, p. 299-300.

Trabalhadores, uni-vos!

A Benjamin Franklin atribui-se o ditado: "Se você quer que algo seja feito, e bem-feito, então faça você mesmo", e isso é precisamente o que temos de fazer. Para que sua almejada ascensão não se mostre como uma ilusão e um escárnio, precisamos tomar em nossas próprias mãos a tarefa de nossa salvação, e isso só poderá ser feito se assumirmos uma posição mais proeminente na imprensa e na tribuna do que o fizemos até então.

Para nos precavermos contra falsos amigos, necessitamos de uma imprensa própria. E, para tanto, precisamos criar e apoiar tantos jornais e periódicos quanto pudermos, nos quais poderemos advogar e defender nossa própria causa contra inimigos declarados e amigos maliciosos. Na imprensa, assim como na tribuna, precisamos nos qualificar para nos mantermos contra todas as forças hostis; pois então, e apenas então, conseguiremos melhorar nossa condição. [...]

67
[Sobre a privação das liberdades políticas][96]
Charles Perron, Pioley, Reymond, Vézinaud e Sameul Treboux

[...] A privação das liberdades políticas não constitui um obstáculo à emancipação social dos trabalhadores e uma das causas principais das perturbações sociais (desemprego)?

Respondemos: sim, a privação das liberdades políticas é um obstáculo à emancipação social dos trabalhadores; sim, a privação dessas liberdades é uma das principais causas das perturbações sociais e do desemprego que se abatem tão cruelmente sobre os trabalhadores.

Os diferentes relatórios que foram lidos no Congresso demonstraram de maneira evidente que os trabalhadores que aceitam viver privados de suas liberdades políticas condenam a si mesmos a girar num círculo vicioso, funesto a seus verdadeiros interesses e que eles têm de superar. [...]

Para pôr um fim a esse *status quo* fatal, e que sem isso duraria indefinidamente, é preciso que desde o início a emancipação política seja reivindicada com a mesma energia que reivindicamos a emancipação social.

Consequentemente, a Comissão propõe ao Congresso que a assembleia faça a seguinte a declaração:

---

[96] Este é um excerto do texto descrito na nota 10, p. 118. Provavelmente fruto de um esforço coletivo, o relatório aqui reproduzido foi escrito pelo comitê sobre liberdades políticas. Seus membros eram: Pioley, mecânico parisiense; Charles Perron (1837-1909), um reconhecido cartógrafo genebrino, editor do jornal *Égalité*, seguidor das teorias de Mikhail Bakunin e delegado nos congressos de Lausanne (1867), Bruxelas (1868) e Berna (1876) da AIT "autonomista"; Reymond; Samuel Treboux, pedreiro de Genebra; e Vézinaud, sapateiro de Bordeaux.

O Congresso Internacional dos Trabalhadores, reunido em Lausanne em setembro de 1867, considerando:

que a privação das liberdades políticas é um obstáculo à instrução social do povo e à emancipação do proletariado,

declara,

1. Que a emancipação social dos trabalhadores é inseparável de sua emancipação política.

2. Que o estabelecimento das liberdades políticas é uma medida primeira e absolutamente necessária. [...]

68
[Contra as sociedades secretas][97]
Karl Marx

[...] De acordo com nossos estatutos, é certamente a missão especial de todas as nossas seções na Inglaterra, no continente e nos Estados Unidos agir como centros para a organização da classe trabalhadora, mas também a de auxiliar, em seus diferentes países, todos os movimentos políticos que tendem à realização desse fim último, a saber, a *emancipação econômica da classe trabalhadora*. Ao mesmo tempo, esses estatutos estabelecem que todas as seções de nossa Associação devem agir à luz do dia. Se nossos estatutos não fossem taxativos sobre esse ponto, a própria natureza de uma associação que se identifica com as classes trabalhadoras excluiria de seu âmbito qualquer forma de sociedade secreta. Se as classes trabalhadoras – que formam a grande massa de todas as nações, produzem toda a riqueza destas últimas e em nome das quais mesmo os poderes usurpadores sempre pretendem governar – conspiram, elas conspiram publicamente, tal como o sol conspira contra a escuridão, com a plena consciência de que sem sua luz não existe qualquer poder legítimo. [...]

---

[97] Este texto é parte da sinopse de um discurso proferido durante a sessão do CG em 3 de maio de 1870. A versão completa pode ser encontrada em GC, III, p. 231-2.

69
[Sobre a importância da luta política][98]
Friedrich Engels

[...] Como vós dizeis, a atenção do povo tem sido atraída, em grande medida, pelas declamações vazias dos velhos partidos, que, com isso, obstruíram enormemente nossa propaganda. Isso ocorreu por toda parte, durante os primeiros anos do movimento proletário. Na França, na Inglaterra e na Alemanha, os socialistas foram forçados, e continuam a sê-lo, a combater a influência e a atividade dos velhos partidos políticos, sejam eles aristocráticos ou burgueses, monarquistas ou mesmo republicanos. Em todos os lugares, a experiência mostrou que a melhor maneira de emancipar os trabalhadores dessa dominação dos velhos partidos é formar, em cada país, um partido proletário com uma política própria, manifestamente distinta daquela dos outros partidos, porquanto tem de expressar as condições necessárias para a emancipação da classe trabalhadora. Essa política pode variar em detalhes, de acordo com as circunstâncias específicas de cada país; mas enquanto as relações fundamentais entre o trabalho e o capital forem as mesmas em toda parte, e a dominação política das classes possuidoras sobre as classes exploradas for um fator universalmente existente, os princípios e objetivos da política proletária serão idênticos, ao menos em todos os países ocidentais. As classes possuidoras – a aristocracia rural e a burguesia – mantêm a população trabalhadora na servidão não só mediante o poder de sua riqueza, pela simples exploração do trabalho pelo capital, mas também pelo poder do Estado – pelo exército, pela

---

[98] Excerto de carta escrita em 13 de fevereiro de 1871 *Ao Conselho Federal Espanhol da Associação Internacional dos Trabalhadores*. Reafirmando a importância da luta no campo político, Friedrich Engels (ver nota 47, p. 204), à época secretário correspondente para a Espanha, tentava contrapor as teorias de Bakunin sobre a Península Ibérica. A versão completa pode ser encontrada em GC, IV, p. 479-82.

burocracia, pelos tribunais. Deixar de combater nossos adversários no campo político significaria abandonar uma das armas mais poderosas, particularmente na esfera da organização e propaganda. O sufrágio universal nos dá um excelente meio de luta. Na Alemanha, onde os trabalhadores possuem um partido político bem organizado, eles conseguiram enviar seis deputados à assim chamada Assembleia Nacional; e a oposição que nossos amigos Bebel e Liebknecht foram capazes de organizar nesse país contra uma guerra de conquista atuou mais poderosamente no interesse de nossa propaganda internacional do que o teriam feito reuniões e anos de propaganda na imprensa. Atualmente, também na França foram eleitos representantes dos trabalhadores, que proclamarão nossos princípios em alto e bom som. Nas próximas eleições, a mesma coisa acontecerá na Inglaterra. [...]

70
[Sobre a política da classe trabalhadora][99]
Édouard Vaillant

"Em presença de uma reação desabrida e momentaneamente vitoriosa, que sufoca todas as reivindicações de democracia socialista e visa manter pela força a distinção entre as classes, a Conferência lembra aos membros da Associação que as questões políticas e sociais são indissoluvelmente interconexas e constituem dois lados da mesma questão a ser resolvida pela Internacional: a abolição das classes.

Os trabalhadores têm de reconhecer nada menos que a solidariedade econômica que os une e conjugar suas forças, tanto no terreno político como no econômico, para o triunfo de sua causa."

[...] Vaillant antecipa duas objeções, as quais ele responde como segue: poder-se-ia dizer que essa declaração é imprudente e que colocaria a Associação sob a severidade dos governos; mas não temos visto sempre os governos perseguirem a Associação como uma sociedade política? Não há, portanto, razão alguma para evitarmos essa afirmação, mas, ao contrário, temos muito a ganhar com ela, pelo fato de que, de agora em diante, não haverá mais desculpas para incompreensões.

---

[99] Este texto contém uma resolução aprovada em 20 de setembro de 1871, na Conferência de Londres, juntamente com trechos de uma sinopse de um discurso em apoio de sua aprovação. Édouard Vaillant (1840-1915) foi um dos principais seguidores de Louis Auguste Blanqui e um dos líderes mais importantes da Comuna de Paris. Após a derrota da Comuna, ele fugiu para Londres, onde se tornou membro do CG de 1871 a 1872. Participou como delegado no Congresso de Haia (1872) e, em 1901, foi um dos fundadores do Partido Socialista Francês (SFIO). A versão completa pode ser encontrada em PI, II, p. 191-3.

A segunda objeção é esta: ele ouviu, de um membro da Conferência, que a Associação não deveria se envolver em política. [...]

[...] Nos estatutos, o princípio de sua proposição é indicado como um meio de se alcançar a abolição das classes e, desde o início, este foi o espírito que inspirou a fundação da Internacional; por isso, sua proposição apenas afirma energicamente um princípio essencial da Associação. [...]

A política da Associação deve ser socialista e ter apenas um objetivo: a abolição das classes.

71
[Sobre a ação política da classe trabalhadora][100]
Karl Marx

[...] Em quase todos os países, certos internacionalistas, baseando-se nas truncadas normas adotadas no Congresso de Genebra, disseram que não há em nossos estatutos qualquer obrigação de se engajar na ação política [e] promoveram a propaganda em favor da abstenção política, que os governos tiveram o cuidado de não interromper. [...]

Nos Estados Unidos, um recente congresso operário resolveu enfrentar a questão política e, ao selecionar homens para representá-los, decidiu substituir as personalidades que fazem da atividade política uma profissão por trabalhadores como eles mesmos, responsáveis por defender os interesses de sua classe.

Mas a ação política deveria estar de acordo com as condições em cada país. Na Inglaterra, não é muito fácil para um trabalhador chegar ao Parlamento. Como os membros do Parlamento não recebem qualquer compensação, e o trabalhador precisa trabalhar para se sustentar, o Parlamento se torna inacessível a ele, e a burguesia sabe muito bem que sua teimosa recusa em permitir salários para os membros do Parlamento é um meio de evitar que a classe trabalhadora seja nele representada. [...]

Mas a tribuna é o melhor instrumento de publicidade [e] não se deveria jamais crer que ter trabalhadores no Parlamento é algo de pouca importância. Se, por um

---

[100] Este texto é parte da sinopse de um discurso proferido por Karl Marx (ver nota 1, p. 93) em 20 de setembro de 1871, durante uma sessão da Conferência de Londres dedicada à discussão da ação política da classe trabalhadora. A versão completa pode ser encontrada em PI, II, p. 195-6.

lado, suas vozes são abafadas, como no caso de De Potter e Castian, ou se eles são expulsos, como no caso de Manuel, as represálias e repressões exercem um profundo efeito sobre o povo. Se, por outro lado, lhes é permitido falar do alto da tribuna parlamentar, como o fazem Bebel e Liebknecht, o mundo inteiro lhes ouve. Tanto num caso como noutro, nossos princípios ganham enorme divulgação. Para dar apenas um exemplo: quando, durante a guerra [franco-prussiana] travada na França, Bebel e Liebknecht apontaram a responsabilidade da classe trabalhadora diante daqueles eventos, toda a Alemanha foi sacudida; e mesmo em Munique, a cidade onde só ocorrem revoluções em razão do preço da cerveja, houve grandes demonstrações exigindo o fim da guerra – as quais, em Munique, angariaram muitos trabalhadores para a Associação Internacional.

Se os governos nos são hostis, é preciso responder a eles com todos os meios de que dispomos e lançar uma cruzada geral contra eles. Colocar trabalhadores no Parlamento é sinônimo de uma vitória sobre os governos, mas é preciso escolher os homens certos, não Tolains.

[...] A Associação sempre pediu, e já há muito tempo, que os trabalhadores se ocupassem com a atividade política.

72
[Sobre a questão do abstencionismo][101]
Karl Marx

Ele [Marx] explicou a história da abstenção da política e disse que essa questão não deveria ser deixada de lado. Os homens que antes propagavam essa doutrina eram utopistas bem intencionados, mas aqueles que hoje pretendem trilhar esse caminho não o são. Eles rejeitam a política até que se tenha uma luta violenta, e, com isso, conduzem o povo a uma oposição burguesa, formal, contra a qual temos de lutar ao mesmo tempo que lutamos contra os governos. [...]

Marx compartilha da opinião de Vaillant. Precisamos responder com um desafio a todos os governos que submetem a Internacional a perseguições, o que vale também para a Suíça. A reação existe em todo o continente; ela é geral e permanente – mesmo nos Estados Unidos e na Inglaterra –, de uma forma ou de outra.

Temos de anunciar aos governos: sabemos que sois o poder armado dirigido contra os proletários; agiremos contra vós de maneira pacífica onde for possível e com armas quando for necessário.

---

[101] Este texto é parte da sinopse de um discurso proferido por Karl Marx (ver nota 1, p. 93) em 21 de setembro de 1871, durante uma sessão da Conferência de Londres. A versão completa pode ser encontrada em PI, II, p. 195-6.

73
[Sobre a ação política da classe trabalhadora][102]
Friedrich Engels

Uma abstenção completa da ação política é impossível. A imprensa abstencionista participa da política todos os dias. A questão é apenas de como se dá essa participação e em qual política se participa. De resto, para nós a abstenção é impossível. O partido operário funciona atualmente como partido político na maior parte dos países, e não cabe a nós arruiná-lo pregando a abstenção. A experiência vivida, a opressão política dos governos existentes, obriga os trabalhadores a se ocuparem com a política, queiram eles ou não, seja por objetivos políticos ou sociais. Convencê-los a se abster é lançá-los nos braços da política burguesa. Após a Comuna de Paris, que colocou a ação política proletária na ordem do dia, a abstenção está inteiramente fora de questão.

Queremos a abolição das classes. Qual o meio de alcançá-la? O único meio é a dominação política do proletariado. E agora que isso é reconhecido por todos, querem nos convencer a não nos envolvermos na política. Os abstencionistas dizem que são revolucionários, e mesmo revolucionários *par excellence*. Mas a revolução é um ato político supremo, e aqueles que querem a revolução têm de querer também o meio de realizá-la, isto é, a ação política, que prepara o terreno para a revolução e fornece aos trabalhadores o treinamento revolucionário sem o qual

---

[102] Este texto de Friedrich Engels (ver nota 47, p. 204) é o rascunho de um discurso que foi proferido na sessão de 21 de setembro da Conferência de Londres de 1871. Foi parcialmente incluído em PI, II, p. 197-8 e sua versão completa em inglês pode ser encontrada em Karl Marx e Friedrich Engels, *Selected Works* (Moscou, Progress, 1986), v. 2, p. 245-6.

eles certamente se tornarão a massa de manobra dos Favres e Pyats[103] na manhã seguinte à batalha. No entanto, nossa política deve ser a política operária. O partido operário não deve jamais ser o apêndice de um partido burguês qualquer; ele deve ser independente e ter um objetivo e um programa próprios.

As liberdades políticas, o direito de assembleia e de associação e a liberdade de imprensa – essas são nossas armas. Vamos ficar parados e nos abstermos enquanto alguém tenta roubá-las de nós? Diz-se que uma ação política de nossa parte implica que aceitamos o estado de coisas existente. Pelo contrário: enquanto esse estado de coisas nos oferece os meios de protestar contra ele, nosso uso desses meios não significa que reconhecemos a ordem prevalecente.

---

[103] Jules Favre e Félix Pyat eram lideranças políticas proeminentes na França da época.

74
[Sobre a ação política da classe trabalhadora e outros assuntos][104]
Karl Marx e Friedrich Engels

[...]

Formação de seções de mulheres operárias

A Conferência recomenda a formação de seções femininas em meio à classe operária. Entende-se, no entanto, que essa resolução não interfere em absoluto na existência ou formação de seções compostas de ambos os sexos.

Estatística geral da classe trabalhadora

1. A Conferência convida o Conselho Geral a aplicar o artigo 5 do regulamento original relativo à estatística geral da classe trabalhadora e as resoluções do Congresso de Genebra, de 1866, sobre o mesmo assunto.

2. Toda seção local está obrigada a formar uma comissão especial de estatística, de modo a estar sempre pronto, nos limites de seus meios, a responder a quaisquer questões que lhe possam ser dirigidas pelo Conselho ou Comissão Federal de seu país, ou pelo Conselho Geral. Recomenda-se a todas as seções remunerarem os secretários da comissão de estatística, considerando o benefício geral que a classe trabalhadora obterá com seu trabalho. [...]

---

[104] Este texto reproduz as principais resoluções adotadas na Conferência de Londres de 1871. Escrito por Friedrich Engels (ver nota 47, p. 204) e Karl Marx (ver nota 1, p. 93), ele foi publicado em inglês no começo de novembro (Londres, International Printing Office, 1871) e em francês e alemão alguns dias mais tarde. O texto completo pode ser encontrado em GC, IV, p. 440-50.

As relações internacionais dos sindicatos

O Conselho Geral deve apoiar, como tem feito até então, a tendência crescente dos sindicatos dos diferentes países a estabelecer relações com os sindicatos da mesma categoria em todos os outros países. A eficiência de suas ações como agente internacional de comunicação entre as sociedades sindicais nacionais dependerá essencialmente da assistência prestada por essas mesmas sociedades à Estatística Geral do Trabalho realizada pela *Internacional*.

As diretorias dos sindicatos de todos os países devem manter o Conselho Geral informado dos endereços de seus respectivos escritórios.

Produtores agrícolas

1. A Conferência convida o Conselho Geral e os Conselhos ou Comissões Federais a preparar, para o próximo congresso, relatórios sobre os meios de assegurar a adesão dos produtores agrícolas ao movimento do proletariado industrial.

2. Enquanto isso, os Conselhos ou Comissões Federais estão convidados a enviar militantes aos distritos rurais, a fim de organizar reuniões públicas, propagar os princípios da Internacional e fundar seções rurais.

Ação política da classe trabalhadora

Considerando a seguinte passagem do preâmbulo de nossos estatutos:

"A emancipação econômica das classes trabalhadoras é, portanto, o grande fim ao qual todo movimento político deve estar subordinado como meio";

e que a mensagem inaugural da Associação Internacional dos Trabalhadores (1864) afirma:

"Os senhores da terra e os senhores do capital sempre usarão seus privilégios políticos para a defesa e a perpetuação de seus monopólios econômicos. Em vez de promover, eles continuarão a colocar todo tipo de impedimentos no caminho da emancipação do trabalho... Conquistar o poder político tornou-se, portanto, o grande dever das classes trabalhadoras";

que o Congresso de Lausanne (1867) aprovou esta resolução:

"A emancipação social dos trabalhadores é inseparável de sua emancipação política";

que a declaração do Conselho Geral acerca da trama dos internacionalistas franceses à véspera do plebiscito (1870) diz:

"De acordo com nossos estatutos, é certamente a missão especial de todas as nossas seções na Inglaterra, no continente e nos Estados Unidos agir como centros para a organização da classe trabalhadora, mas também a de auxiliar, em seus diferentes países, todos os movimentos políticos que tendem à realização desse fim último – a emancipação econômica da classe trabalhadora";

que falsas traduções dos estatutos originais deram origem a várias interpretações prejudiciais ao desenvolvimento e à ação da Associação Internacional dos Trabalhadores;

em presença de uma reação desenfreada, que esmaga violentamente todo esforço de emancipação da parte dos trabalhadores e pretende manter pela força bruta a distinção das classes e a consequente dominação política das classes proprietárias;

que essa constituição da classe trabalhadora num partido político é indispensável para assegurar o triunfo da revolução social e seu fim último – a abolição das classes;

que a combinação de forças que a classe trabalhadora já efetuou por meio de suas lutas econômicas deve ao mesmo tempo servir como uma alavanca para suas lutas contra o poder político dos senhores rurais e capitalistas.

A Conferência lembra aos membros da *Internacional*:

que na luta da classe trabalhadora, seu movimento econômico e sua ação política estão indissoluvelmente unidos.

Resoluções gerais quanto aos países onde a organização regular da Internacional sofre interferências dos governos

Naqueles países em que a organização regular da Internacional possa ter se tornado momentaneamente impraticável em consequência da interferência governamental, a Associação e seus grupos locais podem ser reformados sob vários outros nomes, mas todas as sociedades secretas já estão e permanecem sendo formalmente excluídas.

75
[Contra o sectarismo][105]
Karl Marx e Friedrich Engels

[...] De acordo com o artigo 1 de seus estatutos, a Associação Internacional dos Trabalhadores admite "todas as sociedades operárias que perseguem o mesmo fim, a saber, a proteção, o avanço e a emancipação completa das classes trabalhadoras".

Como as várias seções operárias num mesmo país (e as classes trabalhadoras em diferentes países) encontram-se sob diferentes circunstâncias e atingiram graus diversos de desenvolvimento, parece quase necessário que também divirjam as noções teóricas que refletem o movimento real.

No entanto, é certo que a comunidade de ação criada pela Associação Internacional dos Trabalhadores, a troca de ideias facilitada pelos órgãos públicos das diversas seções nacionais e os debates travados nos Congressos Gerais engendrarão pouco a pouco um programa teórico comum.

Consequentemente, não compete ao Conselho Geral submeter o programa da Aliança a um exame crítico. [...] O que temos de perguntar é apenas se sua meta

---

[105] Extrato de texto escrito por Friedrich Engels (ver nota 47, p. 204) e Karl Marx (ver nota 1, p. 93) entre o fim de janeiro e o início de março de 1872, intitulado *Fictitious Splits in the International* [Cisões fictícias na Internacional]. Foi publicado em maio daquele ano como uma brochura de 39 páginas em francês, com uma tiragem de 2 mil exemplares, pela Imprimerie Coopérative de Genève. O texto foi assinado pelo CG inteiro e continha o texto "The General Council of the International Working Men's Association to the International Alliance of Socialist Democracy" [Mensagem do Conselho Geral da Associação Internacional dos Trabalhadores à Aliança Internacional da Democracia Socialista] (aqui também parcialmente reproduzido), aprovado pelo CG em sua sessão de 9 de março de 1869 e enviada à organização dirigida por Mikhail Bakunin, depois que esta havia expressado sua disposição de dissolver-se e se incorporar à AIT. A versão completa pode ser encontrada em GC, V, p. 356-409.

geral não está em conflito com a meta geral da Associação Internacional de Trabalhadores, a saber, a completa emancipação da classe trabalhadora. Há uma frase em seu programa que deixa em aberto essa objeção. Ela se encontra [no] artigo 2: "A Aliança busca, acima de tudo, a equalização política, econômica e social das classes."

A "equalização das classes", interpretada de maneira literal, resulta na "harmonia entre capital e trabalho", tão persistentemente pregada pelos socialistas burgueses. Não é a logicamente impossível "equalização das classes", mas a historicamente necessária "abolição das classes" o verdadeiro segredo do movimento proletário, que constitui o grande objetivo da Associação Internacional dos Trabalhadores. [...]

Harmoniza-se com os princípios da Associação Internacional dos Trabalhadores deixar que cada seção forme livremente seu próprio programa teórico, exceto no caso singular de uma violação de sua meta geral. [...]

A primeira fase da luta do proletariado contra a burguesia é marcada por um movimento sectário. Isso é lógico num momento em que o proletariado ainda não se desenvolveu suficientemente para agir como uma classe. Certos pensadores criticam os antagonismos sociais e sugerem soluções fantásticas, que a massa dos trabalhadores acaba por aceitar, divulgar e pôr em prática. As seitas formadas por esses fundadores são abstencionistas por sua própria natureza – isto é, alheias a toda ação real: política, greves, coalizões ou, numa palavra, a todo movimento unido. A massa do proletariado permanece sempre indiferente ou mesmo hostil à sua propaganda. Os trabalhadores de Paris e Lyon não queriam os saint-simonistas, os fourieristas e os icarianos, assim como os chartistas e os *trade unionists* ingleses não queriam os owenistas. Essas seitas atuam como alavancas do movimento no início, mas se tornam um estorvo assim que o movimento os ultrapassa; depois disso, eles se tornam reacionários. Prova disso são as seitas na França e na Inglaterra – e, mais tarde, os lassalianos na Alemanha, que, depois de estorvar a organização do proletariado por muitos anos, acabaram convertendo-se em simples instrumentos da polícia. Em resumo, temos aqui a infância do movimento proletário, assim como a astrologia e a alquimia foram a infância da ciência. Para que a Internacional fosse fundada, foi necessário que o proletariado superasse essa fase.

Contrariamente à organização sectária, com seus caprichos e suas rivalidades, a Internacional é uma organização genuína e militante da classe proletária de todos os países, unida em sua luta comum contra os capitalistas e os senhores rurais, contra seu poder de classe organizado no Estado. Os estatutos da Internacional, portanto, falam apenas de simples "sociedades operárias", todas buscando o mesmo objetivo e aceitando o mesmo programa, que apresenta um esboço geral do movimento proletário, ao mesmo tempo que deixa sua elaboração teórica ser guiada pelas necessidades da luta prática e da troca de ideias nas seções, admitindo irrestritamente todos os matizes de convicções socialistas em seus órgãos e congressos. [...]

Todos os socialistas veem a anarquia como o seguinte programa: uma vez atingido o objetivo do movimento proletário – isto é, a abolição das classes –, desaparece o poder do Estado, que serve para manter a grande maioria dos produtores submetida a uma pequena minoria de exploradores, e as funções do governo se tornam simples funções administrativas.

A Aliança defende uma ideia totalmente distinta. Ela proclama a anarquia nas fileiras proletárias como o meio mais infalível de quebrar a poderosa concentração das forças sociais e políticas nas mãos dos exploradores. Sob esse pretexto, ela pede à Internacional, num momento em que o Velho Mundo busca uma maneira de esmagá-la, a substituição de sua organização pela anarquia. [...]

76
[A política anarquista][106]
James Guillaume

Há um mal-entendido entre nós, e eu devo esclarecê-lo, para mim mesmo e em nome de meus camaradas; esse mal-entendido já aparecera na Basileia [Congresso de 1869]. Nosso ponto de vista é aquele que Hins havia adotado em Bruxelas [Congresso de 1868], quando declarou: "Não queremos participar, seja nos governos atuais, seja no parlamentarismo; o que queremos é derrubar todos os governos". Infelizmente, permitimos que fôssemos descritos como abstencionistas, um nome muito pobre, escolhido por Proudhon. Defendemos certa política, de revolução social, da destruição da política burguesa e do Estado. [...] Rejeitamos a tomada do poder político do Estado, mas, ao contrário, exigimos a destruição completa do Estado, como uma expressão do poder político.

---

[106] Este texto é um excerto da sinopse de um discurso proferido por James Guillaume (ver nota 53, p. 214) em 5 de setembro de 1872, no Congresso de Haia. A sinopse completa pode ser encontrada em PI, II, p. 360.

77
[Sobre a importância de uma organização central da classe trabalhadora][107]
Seção parisiense

Cidadãos, não pretendemos embarcar em novas aventuras. Além disso, nossas fileiras foram reduzidas, nossos melhores soldados, exilados ou fuzilados. Não devemos nos esquecer disso. Por essa razão, viemos declarar formal e absolutamente que não temos interesse em qualquer demonstração material e violenta até que os quadros da Internacional em Paris tenham sido reformados, até que as forças da classe trabalhadora se tenham agrupado, até que cada um dos membros da Internacional em Paris tenha absorvido os princípios sociais.

Rejeitamos e desprezamos, a qualquer preço, todo e qualquer compromisso com um partido puramente político. Não queremos ser transformados numa sociedade secreta, nem queremos submergir no atoleiro da evolução puramente econômica. Porque uma sociedade secreta conduz a aventuras, nas quais o povo é sempre a vítima; porque a evolução puramente econômica levaria à criação de uma nova classe, e isso contradiz o espírito da Internacional.

Consideramos, afirmamos e declaramos publicamente que somos e continuaremos a ser a Internacional. [...]

---

[107] Este texto é um excerto da *Declaration of the Paris Sections to the Delegates of the International Association Assembled in Congress* [Declaração das seções parisienses aos delegados da Associação Internacional reunidos no Congresso]. Foi enviado pela seção Ferré, um dos primeiros ramos da AIT estabelecidos após a derrota da Comuna de Paris, e lido numa das sessões do dia 7 de setembro de 1872, no Congresso de Haia. Foi publicado oito dias depois, no jornal *La Liberté*. O texto completo pode ser encontrado em HAGUE, p. 233-6.

Deixe-nos dizer, então, que o que temos em mente é autonomia e concentração. Cidadãos, o Comitê Central e a Comuna proporcionaram ao proletariado parisiense uma experiência dolorosa, porém fértil.

De fato, ele experimentou o desastre que decorre sempre que o indivíduo fica paralisado entre a tradição centralizadora – que está, por assim dizer, na medula dos ossos do indivíduo moderno – e o conceito de autonomia que se encontra em sua mente num estado de abstração, de pura teoria.

No entanto, cidadãos, a autonomia é o princípio salvador para a sociedade moderna. Mas apenas sob a condição expressa e absoluta de que seu exercício seja regulado pela consciência de direitos e deveres. De outro modo, como esse exercício poderia levar a outra coisa senão à confusão e à ruína, se os indivíduos não estão conscientes de seus direitos e deveres quando têm de combater inimigos disciplinados pela autoridade?

Devemos, cidadãos, abandonar a todo custo as regiões da pura teoria, devemos nos esquecer de nós mesmos e pensar que as massas são ignorantes, obstinadas e inertes, em razão de sua grande quantidade de preconceitos. E é sua educação, sua transformação, sua emancipação, no fim das contas, que a Associação Internacional tem a missão de realizar.

A federação deriva da autonomia, e a autonomia só pode oferecer garantia social e política se baseada na noção de direitos e deveres. [...]

Para cumprir essa tarefa é necessária uma organização central, que discipline a ação da classe trabalhadora e a distribua por toda parte. O Conselho Geral tem, portanto, de ser uma agência para difundir os princípios e os anseios gerais do proletariado.

Não queremos que o Conselho seja um chefe, um guia. Mil vezes não! Isso resultaria necessária e fatalmente em ditadura. [...]

Queremos a revolução em todo lugar e, se possível, ao mesmo tempo – porque o que se requer é uma revolução política geral, a única garantia séria de uma revolução social geral.

Decidimos, portanto, não realizar nenhuma ação política material até que nossas forças tenham se tornado disciplinadas, conscientes de sua meta. A tarefa é difícil e delicada, mas pode ser cumprida mais rapidamente do que se pensa – com o método da perseverança, paciência e seleção rigorosa dos combatentes.

78
[A destruição do poder político][108]
Mikhail Bakunin e James Guillaume

[...]

Natureza da ação política do proletariado

Considerando:

Que querer impor ao proletariado uma linha de conduta ou um programa político uniforme como a única via capaz de conduzir sua emancipação social é uma pretensão tão absurda quanto reacionária;

Que ninguém tem o direito de privar as federações e seções autônomas do incontestável direito de determinar a si mesmas e seguir a linha de conduta política que elas creem ser a melhor, e que todo esforço desse tipo conduziria inevitavelmente ao mais revoltante dogmatismo;

Que as aspirações do proletariado não podem ter outro objeto que não o estabelecimento de uma organização e federação econômica absolutamente livre, baseada

---

[108] Este texto, publicado em inglês pela primeira vez, corresponde à terceira e à quarta seção das resoluções adotadas no Congresso Internacional de Saint-Imier (15-16 de setembro de 1872), uma assembleia realizada logo após o Congresso de Haia (1872) e que constituiu a resposta imediata dos dissidentes mais resolutos. O texto foi escrito principalmente por Mikhail Bakunin (ver nota 39, p. 183) e James Guillaume (ver nota 53, p. 214), entre 12 e 13 de setembro, durante uma reunião preparatória realizada em Zurique. Foi impresso com o título *Résolutions du Congrès International Anti-Autoritaire tenu à Saint-Imier 15 septembre 1872* [Resoluções do congresso internacional antiautoritário, realizado em Saint-Imier em 15 de setembro de 1872] (Neuchatel, G. Guillaume Fils, 1872). Sua versão completa também pode ser encontrada em PI, III, p. 5-9.

no trabalho e na igualdade de todos e inteiramente independente de todo governo político, e que essa organização e federação só pode ser o resultado da ação espontânea do próprio proletariado, dos sindicatos e das comunas autônomas.

Considerando que toda organização política não pode ser outra coisa que a organização e dominação para o benefício de uma classe em detrimento das massas, e que se o proletariado escolhesse exercer o poder ele converteria a si mesmo numa classe dominante e exploradora;

o Congresso, reunido em Saint-Imier, declara:

1. Que a destruição de todo poder político é a primeira obrigação do proletariado.

2. Que toda organização do assim chamado poder provisório e revolucionário que visa realizar essa destruição só pode significar mais engano, e seria tão perigoso para o proletariado quanto todos os outros governos atualmente existentes.

3. Que, rejeitando todo compromisso quanto à realização plena da revolução social, os proletários de todos os países devem estabelecer a solidariedade da ação revolucionária fora de toda política burguesa.

Organização da resistência do trabalho – estatísticas

Liberdade e trabalho são as bases da moralidade, força, vida e riqueza futura. Mas o trabalho, se não é livremente organizado, torna-se opressivo e improdutivo para o trabalhador; essa é a razão pela qual a organização do trabalho é a condição indispensável para a verdadeira e completa emancipação do trabalhador.

No entanto, o trabalho não pode ser livremente exercido sem a posse das matérias-primas e de todo o capital da sociedade, e não pode ser organizado a menos que o trabalhador, emancipando a si mesmo da tirania política e econômica, conquiste o direito ao pleno desenvolvimento de todas as suas faculdades. Nenhum Estado, quer dizer, nenhum governo e administração das massas populares, necessariamente baseado na burocracia, no poder militar, na espionagem e no clero, pode jamais estabelecer uma sociedade baseada no trabalho e na justiça, uma vez que, pela própria natureza de sua organização, ele é inevitavelmente induzido a oprimir o primeiro e a negar o último.

Pensamos que o trabalhador jamais poderá libertar a si mesmo da opressão de longo prazo enquanto não substituir esse corpo parasita e desmoralizador pela livre federação de todos os grupos de produtores, fundada na solidariedade e igualdade.

Na verdade, uma série de esforços foi feita para organizar o trabalho visando melhorar as condições do proletariado, mas toda melhoria foi logo absorvida pela classe privilegiada, que se esforça continuamente em explorar a classe trabalhadora, sem restrição ou limite. No entanto, as vantagens dessa organização são tais que, mesmo no atual estado de coisas, ela não pode ser abandonada. Ela continuamente congrega o proletariado numa comunidade de interesses, desenvolve sua vida coletiva, prepara-o para a batalha final. Além disso, a organização livre e espontânea do trabalho, sendo aquilo que deve substituir a organização privilegiada e autoritária do Estado político, será, uma vez estabelecida, a garantia permanente da organização econômica contra a organização política.

Consequentemente, deixando para a prática da revolução social os detalhes da organização positiva, pretendemos organizar e integrar a resistência numa ampla escala. Vemos na greve um precioso meio de luta, mas não alimentamos quaisquer ilusões sobre seus resultados econômicos. Nós a aceitamos como um produto do antagonismo entre trabalho e capital, tendo necessariamente o efeito de tornar os trabalhadores cada vez mais conscientes do abismo que separa a burguesia e o proletariado, de fortalecer a organização dos trabalhadores e preparar o proletariado por meio das simples lutas econômicas, para a grande e definitiva luta revolucionária, que destruirá todo privilégio e distinção de classe e dará ao trabalhador o direito de usufruir do pleno produto de seu trabalho e, com isso, os meios de desenvolver coletivamente toda sua força intelectual, física e moral. [...]

79
[A luta contra a sociedade burguesa][109]
Friedrich Adolph Sorge

[...] O relatório oficial do Conselho Geral no Congresso de Haia nos fornece um breve relato disso [a luta contra a sociedade burguesa] concluindo da seguinte forma: "Vocês, delegados da classe trabalhadora, estão aqui reunidos para fortalecer a organização militante de uma sociedade que visa à emancipação do trabalho e à extinção dos ódios nacionais".

Trabalhadores, se reabrirmos nossas feridas relembrando as perseguições sofridas, recapitulando a história da Internacional, da qual nós mesmos fomos os atores, chegaremos inevitavelmente à conclusão de que só há para nós duas alternativas, duas vias a escolher.

Essas alternativas são:

Uma *submissão* paciente, servil e passiva à sociedade moderna, que nos coloca na posição de escravos assalariados e de expropriados, com a perspectiva matematicamente certa de um empobrecimento sempre crescente e de privações contínuas, que incluem a fome.

---

[109] Este texto é um excerto da *Public Address to Members of the IWMA* [Mensagem pública aos membros da AIT], de 20 de outubro de 1872. Foi o primeiro ato do novo CG da AIT "centralista" em Nova York. Friedrich Adolph Sorge (1828-1906) era um comunista alemão que havia imigrado para os Estados Unidos em 1852. Autor de vários artigos sobre o movimento operário, ele esteve entre os fundadores da AIT no continente americano e foi seu secretário-geral entre 1872 e 1874. Este texto foi publicado em 15 de dezembro de 1872, na revista belga *La Science Populaire*, e sua versão completa pode ser encontrada em PI, III, p. 15-7.

Ou, então, a *resistência*, a luta não só contra algumas partes privilegiadas da velha sociedade, como nas antigas lutas históricas de classes, mas contra a organização inteira dessa sociedade na qual vivemos, isto é, contra a sociedade burguesa.

Uma coisa é certa, comprovada por nossa própria experiência:

A sociedade burguesa moderna, embora dividida em frações hostis entre si e sempre em guerra declarada ou silenciosa, se apresenta unida e compacta quando se trata de manter a qualquer preço sua dominação política e econômica sobre o trabalhador.

Ela se opõe, então, com uma inflexível obstinação a toda tentativa da classe trabalhadora de produzir uma modificação favorável da ordem social atual. [...] Considerando-se que a sociedade burguesa possui uma organização centralizada, potente para nos oprimir, como poderíamos avançar um só passo em direção a nossa emancipação mediante a descentralização, divisão, isolamento e desorganização?

Quando, ao nascer, a sociedade burguesa proclamou solenemente "a liberdade individual", desse princípio resultou uma nova escravidão das classes trabalhadoras. [...]

80
[Passando o bastão][110]
Friedrich Adolph Sorge e Carl Speyer

Camaradas,

A conferência geral dos delegados reunida na Filadélfia dissolveu o Conselho Geral da Associação Internacional dos Trabalhadores e o vínculo exterior da Associação deixou, assim, de existir.

"A Internacional está morta", gritará novamente a burguesia de todos os países, e trompeteará seu desdém e sua alegria em relação às decisões da conferência, considerando-as como provas da derrota do movimento internacional dos trabalhadores. Não nos deixemos confundir pelos gritos de nossos inimigos! Levando em conta a situação política na Europa, dissolvemos a organização da Internacional, mas em seu lugar vemos seus princípios reconhecidos e defendidos pelos trabalhadores progressistas em todo o mundo civilizado.

Deixemos a nossos camaradas europeus um pouco de tempo para retomar as forças e ajustar a situação em seus países, e em breve eles certamente estarão em condições de derrubar todas as barreiras que os separam uns dos outros e os distanciam dos trabalhadores das outras partes do mundo.

---

[110] Este texto é um excerto do *Report of the General Council Delegates to the Conference of the International Working Men's Association held in Philadelphia* [Relatório dos delegados do Conselho Geral à Conferência da Associação Internacional dos Trabalhadores, realizada na Filadélfia]. Apresentado no dia 15 de julho de 1876, marcou o fim da AIT "centralista". Seus atores são Friedrich Adolph Sorge (ver nota 109, p. 321) e Carl Speyer (1845-?), carpinteiro alemão e último secretário-geral da AIT "centralista". A versão completa pode ser encontrada em PI, IV, p. 407-12.

Camaradas! Vocês, que se proclamaram membros da Internacional com todo o coração e o amor, encontrem o meio de alargar o círculo de seus militantes, mesmo sem organização. Agreguem novos militantes, que continuarão a cumprir a tarefa que nossa associação estabeleceu para si.

Os camaradas dos Estados Unidos lhes prometem também tomar o cuidado de salvaguardar aquilo que foi conquistado pelos membros da Internacional em seu país, até que circunstâncias mais favoráveis reúnam os trabalhadores de todos os países numa ação comum, e que o chamado soe novamente e ainda mais forte:

Proletários de todos os países, uni-vos!

O hino da Internacional[111]

De pé, ó vitimas da fome!
De pé, famélicos da terra!
Da ideia a chama já consome
A crosta bruta que a soterra.
Cortai o mal bem pelo fundo!
De pé, de pé, não mais senhores!
Se nada somos neste mundo,
Sejamos tudo, oh produtores!

[Refrão]
Bem unido façamos,
Nesta luta final,
Uma terra sem amos
A Internacional

Senhores, patrões, chefes supremos,
Nada esperamos de nenhum!

Sejamos nós que conquistemos
A terra mãe livre e comum!
Para não ter protestos vãos,
Para sair desse antro estreito,
Façamos nós por nossas mãos
Tudo o que a nós diz respeito!

[Refrão]

Crime de rico a lei cobre,
O Estado esmaga o oprimido.
Não há direitos para o pobre,
Ao rico tudo é permitido.
À opressão não mais sujeitos!
Somos iguais todos os seres.
Não mais deveres sem direitos,
Não mais direitos sem deveres!

---

[111] Originalmente escrito em francês por Eugène Pottier (1816-1887), em 1871, para celebrar a Comuna de Paris, o hino da Internacional foi cantado com o ritmo da *Marseillaise* até 1888, quando Pierre Degeyter (1848-1932) compôs a melodia que se tornou famosa em todo o mundo. Traduzido em mais de cem línguas, foi também o hino nacional da União Soviética até 1944. [Adotamos aqui a versão brasileira – levemente modificada – da versão portuguesa escrita pelo anarcossindicalista português Neno Vasco, em 1909. – N. T.]

[Refrão]

Abomináveis na grandeza,
Os reis da mina e da fornalha
Edificaram a riqueza
Sobre o suor de quem trabalha!
Todo o produto de quem sua
A corja rica o recolheu.
Querendo que ela o restitua,
O povo só quer o que é seu!

[Refrão]

Nós fomos de fumo embriagados,
Paz entre nós, guerra aos senhores!
Façamos greve de soldados!
Somos irmãos, trabalhadores!

Se a raça vil, cheia de galas,
Nos quer à força canibais,
Logo verá que as nossas balas
São para os nossos generais!

[Refrão]

Pois somos do povo os ativos
Trabalhador forte e fecundo.
Pertence a Terra aos produtivos;
Ó parasitas, deixai o mundo
Ó parasitas que te nutres
Do nosso sangue a gotejar,
Se nos faltarem os abutres
Não deixa o sol de fulgurar!

[Refrão]

Bibliografia

Esta bibliografia foi dividida em três partes. A primeira seção (A) compreende as edições originais de todas as atas de congressos e conferências da Associação Internacional dos Trabalhadores, tal como foram publicadas à época pela própria organização. A segunda (B) contém as coleções e publicações reunidas a partir dos documentos primários. A terceira (C) reúne os livros e artigos mais importantes escritos sobre o assunto. Para evitar uma extensão demasiada das referências, foram omitidos os escritos dos principais protagonistas da organização, assim como as biografias escritas sobre eles. Uma informação bibliográfica mais completa pode ser obtida consultando-se Maximilien Rubel, "Bibliographie de la Première Internationale", em *Cahiers de l'I.S.E.A.*, Série S, n. 8, 1964, p. 251-75, e Bert Andréas e Miklós Molnár (orgs.), *La Première Internationale*, v. IV, *Les Congrès et les conférences de l'Internationale, 1873-1877*, p. 745-80.

A. Atas dos Congressos

Congrès ouvrier de 1'Association International des Travailleurs tenu à Genève du 3 au 8 septembre 1866. Genebra, J.-C. Ducommun/ G. Oettinger.

Procès-verbaux du congrès de l'Association Internationale des Travailleurs rèuni à Lausanne de 2 au 8 sempteber 1867. Le Chaux-de-Fond, Imprimerie de la Voix de l'Avenir.

Troisième Congrès de l'Association Internationale des Travailleurs. Compte rendu officiel. Bruxelas, L. Lemoine.

Association Internationale des Travailleurs. Compte rendu du IVe Congrès international tenu à Bâle, en septembre 1869. Bruxelas, Désiré Brismée.

Compte rendu officiel du Sixième Congrès général de 1'Association internationale des Travailleurs tenu à Genève du 1er au 6 septembre 1873. [Le] Locle, Courvoisier.

Compte rendu officiel du VIIe Congrès Général de 1'Association Internationale des Travailleurs tenu à Bruxelles du 7 au 13 september 1874. Verviers, Emile Counard et Cie.

Association internationale des travailleurs. Compte rendu officiel du VIIIe congrès général tenu à Berne du 26 au 30 october 1876. Berna, Lang.

Compte-rendu du 9e Congrès général de l'Association internationale des travailleurs, tenu à Verviers les 6, 7 et 8 september 1877, em *Le Mirabeau*, v. 10, n. 426.

B. Fontes primárias

INSTITUTE OF MARXISM-LENINISM OF THE C.C., C.P.S.U. (1962). *The General Council of the First International 1864-1866*: Minutes. 2. ed. Moscou, Foreign Languages Publishing House, 1974.

_____. (1964) *The General Council of the First International 1866-1868*: Minutes. 2. ed. Moscou, Progress, 1973.

_____. (1966) *The General Council of the First International 1868-1870*: Minutes. 2. ed. Moscou, Progress, 1974.

_____. (1967) *The General Council of the First International 1870-1871*: Minutes. 2. ed. Moscou, Progress, 1974.

_____. (1968) *The General Council of the First International 1871-1872*: Minutes. 2. ed. Moscou, Progress, 1974.

BURGELIN, Henri; LANGFELDT, Knut; MOLNÁR, Miklós (orgs.). *La Première Internationale*, v. I: 1866-1868. Genebra, Droz, 1962.

_____. *La Première Internationale*, v. II: 1869-1872. Genebra, Droz, 1962.

ANDRÉAS, Bert; MOLNÁR, Miklós (orgs*.). La Première Internationale*, v. III: *Les Conflits au sein de l'Internationale*, 1872-1873. Genebra, Institut Universitaire de Hautes Études Internationales, 1971.

_____. La Première Internationale, v. VI: *Les Congrès et les conférences de l'Internationale*, 1873--1877. Genebra, Institut Universitaire de Hautes Études Internationales, 1971.

GERTH, Hans (org.). *The First International*. Minutes of the Hague Congress of 1872. Madison, University of Wisconsin Press, 1958.

INSTITUTE OF MARXISM-LENINISM OF THE C.C., C.P.S.U. *The Hague Congress of the First International*, v. 1: *Minutes and Documents*. Moscou, Progress, 1976.

_____. *The Hague Congress of the First International*, v. 2: *Reports and Letters*. Moscou, Progress, 1978.

BERNSTEIN, Samuel (org.). Papers of the General Council of the International Workingmen's Association. Nova York: 1872-1876. *Annali dell'Istituto Giangiacomo Feltrinelli*, v. IV, p. 401--549, 1961.1978.

C. Literatura secundária

ARCHER, Julian P. W. *The First International in France, 1864-1872*: Its Origins, Theories, and Impact. Lanham/Nova York/Oxford, University Press of America, 1997.

BERNSTEIN, Samuel. *The First International in America*. Nova York, A.M. Kelley, 1962.

Bibliografia | 329

BOURGIN, Georges. La Lutte du gouvernement français contre la Première Internationale: contribution à l'histoire de l'après-Commune. *International Review for Social History*, v. 4, 1938, p. 39-138.

BRAUNTHAL, Julius. *History of the International*. Traduzido da edição alemã de 1961. Nova York, Nelson, 1966.

BRAVO, Gian Mario (org.). *La Prima Internazionale*. Roma, Editori Riuniti, 1978.

_____. *Marx e La Prima Internazionale*. Roma/Bari, Laterza, 1979.

CENTRE NATIONAL DE LA RECHERCHE SCIENTIFIQUE (org.). *La Première Internationale, l'institute, l'implantation, le rayonnement*. Paris, Editions du Centre National de la Recherche Scientifique, 1968.

COLLINS, Henry; ABRAMSKY, Chimen. *Karl Marx and the British Labour Movement*: Years of the First International. Londres, Macmillan, 1965.

DEL BO, Giuseppe (org.). *Répertorie international des sources pour l'étude des mouvement sociaux aux XIXe et XXe siècles. La Première Internationale*, v. I: *Périodiques 1864-1877*; v. II: *Imprimés 1864--1876*; v. III: *Imprimés 1864-1876*. Paris, Armand Colin, 1958-1963.

DLUBEK, Rolf et al. (orgs.). *Die 1. Internationale in Deutschland (1864-1872) Dokumente und Materialien*. Berlim, Dietz, 1964.

DRACHKOVITCH, Milorad M. (org.). *The Revolutionary Internationals, 1864-1943*. Stanford, Stanford University Press, 1966.

ENGBERG, Jens (org.). *Den Internationale Arbejderforening for Danmark*. Copenhague, Selskabet til forskning i arbejderbevaegelsens historie, 1985-1992, 2 v.

FERNBACH, David. Introduction. In: MARX, Karl. *The First International and After*. Londres, Verso, 2010, p. 9-71, col. Marx's Political Writings, v. 3.

FREYMOND, Jacques (org.). Études et documents sur la Première Internationale en Suisse. Genebra, Droz, 1964.

GIELE, Jacques. *De Eerste Internationale in Nederland*. Een onderzoek naar het ontstaan van de Nederlandse arbeidersbeweging van 1868 tot 1876. Nijmegen, SUN, 1973.

GUILLAUME, James. *L'Internationale, Documents et Souvenirs (1864-1878)*. Nova York, Burt Franklin, 1969, 4 v.

HAUPT, Georges. *L'Internazionale Socialista dalla Comune a Lenin*. Turim, Einaudi, 1978.

LEHNING, Arthur. Introduction. In: LEHNING, A; RÜTER, A. J. C.; SCHEIBERT, P. (orgs.). *Bakunin: Archiv*, v. II: *Michel Bakounine et les Conflits dans l'Internationale*. Leiden, Brill, 1965. p. ix-lxvi.

_____. Introduction. In: *Bakunin: Archiv*, v. VI: *Michel Bakounine sur la Guerre Franco-Allemande et la révolution sociale en France (1870-1871)*. Leiden, Brill, 1977. p. xi-cxvii.

LÉONARD, Mathieu. *L'Émancipation des travailleurs*. Une histoire de la Première Internationale. Paris, La Fabrique, 2011.

MASINI, Pier Carlo. *La Federazione italiana dell'Associazione Internazionale dei Lavoratori*. Milão, Avanti!, 1963.

McCLELLAN, Woodford. *Revolutionary Exiles*: The Russians in the First International and the Paris Commune. Londres/Totowa, N.J, Frank Cass, 1979.

MINS, L. E. *Founding of the First International*: A Documentary Record. Nova York, International Publishers, 1937.

MOLNÁR, Miklós. *Le Declin de la Premiere Internationale*. Genebra, Droz, 1963.

MORGAN, Roger. *The German Social Democrats and the First International, 1864-1872*. Nova York, Cambridge University Press, 1965.

NETTLAU, Max. *La Premiere Internationale en Espagne (1868-1888)*. Dordrecht, D. Reidel, 1969.

RJAZANOV, David. Zur Geschichte der Ersten Internationale. I. Die Entstehung der Internationalen Arbeiter-Association. *Marx-Engels Archiv*, v. 1, 1926, p. 119-202.

ROUGERIE, Jacques. L'A.I.T. et le mouvement ouvrier a Paris pendant les evenements de 1870-1871. *International Review of Social History*, v. 17, n. 1, 1972, p. 3-102.

ROSSELLI, Nello. *Mazzini e Bakunin* (1927). Turim, Einaudi, 1967.

RUBEL, Maximilien. Karl Marx et la Première Internationale. Une chronologie. (I: 1864-1869; II: 1870-1876). *Cahiers de l'I.S.E.A.*, Série S, n. 8, 1964, p. 9-82; n. 9, 1965, p. 5-70.

_____. La Charte de la Premiere Internationale. *Le Mouvement Social*, n. 51, 1965, p. 3-22.

SCHRUPP, Antje. *Nicht Marxistin und auch nicht Anarchistin*. Frauen in der ersten Internationale. Königstein/Taunus, Ulrike Helmer, 1999.

SERRANO, Carlos Secco (org.). *Actas de los consejos y commission federal de la region espanola (1870-1874)*. Barcelona, Universidad de Barcelona, 1969. 2 v.

STEKLOFF, G. M. *History of the First International*. Traduzido da terceira edição russa. Londres, Dorrit, 1928.

VERDÈS, Jeannine. Les Delegués français aux Congrès et Conferences de l'A.I.T. *Cahiers de l'I.S.E.A.*, Série S, n. 8, 1964, p. 83-176.

Índice onomástico

Applegarth, Robert, 36, 156
Aubry, Hector Emile, 202

Bakunin, Mikhail, 26, 42, 46, 48, 50, 56-9,
    61-2, 66-7, 69, 71-6, 78-80, 120, 129,
    183, 195, 198, 204-8, 297, 300, 312, 318
Barry, Maltman, 68
Beaumont, Jean Henri de, 118
Bebel, August, 49, 301, 305
Becker, Johann Philipp, 30-1, 41, 46-7, 77-8,
    163
Bee-Hive, The, 19, 31, 93, 109, 144, 150, 229,
    283, 285
Bernhardi, Friedrich von, 28
Bertrand, Louis, 83-4
Bismarck, Otto von, 30, 49, 73, 241, 263
Blanqui, Louis Auguste, 39, 45, 68, 302
Bonaparte, Luís, *ver Napoleão III, Charles Louis
    Napoléon Bonaparte*
Bote vom Niederrheim, Der, 142
Büchner, Ludwig, 168

Cohen, James, 43, 55
Costa, Andrea, 83
Courrier Français, Le, 31
Courrier International, Le, 31, 252

Daily News, The, 281
Dave, Victor, 67
Degeyter, Pierre, 327
Dupleix, François, 118
Dupont, Eugène, 34, 39, 55, 78, 252, 273

Eccarius, Johann Georg, 23, 43, 60, 78, 80-1,
    172, 183, 185, 252, 287, 295
Emancipación, La, 54
Engels, Friedrich, 20, 23, 28, 42, 47, 62, 65,
    67-8, 73, 78, 204, 277, 291, 300, 307,
    309, 312
Eslens, P., 120

Fanelli, Giuseppe, 46
Favre, Jules, 308
Fluse, Pierre, 129
Fox, Peter, 252
Frankel, Leo, 51, 83, 245
Fribourg, Ernest Édouard, 38, 45
Frohme, Karl, 81

Garbe, R. L., 168
Garibaldi, Giuseppe, 55
Gazzettino Rosa, Il, 54

332 | Trabalhadores, uni-vos!

Gladstone, William Ewart, 52, 95, 274

Grinand, Aimé, 175

Guillaume, James, 46, 58, 61, 63, 66-7, 72-3, 78-80, 82-3, 214, 216, 219, 315, 318

Hafner, 258

Hales, John, 60, 78, 80-1, 83

Hamann, Johann, 33

Herman, Alfred, 161

Hins, Eugène, 81, 120, 155, 177, 315

Johnson, Andrew, 283-4

Journal de l'Association Internationale des Travailleurs, 31

Jung, Hermann, 78, 252

Kaub, Karl, 295

Kropotkin, Piotr, 83

Kugelmann, Ludwig, 260

Lafargue, Paul, 62, 67, 204

Lassalle, Ferdinand, 22, 30, 32, 73

Law, Harriet, 135, 230

L'Égalité, 54

Lessner, Friedrich, 78, 142

Liberté, La, 71, 120, 316

Liebknecht, Wilhelm, 30, 41, 47, 49, 83, 301, 305

Lincoln, Abraham, 281-5

Longuet, Charles Félix César, 51

Lorenzo, Anselmo, 47

Lucraft, Chartist Benjamin, 53

Luís Filipe I, duque de Orléans, 95, 240

MacDonnell, John, 55

Malon, Benoît, 51

Marly, Jean, 118

Marseillaise, 262, 327

Marx, Karl, 11, 13-5, 22-5, 28, 30, 32-3, 37-9, 41-4, 48-52, 56-8, 60-2, 64-77, 79, 81, 84-5, 93, 103, 115, 122, 139, 142, 146, 150, 181, 185, 197, 204-5, 229, 235, 252, 260-1, 265, 267, 269, 275, 281, 283, 285, 291, 299, 304, 306-7, 309, 312

Mazzini, Giuseppe, 22, 53, 59

Mill, John Stuart, 49

Miner, The, 31, 295

Mirabeau, Le, 221

Montesquieu, Charles Louis de Secondat, barão de la Brède e de, 240

Mottershead, Thomas G., 78

Müller, Louis, 168

Murat, André, 168

Napoleão III, Charles Louis Napoleón Bonaparte, 49, 236-7, 240, 245, 261, 263, 265

Netchaev, Serguei Gennadievitch, 57

Odger, George, 19, 53, 295

Owen, Robert, 32, 98, 122

Paepe, César de, 37, 40-1, 62, 80, 82-3, 120, 146, 167-8, 192, 200, 209, 216, 231, 253-4

Pall-Mall Gazette, The, 261, 265

Pellicer, Rafael Farga, 47

Perron, Charles, 297

Peuple Belge, Le, 17

Pi y Margall, Francisco, 47

Pindy, Jean-Louis, 51, 152

Pio IX, papa, 53

Pioley, 297

Pottier, Eugène, 17, 327

Proudhon, Pierre-Joseph, 21, 30, 32, 38, 39, 43, 47, 72, 152, 192, 209, 216, 315

Pyat, Félix, 308

Índice onomástico   333

Quinet, Ferdinand, 118

Reclus, Élisée, 197
Réforme Sociale, La, 54
Reymond, 297
Robin, Paul, 120

Sagasta, Práxedes Mateo, 80
Saint-Simon, Claude-Henri de Rouvroy, conde de, 181, 186
Schettel, Adrien, 118
Schweitzer, Johann Baptist von, 11, 30, 47
Schwitzguébel, Adhémar, 67, 80, 158,
Science Populaire, La, 321
Serrailler, Auguste, 51, 78
Seward, William H., 284
Socialisten, 54
Sorge, Friedrich Adolph, 60, 78-9, 321, 323
Speyer, Carl, 323
Steens, Eugène, 124
Stepney, Cowell William Frederick, 28

Tartaret, Eugène, 132
Testut, Oscar, 25

Theisz, Albert, 51
Thiers, Marie Joseph Louis Adolphe, 49, 50, 52, 236, 238, 244-5
Times, The, 20, 25, 37, 281
Tinayre, V., 135
Tolain, Henri-Louis, 32, 38, 42, 44-5, 172, 256, 258, 305
Treboux, Samuel, 297
Tribune du Peuple, La, 31, 124

Utin, Nikolai, 46

Vaillant, Marie Édouard, 51, 56, 68, 302, 306
Varlin, Louis Eugène, 42, 44, 51
Vasseur, Jean, 191
Vézinaud, 297
Volksstaat, Der, 33, 54, 163-4, 269
Vorbote, Der, 31, 47, 163

Wheeler, George, 295
Woodhull, Victoria, 60
Workman's Advocate, The, 31, 295
World, The, 267
Worley, William, 295

Sobre o organizador

Marcello Musto nasceu em Nápoles, na Itália, em 1976 e vive em Toronto, no Canadá, onde ensina teoria sociológica na York University. É doutor em filosofia e política pela Universidade de Nápoles (L'Orientale) e em filosofia pela Universidade de Nice (Sophia Antipolis). Dedica-se aos estudos da Marx-Engels-Gesamtausgabe (MEGA-2), dos marxismos, do pensamento socialista e da história do movimento operário. Seus livros e artigos têm sido publicados mundo afora, em dezesseis línguas. Entre os volumes que organizou e dos quais é coautor, destacam-se: *Karl Marx's "Grundrisse": Foundations of the Critique of Political Economy 150 Years Later* (Routledge 2008); *Tras las huellas de un fantasma. La actualidad de Karl Marx* (Siglo XXI, 2011), *Marx for Today* (Routledge 2012) e *The International after 150 Years: Labor vs Capital, Then and Now* (Routledge, no prelo). É autor de *Ripensare Marx e i marxismi. Studi e saggi* (Carocci, 2011) e *L'Internazionale* (Laterza, no prelo). É membro do conselho editorial de vários periódicos, colabora com diversos jornais e é codiretor da coleção "Marx, Engels, Marxisms: New Dimensions", da Palgrave Macmillan.

Cartaz da Terceira Internacional, a Comunista, fundada em 1919.

Publicado em outubro de 2014, ano em que se comemoram os 150 anos da fundação da AIT e os 95 da fundação da Internacional Comunista, este livro foi composto em Adobe Garamond Pro, corpo 11/14,3, e impresso em papel Norbrite 66,6 g/m², na gráfica Vida e Consciência, para a Boitempo Editorial, com tiragem de 4 mil exemplares.